慶應義塾大学
東アジア研究所叢書
KEIO INSTITUTE OF EAST ASIAN STUDIES
KIEAS

対立と分断の中のメディア政治

日本・韓国・インドネシア・ドイツ

山腰修三［編著］

Yamakoshi Shuzo

MEDIA POLITICS IN THE AGE OF ANTAGONISM

Japan
Korea
Indonesia
Germany

慶應義塾大学出版会

対立と分断の中のメディア政治

——日本・韓国・インドネシア・ドイツ

目次

はじめに

山腰　修三

本書はメディア政治の現代的展開に着目し、日本、韓国、インドネシア、ドイツといった民主主義諸国における特徴を明らかにすることを目的としている。

なぜ今日、メディア政治を問うことが重要なのだろうか。メディアと「政治」の関係が改めて注目されるようになった要因の一つが「トランプ現象」であったことは言うまでもない。周知の通り、ドナルド・トランプは「アメリカを再び偉大な国に（ＭＡＧＡ）」をスローガンに掲げ、当初は泡沫候補と目されていた二〇一六年のアメリカ大統領選で勝利した。この大統領選およびその後の四年間の任期におけるトランプの政治手法は「ポピュリズム」と呼ばれてきた[1]。この手法は現状にさまざまな理由で不満を抱いてきた広範な層を動員しただけでなく、対立や抗争を活性化させ、アメリカ社会を分断することとなった。そして一連のポピュリズム政治を可能にしたものとして、今日のメディア環境の諸側面が注目されたのである。

言うまでもなく、トランプ現象の進展は新たなメディア環境の成立、とくにソーシャルメディアの発達・普及と重なり合っている。トランプ現象のポピュリズムは、ソーシャルメディアを通じたトランプ大統領（大統領選の時期も含めて）の排他的かつ攻撃的な、あるいは虚偽のメッセージの発信・拡散によって特徴づけられた（Fuchs 2018）。

とはいえ、トランプ陣営のソーシャルメディアの積極的利用のみがポピュリズムを活性化させていたわけではない。例えば一般ユーザーによるソーシャルメディアを通じたコミュニケーションもまた、エコーチェンバーやフィルターバブルによる対立や分断をもたらし、そうした世論形成のメカニズムはトランプ現象のポピュリズムと密接に関わっていた（Farkas and Schou 2020）。また、二〇一六年大統領選ではフェイクニュースの拡散がトランプの当選に寄与したとされるが、フェイクニュースの生産や拡散はその後も続き、アメリカのメディア環境において新興メディアを中心にした「偽情報の秩序」が構築されるに至ったのである（Bennett and Livingston 2018）。

デジタル化の進展は伝統的メディアをも組み込んだ「ハイブリッド・メディアシステム」を形成しており、したがって、トランプ現象のポピュリズムはこうした複雑なメディアシステムとの関係で捉えられてきた（Chadwick 2017; Delli Carpini 2018）。例えば伝統的メディアはトランプ陣営のポピュリズム戦略によって「敵」に位置づけられ、「フェイクニュース」と攻撃された。また、アメリカの伝統的メディアはＦＯＸニュースやシンクレアのようなトランプ支持のグループと、ＣＮＮ、あるいは多くの新聞に代表される反トランプのグループによって分断された。このように、アメリカのジャーナリズムはトランプ現象のポピュリズムと密接に関わり合うこととなった。

さらに、トランプ現象におけるメディアと「政治」の関係は、新たな政治コミュニケーションを活性化させる基盤ともなっている。ソーシャルメディアではハッシュタグ・アクティビズムが活性化し、Black Lives Matter 運動やそれに対抗する All Lives Matter 運動がトランプ政権下で展開した。一連のハッシュタグ・アクティビズムは「怒り」や「共感」といった感情を動員しており、そうした感情の政治を可能にする条件がトランプ政権下の「怒りのポピュリズム」という感情のレジームによって形成されたという指摘もある（ウォール＝ヨルゲンセン 二〇一九＝二〇二〇）。

以上のようにメディアと「政治」の関係性の今日的形態を分析することは、トランプ現象に代表されるポピュリズム、あるいは対立や分断の政治の特徴や条件を明らかにするための手がかりとなる。そして、さらに問われるべきはその帰結である。メディアと「政治」の関係性の今日的形態によって活性化する対立や分断は、民主主義的なコミュニケーション文化の「危機」をもたらしている。それは異なる意見に耳を傾ける姿勢の衰退に留まらない。ポピュリズム的な言説戦略、そしてデジタルメディア環境におけるフェイクニュースの拡散は「ポスト真実の政治」も構成する(2)。ポスト真実の政治は民主主義を支えてきた諸制度の正当性を切り崩すだけでなく、「客観的」な事実や知に基づいて「現実」を構築し、共有するという民主主義の基盤をも弱体化させるのである（カクタニ 二〇一八＝二〇一九）。したがって、メディアと政治の現代的関係性は、今日の民主主義の危機という問題とも連関することになる（Farkas and Schou 2020）。

メディアと「政治」の関係性の現代的形態、そしてその中で顕在化する社会の対立や分断を分析する上でトランプ現象は重要な参照点であることは確かである。とはいえ、メディアと政治をめぐる一連の問題をトランプ現象にのみ還元することはできない（Corner 2017: 1106）。例えば日本では、メディアの分断はアメリカのように先鋭化しておらず、偽情報の秩序が急速に広がっているわけでもない。一方でメディア不信は他国と同様に進展しつつある。また、トランプ現象のようなポピュリズムは二〇一〇年代後半から二〇年代前半にかけて国政レベルでは猛威を振るっていない。しかし、二〇〇〇年代前半にはテレビを中心にした「劇場型政治」の形で存在していた。つまり、対立や分断の政治が今日のメディア環境の中で活性化しているにしても、それぞれの国や地域でそうした政治の起源、発展の速度やスケール、さらには政治とメディアの関係性の形態に差異や特徴があるのではないだろうか。したがって、今日のメディア環境と「政治」とのいかなる関係性が対立や分断を活性化させているのかについて、各国の固有性と共通性を明らかにすることが求められるのである。そしてこの点において、とくにアジアの民主主義諸国の状況に注目するという本書の意義が存在する。

本書ではメディアと「政治」との相互作用、そしてその結果構築される関係性に注目する。本書のパースペクティブを説明する上で、この概念を「メディア政治」と呼ぶことにしたい。メディアと「政治」との現代的関係性は近年、メディア・スタディーズやジャーナリズム研究、そして政治コミュニケーション研究の諸領域で関心が寄せられ、さまざまな視座から論じられている。例えば多くの研究で言及される「政治のメディア化」をめぐる研究でも「メディアの論理」と「政治の論理」との関係性が問われている。このアプローチは、「政治」を成立させる規則や文法と、「メディア」(とくにニュース)を成立させる規則や文法とが相互に影響し合うという考え方を提示したことで知られる(Esser 2013)。「政治のメディア化」は、複雑化する両者の関係を分析する上で示唆に富み、メディア・ポピュリズムを説明する概念としても発展してきた(Manucci 2017)。

本書は「政治のメディア化」の議論よりもさらに幅広く、そして緩やかに「メディア」と「政治」の関係を捉えることにしたい。第一に、「政治のメディア化」では「メディア」は主に新聞やテレビに代表されるニュースメディア組織や制度が想定されているが、本書ではソーシャルメディアも含めたハイブリッド・メディアシステムとして「メディア」を捉える(Chadwick 2017)。第二に、「政治のメディア化」における「政治の論理」は政治制度や政治過程、あるいは個別の政治戦略を対象としていたが、本書では広範な日常生活や文化的領域において対立や分断を生み出す「政治的なもの(the political)」の次元も含めて分析する(ムフ 二〇〇五=二〇〇八)。そして第三に、先行研究で「メディアの論理」と「政治の論理」に関わるアクターとして想定されていた政治エリートやジャーナリストだけでなく、一般のメディア・オーディエンスやユーザーも対象にする。つまり、それによって人々のメディア実践、世論や社会の価値観、イデオロギーもまたメディア政治の構成要素とみなす。以上のように、本書では現代政治における対立や分断の条件を構成し、あるいは対立や分断の政治の進展によって変化する関係性の総体（figuration）としてメディア政治を捉える。

ただし、本書の目的は「政治」と「メディア」の関係性の現代的形態を理論的に検証することではなく、それぞれの国や地域において対立・分断の条件を生み出すメディア政治の構成要素や歴史的展開の特徴を明らかにすることにある。対象とする地域は日本、韓国、インドネシア、ドイツである。従来の研究が欧米偏重だったことは否定できず、この点においてアジアにおける対立や分断のメディア政治の現代的展開の分析は重要である。一方でドイツは対立や分断のメディア政治に対する法制度的な対応をいち早く実践している点から、その可能性を展望する上で分析対象とした。

第1章から第3章は日本を事例に、対立や分断の政治をめぐるメディア言説の複雑な編成過程を明らかにする。

第1章「『統合』と『分断』のメディア・イベント――川崎ヘイトスピーチデモの報道を事例として」では、ヘイトスピーチ問題をめぐる伝統的メディアとソーシャルメディアの言説を分析する。デジタルメディア環境はヘイトスピーチのような異議申し立ても活性化させ、それは対立や分断の政治を促進するメディア・イベントとして展開している。本章では二〇一六年の川崎ヘイトスピーチデモを事例に言説分析を行った。そして伝統的メディアにおいては従来型の報道慣行（ニュースの物語）に従って、対立や分断のメディア・イベントをめぐって秩序を回復させる力学が作用するのに対し、ソーシャルメディア上ではさらなる対立や分断が促進される傾向にある点を明らかにした。ハイブリッド・メディアシステムとしての今日のメディア環境は対立・分断およびそれらの調和をめぐるせめぎ合いの空間として機能しているのである。

第2章「日本型メディア・ポピュリズムと『改革』言説――『失われた一〇年』期における朝日新聞の社説を中心

にして」では、日本におけるメディア・ポピュリズムの動態を検討する上で、一九九〇年代から二〇〇〇年代に展開した「改革」をシンボルとするポピュリズム的言説戦略と、それを支持してきた伝統的メディアの役割に注目することの重要性を明らかにする。そして「改革」を自民党や官僚機構による従来型の政治に対する敵対性を構築する論理として活用してきた朝日新聞の言説に注目し、それが今日的なポピュリズムの言説戦略へと発展していったことを指摘する。本章の知見は各国の対立や分断のメディア政治について検討する上で、トランプ現象が顕在化した二〇一六年よりも以前からの歴史的展開に注目することの意義を示すものでもある。

第3章「現代日本社会における『政治のメディア化』と『ジャーナリズム化』——小池都政における豊洲市場移転延期問題（二〇一六年~二〇一七年）を事例として」は「政治のメディア化」概念の現代日本の政治的文脈への応用を試みている。ここでは二〇一六年に誕生した小池百合子都知事による豊洲市場移転延期をめぐる言説戦略を事例とする。本章で明らかになるのは、メディアと政治の相互作用によって「政治のメディア化」が進む中で、ジャーナリズムが政治への監視機能として担ってきた「批判」の論理をポピュリズム的な政治戦略が転用・利用する過程である。この事例が示唆するのは、第一に、ポピュリズムにおいて、メディアは一方的に「操作」される対象ではなく、むしろ「メディア」と「政治」のそれぞれの論理が相互に影響し合うことである。第二にジャーナリズム実践の中で儀礼化してきた二項対立的な「批判」の役割が現代のメディア政治の中でどれほどの有効性を持っているのかに関する、ニュースメディア自身による反省や検証の必要性である。

第4章および第5章は韓国を事例に、対立・分断の政治における人々のメディアをめぐる実践や意識の動態を明らかにする。

韓国社会では、二〇一六年の朴槿恵前大統領への弾劾訴追および二〇一七年の政権交代によって保守と革新の対立が先鋭化し、党派的なオンラインメディアも広がりつつある。第4章「韓国社会におけるメディアシニシズムと政治コミュニケーション」では、こうした状況が人々のメディアに対する態度にどのような影響を与えているのかをオーディエンス調査から分析している。本章での中心的な分析概念は「メディアシニシズム」である。分析の結果、政治的分断が敵対的メディア認知を高め、その結果メディア全体に対するシニシズムが活性化することが明らかになった。さらに、メディアシニシズムは党派性を強め、政治的情報の選択的接触も促進するという結果が示された。つまり、「メディアシニシズム」は政治的対立によって活性化し、また、政治的対立の要因となるメディア空間の分断を促進するという政治とメディアの循環構造の中心的力学とみなすことができるのである。

続く第5章「韓国における政治情報の選択的接触と共有」もまた、政治的対立とメディアの分断という状況が人々のいかなるメディア実践を活性化させているのかに注目する。デジタルメディア環境は、人々のメディア実践をますます多様化させている。本章では、オンライン情報の「カスタマイズ」という実践に注目する。このメディア実践はエコーチェンバーの構築とも関連し、したがって社会の分極化と結びつく可能性がある。また、人々の政治情報の共有というメディア実践もまた、政治的な対立や分断という文脈の中で政治的実践としての側面を持ちうることが明らかになった。デジタル環境における人々のメディア実践の多様化は、社会の対立や分断と密接に結びつき、政治的な帰結をもたらしうるのである。

第6章「大衆団体法とイスラム化の葛藤――二一世紀インドネシアにおける新しい大衆像」は、インドネシアで進展してきた民主化と保守的イスラム化がメディア政治にとっていかなる条件を形成してきたのかを検討している。民主主義諸国におけるメディア政治を分析する上で、インドネシアが有する欧米や東アジア諸国と異なる特徴は、言うまでもなく「イスラム」という要素である。本章では、インドネシアのメディア政治を捉えるためにはイスラムの保守化と連動した大衆組織が果たす固有の役割、としてそのメディア戦略を理解する必要があると指摘する。この事例は対立と分断のメディア政治の幅広さと多様性を示していると言える。

本書では、東・東南アジアの民主主義諸国を中心に現代のメディア政治で展開する対立や分断に焦点を当ててきた。一方で、こうしたメディア政治にどのように対応するのかが課題となる。第7章「ドイツのヘイトスピーチ対策――二〇一七年のSNS対策法と二〇二一年改正」では、ドイツにおけるヘイトスピーチ対策に焦点を当て、この問題に取り組んでいる。ドイツでは二〇一七年に世界に先駆けてSNS事業者に対してヘイトスピーチに関わる違法な投稿の削除を義務づける「SNSにおける法執行を改善するための法律（SNS対策法）」が制定された。この法律に基づくヘイトスピーチ対策は二〇一八年から運用され、二〇二一年には対策をさらに強化すべく法改正が行われている。本章でも論じられているように、この対策はヘイトスピーチをめぐるドイツ固有の文脈の上に成り立っており、また対策の評価は今のところ必ずしも定まっていない。とはいえ、現代のメディア政治への法制度的な対応という点で重要な知見を提供していくと思われる。この法律はSNSサービスを提供しているプラットフォーマーに対する規制という観点からも今後のデジタル時代におけるメディア政治の展開を検討する上で重要な参照点となる。

本書は、慶應義塾大学東アジア研究所の共同研究「アジアにおけるメディア政治の現代的位相」（二〇一八年度から二〇一九年度）の研究成果である。本書の執筆者七名はこのプロジェクトのメンバーとして二年間研究と議論を重ねてきた。本共同研究は、公益財団法人高橋産業経済研究財団の研究助成金によって可能となった。まずは同財団からの支援にお礼を申し上げたい。共同研究の機会を与えてくださった東アジア研究所にも感謝したい。また、本書の編集担当である慶應義塾大学出版会出版部の村山夏子氏には大変お世話になった。村山氏にも感謝申し上げる。

注

（1）ポピュリズムは「社会が究極的に『汚れなき人民』対『腐敗したエリート』という敵対する二つの同質的な陣営に分かれると考え、政治とは人民の一般意志の表現であるべきだと論じる、中心の薄弱なイデオロギー」を指す（ミュデ／ロビラ・カルトワッセル二〇一七＝二〇一八：一四）。

（2）よく知られるように、「ポスト真実」は二〇一六年のアメリカ大統領選挙でのドナルド・トランプ候補の勝利や英国のEU離脱を説明する概念として注目され、オックスフォード辞典の「ワード・オブ・ザ・イヤー」に選出された（https://languages.oup.com/word-of-the-year/2016）。同辞典では「世論形成において、客観的な事実よりも感情や個人的信条へのアピールが影響を与える状況」と説明されているが、一般的にはより幅広く「信じたいものを信じる」といった政治状況を指し示すものと理解されている。

引用・参照文献

Bennett, W. L. and Livingston, S.（2018）"The Disinformation Order: Disruptive Communication and the Decline of Democratic Institutions," *European Journal of Communication*, Vol. 33（2）: 122–139.

Chadwick, Andrew（2017）*The Hybrid Media System: Politics and Power*, 2nd ed., Oxford University Press.

Corner, J.（2017）"Fake News, Post-Truth and Media-Political Change," *Media, Culture & Society*, Vol. 39（7）: 1100–1107.

Delli Carpini, M. X.（2018）"Alternative Facts: Donald Trump and the Emergence of a New U.S. Media Regime," P. J. Boczkowski and Z. Papacharissi（eds.）*Trump and the Media*, The MIT Press: 17–23.

Esser, F.（2013）"Mediatization as a Challenge: Media Logic versus Political Logic," in H. Kriesi, S. Lavanex, F. Esser, J. Matthes, M. Bühlmann, and D. Bochsler, *Democracy in the Age of Globalization and Mediatization*, Basingstoke: Palgrave Macmillan: 155–176.

Farkas, J. and Schou, J.（2020）*Post-Truth, Fake News and Democracy: Mapping the Politics of Falsehood*, Routledge.

Fuchs, C.（2018）*Digital Demagogue: Authoritarian Capitalism in the Age of Trump and Twitter*, Pluto Press.

Manucci, L.（2017）"Populism and the Media," in C. Rovira Kaltwasser, P. Taggart, P. Ochoa Espejo and P. Ostiguy（eds.）*The Oxford Handbook of Populism*, Oxford University Press: 467–488.

ウォール＝ヨルゲンセン、K.（二〇一九＝二〇二〇）三谷文栄・山腰修三訳『メディアと感情の政治学』勁草書房。

カクタニ、M.（二〇一八＝二〇一九）岡崎玲子訳『真実の終わり』集英社。

ミュデ、C.／ロビラ・カルトワッセル、C.（二〇一七＝二〇一八）永井大輔・高山裕二訳『ポピュリズム：デモクラシーの友と敵』白水社。

ムフ、C.（二〇〇五＝二〇〇八）篠原雅武訳・酒井隆史監訳『政治的なものについて：闘技的民主主義と多元主義的グローバル秩序の構築』明石書店。

第1章 「統合」と「分断」のメディア・イベント

――川崎ヘイトスピーチデモの報道を事例として

三谷 文栄

はじめに

本章では、日本の民主主義社会におけるメディアの役割を考察することを目的とする。民主主義社会において、マスメディアは必要な情報を不特定多数に伝達し、社会で広く共有させる役割を果たす。そして、情報の共有を促進する過程において、オーディエンスに「我々」という共同体の一員としての意識が形成される。マスメディアはこうした情報の共有や、「我々」意識の形成を通じて、社会の統合に寄与し、社会の秩序化を促すと考えられる。民主主義社会においてマスメディアが果たす役割は、こうした社会の「統合」や「秩序化」の側面が強調されてきた。しかし、近年の政治的社会的状況から、社会の統合に寄与するとされるマスメディアの機能に対して疑問の声が上がり、マスメディアの対立や分断を促す機能が注目されるようになった。例えば、アメリカのドナルド・トランプ前大統領は、マスメディアの報道に対し、「フェイクニュース」と批判したが、トランプ前大統領の支持者はその批判に賛同した。メディア不信を基盤とするこうした社会の対立や分断は、マスメディアのみならずソーシャルメディアを通じて、明示されることとなった。確かに、対立や分断を促すマスメディアの機能がより明示されるようになったとはいえ、マスメディアの「統合」機能が、失われたというわけではない。むしろ、今日のメディア政治は、対立・分断と統合・秩序化の複雑なせめぎあいの場と見なすことができる。それでは、こうしたメディア政治は、日本においてどのように展開されているのだろうか。

本章では、日本のヘイトスピーチ報道を事例に、メディアの報道や実践が社会の分断をどのように表象し、あるいは促進しているのかを分析する。そのためのツールとして、本章は、メディア・イベント概念に注目する。メディア・イベント論は「祝祭的」な出来事を大々的に報道することを通じて社会秩序を再編成し、社会の「統合」を促すとする理論であり、これまで多様な領域で分析枠組みとして用いられてきた（吉見 二〇〇二；大石 二〇〇五）。しかし、近年、そうした「祝祭的」な出来事のみならず、戦争やテロ、災害、異議申し立て活動といった「祝祭的」ではない――分断を促す出来事（disruptive event）も、メディア・イベントに含められるようになった（Katz and Liebes 2010; Stepinska 2010 など）。日本においては、メディア・イベントの研究は精力的に進められているが、その多くがメディア史の観点から分析されている（津金澤編 一九九六；二〇〇二など）。また、近年では音楽フェスやゲーム実況などを、メディア・イベント概念を用いて分析する研究も発表されている（飯田・立石編 二〇一七）。こうした例に見られるように、日本においては「祝祭的」な出来事が中心となって分析されており、分断や混乱を促す出来事についてメディア・イベントの観点からの分析が進められているとは言いがたい。

本章では、社会の分断や混乱を明示する出来事の一つである異議申し立て活動をメディア・イベントの観点から分析する。以下では、近年のメディア・イベント論の理論的発展を概観するとともに、「祝祭的」ではない出来事をメディア・イベント論で分析する枠組みを提示する。その際、メディア・イベント論の社会的機能である「統合」に加えて、近年新たに注目されている「分断」の機能に焦点を当てる。事例としては、「本邦外出身者に対する不当な差別的言動の解消に向けた取組の推進に関する法律」が施行された週末に神奈川県川崎市で行われたヘイトスピーチデモとカウンターデモをめぐる報道と、インターネット上の反応を取り上げる。分析を通じて、いかなる「分裂」が生じていたのかを明らかにする。

1　メディア・イベント論の視座

1－1　メディア・イベント――祝祭または混乱

メディア・イベントとは、人々が日常を中断し、そのイベントを注視するようになるほど大規模なオーディエンスを獲得するイベントを指す[1]。メディア・イベントは生中継で放送され、オーディエンスは遠くで生じているイベントを経験する。メディア・イベントは、メディア組織の外部の組織によって計画され、事前に予告されることによって、そのイベントの現場にメディアを招待し大々的に放送、報道されることにつなげるのである（ダヤーン&カッツ 一九九二＝一九九六：一八－二一）。

ダニエル・ダヤーンとエリウ・カッツ（同：二三、五六－五七）は、放送メディアを対象にした古典的な研究において、祝祭的なイベントの予定がメディアに伝えられ、メディア側が大々的に取り上げて放送することで、イベントは歴史的なものとして宣伝され、それによって広範なオーディエンスの心を揺さぶるとした。メディア・イベント論は、社会の統合を促す「祝祭」を中心とした「儀礼」に着目し、祝祭的なイベントを重視する（同：一三）。機械的紐帯が分化した現代社会においては、大々的なイベント（儀礼）が行われることで、人々に同じ社会に属しているという「共通」の感覚を与え、社会的統合が促される。重要な点は、社会的統合は既存の社会秩序が維持されることによって促されるという点にある。すなわち、広範な報道がなされることで、オーディエンスである国民の間にメディア・イベント（儀礼）に含まれるメッセージへの支持が生み出され、オーディエンスに社会的規範を受け入れさせる。結果として、社会の統合が促され、社会とその権威に対する忠誠は更新される（同：二三）。

このように、メディア・イベントは、大々的に放送され、大規模なオーディエンスを獲得する「祝祭」を分析する枠組みとして提示され、発展してきた。しかし、近年、インターネットを中心としたコミュニケーション技術の発達と世界情勢の変化を受けて、メディア・イベント論に以下のような批判が加えられている。

第一に、現在のメディア環境において、大規模なオーディエンスの獲得が困難になっているということが挙げられる。インターネットを中心とするコミュニケーション技術の発達を通じて、「生中継」を視聴するという共通の経験の可能性が減少している。メディア・イベントは祝祭的なものであり、「重大なもの」として放送されるが、メディアに対する不信も高く、既存メディアが提示するものに対して否定的に捉える見解がインターネット上で見られる。「大規模な」オーディエンスを魅了するようなイベントの開催は、以前よりもより困難となったのである。すなわち、「歴史的な」祝祭の生中継が有していた「アウラ」が喪失し、多くのオーディエンスを「魅了」する「魔法」が失われたのである（Katz and Liebes 2010: 34; Dayan 2010: 28）。

第二の批判点は、大々的にメディアで取り上げられるイベントは祝祭的なものに加えて、テロや戦争などの祝祭的ではないものも少なくないことである。確かに、祝祭的なイベントのみならず、テロや戦争は「生中継」で「現場」から報道され、インターネット上に拡散する。また、地震や豪雨災害といった自然災害が発生した場合には、その現地の状況がスマートフォンなどで撮影され、ソーシャルメディアにアップロードされ共有される。現地の状態がテレビや新聞といった既存メディアが報道する前に、ソーシャルメディア上で話題になることも多い。すなわち、オーディエンスが日常を止めてメディアを注視するような出来事には、祝祭的なイベントのみならず、戦争やテロ、自然災害といったニュースで報道される社会の分断や混乱を示す出来事も含まれるのである。

メディア・イベントにニュースで報道される出来事は含まれるのかという点[2]に関して、メディア・イベント論の提唱者の一人であるカッツは「衝撃的なニュースのイベントは、統合的ではなく分断的である。そして、セレモニー的イベントとは異なり、あらかじめ計画されたものではない。……つまり、それらは異なるジャンル」だとした（Katz and Liebes 2010: 33）。しかし、そのイベントが統合的で祝祭的であったとしても、大々的に行うことでニュースとして報道され、オーディエンスがニュースを通じてイベントを経験する場合もある。あらゆる出来事は、ニュースとして報道される可能性があり、また、すべてのオーディエンスがメディア・イベントを通じて、社会統合へと促されるわけではない。むしろ、メディア・イベントが提示する物語とは異なる、対立する物語を想起するオーディエンスも存在する（Sonnevend 2018: 123）。また、主催者と対立する物語を提示する社会運動が展開されることもあれば、テロの対象となり大きな注目を集めることともある（Scannell 2014: 217–218）。現実的に、メディア・イベントは、それがいかなる機能を有するのかを事前に予測することは困難である（Evans 2018: 142）。これら一連の指摘は、「統合的」な「祝祭」ではなく社会の「分断」を明示する「衝撃的な」出来事をメディア・イベントの分析枠組みに加える必要があることを指摘するものだと言える。

カッツは、こうした研究動向を受けて、前述の議論を修正し、メディア・イベントとニュースの差異化が妥当であったとしても、祝祭的なもののみならず、大きな分断的なニュースイベントもまたメディア・イベントに含まれるほどのものであることは明らかであると述べた（Katz and Liebes 2010: 33）。そして、「分断」のメディア・イベントの例として「テロ」「自然災害」「戦争」「異議申し立て活動」を挙げた（ibid.: 33）。分断のメディア・イベントは社会の統合を促すわけではなく、受け入れがたいような分断や絶望が噴出したものとされる（ibid.: 39）。

例えば「テロ」のメディア・イベントにおいては、テロが生じると、メディアでは繰り返しその現場が報道される。また、現場で被害者を救助するレスキュー隊員はヒーローのように取り上げられ、専門家や政治家に対するテロが生じた原因などに関するインタビューが放送される。テロ発生直後からのこうした一連の報道は一定の持続性をもって行われ、そしてある程度パターン化される。このパターン化された報道は「自然災害」「戦争」にも見られる。こうしたパターン化された儀礼的な報道をタマラ・リーブスは「災厄マラソン（disaster marathon）」と名づけた（Liebes 1998: 71）。災厄マラソンが生じると、その報道を通じて出来事に対して何らかの対応策や支援策を提示するように政府へ圧力がかかる（ibid.: 81）。しかし、そうした報道を口実に政府は行動し、「悪」に対峙する政府は自らの支持を獲得する可能性もある。分断を示す出来事が発生し、災厄マラソンが展開されることによって、その出来事は「分断のメディア・イベント」となる（Couldry 2003: 72–73）。

1－2 異議申し立て活動の分析枠組み――メディア儀礼の観点から

カッツとリーブスは、テロ、自然災害、戦争に加えて「異議申し立て活動」も分断のメディア・イベントの一種として位置づけている。しかし、「ここでは詳細を述べない」としており、詳細な言及は上述の三つのみに限定されている（Katz and Liebes 2010: 36）。それでは、異議申し立て活動の報道は、メディア・イベントの観点からどのように分析できるのであろうか。

これまで述べたように、メディア・イベントは社会の統合を促すことを目的としている。それは同時に、社会に属する「我々」を構築することを意味する（Dayan 2010: 28）。メディア・イベント論においては、国民国家レベルの社会に属する「我々」が構築される。換言すると、メディア・イベント論で想定されているテレビを通じた儀礼は国民に向けて行われているものである。このメディア・イベント論における「我々」の構築機能と深く関連するのが、

「儀礼」概念である。

儀礼という観点からコミュニケーションを捉えた場合、コミュニケーションとは情報伝達のみならず、社会の秩序の維持に寄与するとされる（Carey 2009: 15）。メディア・イベント論の場合、祝祭的な儀礼をメディアがオーディエンスに伝えることで、社会において「我々」が構築され、社会の「統合」が促され、秩序が維持される。それに対し、現代の分断した社会の状況を考慮すると、社会を一枚岩として捉えることはできないのではないかと指摘し、異なる観点から「儀礼」を捉えたメディア・イベント概念も提起されている（Hepp and Couldry 2010: 4–5）。

メディア理論の研究家であるニック・クドリー（二〇一二＝二〇一八：一一八）は、儀礼の社会の統合という機能を認め、儀礼のパフォーマンスの点に着目し、「メディア儀礼」という概念を提示した。ここで言う「儀礼」とは、必ずしも形式化されていないが、社会の価値に関連した行為を意味する（Couldry 2003: 21–22）。クドリーは「メディア儀礼」を、広範な社会の価値が埋め込まれたパターン化された行為と理解のフレームワークとする（Couldry 2003: 26）。そして、メディアが「中心」に対して特権的な関係を有しているとする神話に関するカテゴリーの区分や境界を強化する行為の形式だと定義づけた（クドリー 二〇一二＝二〇一八：一一一）。カテゴリーとは具体的にはメディアの人・メディアの世界・メディアのもの／非メディアの人・非メディアの世界・非メディアのもの、あるいはニュース／ニュースではないものという差異化を指す（同：一二〇）。

こうしたカテゴリーの中で、パターン化された行為としての儀礼が行われる。例えば、ニュース番組ではニュースの映像、アンカーや現場の記者からのレポート、コメンテータなどの解説によって構成されている。このような番組の形式は他のメディアでも採用され、パターン化されている。そのため、各局、各国によりバリエーションが多様に見られても、オーディエンスはそれをニュース番組として認識できる。基本的な形式は保持されたまま、パターン化された行為である儀礼として理解されるのである。

重要な点は、これらのカテゴリーの根底にはメディアに関連した価値観が存在しており、パターン化された行為（パフォーマンス）を通じてそうした価値観への注目を促すことにある（Couldry 2003: 26, 29）。このメディア儀礼の議論は、儀礼が社会を統合するという機能に言及しているわけではない。しかし、クドリーによると、こうした一般化された儀礼の定義こそが「儀礼が有する潜在的な重要性を説明しうる」のである（クドリー 二〇一二＝二〇一八：一一八）。換言すると、我々の日常の中で実践されるパターン化された行為や理解のフレームワークとしての儀礼は、我々の日常生活に潜在的な影響を及ぼすものである。前述したようなカテゴリーを理解し、共有している「我々」、そしてその儀礼を実践しているメディア表象の根底にある「価値観」をも共有することで、社会秩序の維持や社会統合が促されると考えられる。すなわち、メディア・イベントとは「メディアを介して伝達される状況に依存した、厚みのある、そして中心化を行うパフォーマンスを指す。それは多様なメディア生産物を横断し、広範かつ多様なオーディエンスや参加者の多くに影響を与える特定のテーマの中核への注目を促す」ものなのである（Hepp and Couldry 2010: 12）。

この定義の興味深い点は、「特定のテーマの中核」に注目を促すことで社会の秩序の維持に寄与すると考えられているが、社会における複数の秩序の存在を前提としていることにある（Hepp and Couldry 2010: 5：クドリー 二〇一二＝二〇一八：一〇八）。オーディエンスが多様化し、分極化した社会において国民国家レベルの社会の一枚岩的な統合はより困難になった。メディア・イベントを通じて、儀礼が向けられているそれぞれの社会――例えば国民国家レベルの社会の場合もあれば、地域社会や特定の集団によって形成される社会――において秩序は維持され、統合が促進される。すなわち、国民国家の枠組みの、あるいは国民国家の枠を超えた複数の社会の秩序が維持され、統合が促進されることで、国民国家、またはグローバルな視点で見ると、社会間や国家間の差異、すなわち分断が明示されることを意味するのである。

こうした観点はメディア・イベントとしての異議申し立て活動の分析枠組みを考える際に重要なものとなる。なぜなら、異議申し立て活動とは、国民国家で広く共有されている価値観や社会の意味づけの前提を疑い、その矛盾や機能不全を明らかにすることを指し、その活動への参加者は異なる意味づけを求めているためである。その異議申し立て活動が社会で広がらず、批判されるという結果に終わったとしても、その「主催者」が属する社会や組織、集団は、「異議申し立て」を行ったことにより凝集性が高まり、統合が促される。また、その異議申し立て活動の主催者や参加者の集団的凝集性が高まることで、より一層差異が明確となる。換言すると、異議申し立て活動が広く注目されることで、国民国家における個人間、集団間、組織間、社会間の分断が明示されることになる。

メディア・イベントが対立や分断を促進するという傾向は、ソーシャルメディアの利用の普及といったメディア環境の変化を背景に、ますます強くなっている。例えばアメリカでは、二〇二〇年、白人警察官の不適切な拘束によって黒人男性が死亡した事件を契機に、黒人に対する人種差別や暴力の解消を訴える異議申し立て活動である「黒人の命は大切だ」（BLM）運動が広がった。この運動は、ソーシャルメディアのハッシュタグを通じて展開され、アメリカ以外の国々でも同様のメッセージが発信された。しかし、BLM運動に対抗する「すべての命は大切だ」（ALM）運動が広がり、アメリカにおける人種差別をめぐって、対立や分断が明示されることとなった。それでは、日本における異議申し立て運動は、メディアを介して社会の統合、あるいは分断を促進するのだろうか。

こうした観点から本章では、分断のメディア・イベントの一つである異議申し立て活動の報道を取り上げて分析を行う。異議申し立て活動の一つである社会運動は、参加者にとって「祝祭」や「イベント」の側面が存在することはすでに指摘されている（例えば毛利 二〇〇三）。参加者にとって、その活動の目的に何らかの貢献をすることよりも、「参加」するという点が重視され、イベントとなっている異議申し立て活動がメディアで大きく取り上げられ、報道される。その結果、「パターン化された行為」と「理解のフレームワーク」が見出され、報道が儀礼化する。それにより支配的な意味づけを勝ちえた社会の凝集性が高まることとなる。その一方で、意味づけが劣勢となった集団や組織、社会においては、その支配的な意味づけに対する不信や不満、反感が高まり、それらの間で凝集性が高まる。ただし、その意味づけをめぐる政治の結果は一時点のものでしかない。時を経ることにより、その支配的な意味づけに対して対抗的な意味づけが提示され、新たに意味づけをめぐる政治が生じる。こうした一連の意味づけをめぐる政治の過程を通じて、国内における社会の分断が明示されるのである。

2　メディア・イベントと川崎ヘイトスピーチデモ

2－1　日本における近年のヘイトスピーチ

本節では、異議申し立て活動の一つとしてヘイトスピーチデモを対象に、分断のメディア・イベントが、いかなる社会の「統合」に寄与したのか、または「分断」を明示し促進させたのかを考察する。ヘイトスピーチを民主主義社会における正当な政治参加の一つとして捉えることの妥当性は、十分に考える必要があるだろう。以下に示すように、ヘイトスピーチとは、差別を扇動するものであり、平等を享受する民主主義社会である以上、道徳的に許されるべきではない。しかし、平等を重視するリベラルデモクラシーであるからこそ、ヘイトスピーチが「社会問題」として認識され、争点化するのも事実である。すなわち、ヘイトスピーチは民主主義社会の中から生じる問題の一つでもある。ヘイトスピーチデモの目的は不合理で非道徳的なものであったとしても、それを広く訴え政治に反映させようとする動きは、政治参加とも言える。加えて、カッツらの「異議申し立て活動」の例に既存の秩序を否定的に捉える運動として「革命」が挙げられていることからも、このカテゴリーには多様な活動が含まれている。これらの理由から、本章では、分断のメディア・イベントの一つの事例としてヘイトスピーチデモを取り上げる。

ヘイトスピーチとは、日本では「憎悪表現」とも訳されるが、広義では、「人種、民族、国籍、性などの属性を有するマイノリティの集団もしくは個人に対し、その属性を理由とする差別的表現であり、その中核にある本質的な部分は、マイノリティに対する「差別、敵意又は暴力の先導」、「差別のあらゆる先導」であり、表現による暴力、攻撃、迫害」である（師岡 二〇一三：四八）。すなわち、単なる憎悪ではなくその根底には人種や民族、国籍、性に関する差別的な感情が存在する発言が、ヘイトスピーチである。

日本においては、ヘイトスピーチは主に在日韓国・朝鮮人や在日中国人といったアジア系の住民に向けられている。二〇一三年に争点化される以前より、ヘイトスピーチ活動は一部の人々によって行われてきた。歴史的に見ると、関東大震災（一九二三年）の際、在日朝鮮人に対して偏見に満ちた差別的な言説が広がり、在日朝鮮人に対する虐殺行為が行われたが、これも一種のヘイトスピーチだと言うことは可能である。また、戦後の日本社会においても、在日の人々への差別や偏見は深く残り、例えば在日外国人に対する指紋押捺制度が全撤廃されたのは二〇〇〇年になってのことである。

近年のヘイトスピーチ活動は「在日特権を許さない会（以下、在特会）」が中心となって行われてきた。在特会は、二〇〇七年一月二〇日に設立され、会長を桜井誠（本名・高田誠）とし、インターネット上で排外主義的な記事をブログに掲載し、ヘイトスピーチ活動を行うことを通じて、その会員数を急速に増やしていった（安田 二〇一五：四二）[3]。在特会は二〇〇八年にメディアで広く報道されたフィリピン人のカルデロン一家の出来事を契機に注目された。また、在特会のメンバーは京都朝鮮第一初級学校が学校前の公園を利用していることについて、校門前で二〇〇九年一二月から二〇一〇年三月までの間に三度、拡声器で脅迫した。この事件に関して、国連人種差別撤廃委員会から懸念が表明された。そして実行したメンバーも威力業務妨害などで逮捕され、有罪判決が下された。学校側は民事訴訟を起こし、在特会側は一二〇〇万円の賠償が命じられた。

近年のヘイトスピーチ問題に関してこれまでと異なる点は、ヘイトスピーチを行うデモ行進に主婦や会社員といった一般の人々が参加していること、そして彼らが憎悪に満ちた表現を用いている点にある。それまでの在日の人たちへの憎悪表現は、行われるにしても一部の論壇誌などに限られており、「政治」に関心がある「右翼」とされる一部の人たちによって構成されていると考えられてきた。しかし、ヘイトスピーチの運動がインターネットで展開するにつれて、ソーシャルメディアなどでそれらの主張が存在感を増していった。

ヘイトスピーチの広がりを受けて、二〇一三年三月一四日に有志国会議員による抗議集会が開かれ、それ以降、日本の全国紙で差別的で攻撃的なデモという問題を「ヘイトスピーチ」問題と名づけて報道されるようになる(4)。

日本の政治においては、二〇一四年八月に国連人種差別撤廃委員会の勧告を受けて、法規制へ動いたものの、政府与党の自民党は規制や法制化に後ろ向きな意見が少なくなかった。二〇一五年五月には野党が共同で「人種等を理由とする差別の撤廃のための施策の推進に関する法律案」を提出した。しかし、それに対して自民党が難色を示し、議論が進まなかった。二〇一六年一月には大阪市が「ヘイトピーチ対策条例」を成立させ、野党から国政でも法制化すべきではないかとの批判の声が強まる中、二〇一六年に与党自民党と公明党が法案化に動き出したのである。同年三月三一日には参議院法務委員会の議員らがヘイトスピーチデモの標的となった神奈川県川崎市桜本を視察した。ヘイトスピーチへの法規制として、五月二四日に「本邦外出身者に対する不当な差別的言動の解消に向けた取組の推進に関する法律（以下、ヘイトスピーチ対策法）」が成立した。その背景には、国連勧告に加えて、ヘイトスピーチ活動の激化が挙げられよう。すなわち、ヘイトスピーチ活動が一時的なもので終わらず、継続して日本各地で行われるようになったこと、そうした活動に対して、カウンターデモなど批判的な声が高まっていったことが法案化の背景にあったと考えられる。この対策法は、「本邦外出身者に対する不当な差別的言動」を解消するために、教育の充実と啓発活動の実施に必要な取組みを行うとするものである。しかし、この対策法において、ヘイトスピーチ活動の解消は地方自治体が中心となって行うものとされており、ヘイトスピーチを行った人や集団、組織に対する処罰は明記されていないため、対策が不十分であるとの批判の声も少なくない[5]。二〇一九年一二月一二日に川崎市では、市内でヘイトスピーチを行った者に対し、五〇万円以下の罰金を科すことを盛り込んだ差別撤廃条例が成立するなど、各地方自治体でヘイトスピーチがより一層抑制されるように検討されている。

本章では、在日韓国・朝鮮人が多く居住する神奈川県川崎市で行われたヘイトスピーチデモを事例に、その報道とソーシャルメディアの反応を分析する。川崎市の事例ではカウンターデモがヘイトスピーチデモを取り囲み、中止を訴える活動が見られた。また川崎の在日コリアン三世の女性、崔江以子がメディアの取材に応え、議員に手紙を書くなどの活動を行ったことはヘイトスピーチ対策法が可決される後押しとなったとも言われている。川崎市ではヘイトスピーチデモが複数回行われているが、その中でもヘイトスピーチ対策法が成立した翌週末に行われた「川崎発！日本浄化デモ」と称したヘイトスピーチデモとカウンターデモが対峙した出来事を取り上げる。

2－2　川崎ヘイトスピーチデモの経緯と「分断」の論理

神奈川県川崎市では二〇一三年五月一二日以降、断続的にヘイトスピーチデモが行われてきた。それまでは、ＪＲ川崎駅周辺の繁華街や市役所周辺の大通りを用いたコースであった[6]。しかし、二〇一五年一一月八日のデモは、これまでとは異なるルートで川崎市の在日コリアンが多く住む桜本で行うことが企画された（神奈川新聞「時代の正体」取材班編 二〇一六：二〇）。

そのデモは、在特会の会長である桜井誠が代表を務める「行動する保守運動」のウェブサイトで「川崎発！日本浄化デモ【反日を許すな】」で呼びかけられた。それに対して、対レイシスト抗議集団C.R.A.C.（以下、クラック）がそれまでも行ってきたヘイトスピーチデモが行われる際にツイッターなどで情報を流していた「ヘイトアラート

（Hate Alert）」で、桜本で行われる計画を明らかにした。こうした情報を受けて、クラックのメンバーや住民が川崎警察署に連絡したものの、デモは中止されることはなかった。一一月八日、一四人のヘイトスピーチデモ参加者に対し、一〇〇人を超える警察官、約三〇〇人の地元住民やカウンターが川崎に集合した。ヘイトスピーチデモは当日に警察と調整のうえルート変更し、最終的に桜本地区へは向かわずに別のルートを通った（同：二二）。

二〇一五年一一月二二日、東京都内ではヘイトスピーチデモに反対する市民が集まり、「東京大行進二〇一五」が新宿で開催され、約二五〇〇人が参加した。しかし、その四日後の一一月二六日、行動する保守運動のサイトで「川崎発！日本浄化デモ『第二弾』【反日を許すな】」が呼びかけられた。「川崎の桜本が日本である事が理解不能な、頭の悪い反日勢力は日本から出て行け〜！」と書き込み、二〇一六年一月三一日に桜本地区を対象に行うことが暗示された。それに対し、二〇一六年一月に結成された「『ヘイトスピーチを許さない』かわさき市民ネットワーク」が一月二三日に集会を開き、当時中学生の中根寧生がスピーチを行った。こうした市民ネットワークの動きは、様々なメディアで取材され、中根の活動は注目を集めた(7)。

一月三一日のヘイトスピーチデモ当日、デモ参加者の集合場所となった公園の周りには、一〇〇〇人程度のカウンター参加者が集まった。対して、ヘイトスピーチデモ参加者は六〇人であった。カウンターデモ参加者が公園の出入り口を塞ごうとしたものの、神奈川県警の機動隊員が遮り、デモは公園を出発した。デモは、桜本地区に続く道まで進んだが、カウンターデモの参加者らが道路に座り込み、彼らの進路を妨害した。それに対し、神奈川県警は道路交通法違反であると警告を繰り返した。カウンターデモの参加者と警察、ヘイトスピーチデモの参加者が対峙し、ヘイトスピーチデモは引き返した。ヘイトスピーチデモ参加者らは、川崎駅の改札を通るまで、神奈川県警に「保護」されて帰っていった。この一連の出来事について、中根の母でカウンターの参加者である崔江以子は「権力による差別への加担」、「あの日味わったのは、絶望という言葉では足りない絶望だった」と述べた（同：六二）。

ヘイトスピーチに対して、法制化の議論が国会で始まり、三月二二日の参院法務委員会で崔は参考人質疑に招かれた。そこで、ヘイトスピーチ規制が表現の自由を侵害するのではないかという見解に対し、そういう段階ではないとしたうえで、法規制ではなく「対抗言論で解決してもらえるなら、ぜひ現場に来て、ヘイトスピーチする人たちを言論でもって、皆さんで説得をして改心させてください」と述べた。三月三一日、参院法務委員の議員が桜本地区を視察した。

こうしたヘイトスピーチデモの一連の報道を通じて、ヘイトスピーチの被害者と、行政・立法側との問題認識の差異、すなわち「分断」の論理がメディアを介して伝えられることとなった。加えて、ヘイトスピーチ問題における「中立性」とは何かを問う出来事が生じる。三月二〇日、川崎駅前で右派政治団体「維新政党・新風」の街宣活動中、参加者がヘイトスピーチに抗議した男性を暴行したにもかかわらず、警備に当たっていた警察官は制止しなかった。抗議の声が上がったことで、一週間後に容疑者は逮捕された。また、三月二七日には、東京の新大久保のコリアンタウンでのヘイトスピーチに抗議をしていた三名の女性が警察官に突き飛ばされ、強制的に排除された。警察側は、「中立」「公正」である必要があるため、ヘイトスピーチデモにもカウンターにも肩入れしないという立場を示したが、こうした警察側に対する批判の声がツイッターを中心に広まっていった。

他方、全国紙は、こうした出来事を大きく取り上げることはなく、また取り上げたとしても被害者側にも問題があったことを暗示するものもあった(8)。さらに、先述した「かわさき市民ネットワーク」の結成会見では、カウンターが用いている表現もヘイトスピーチに含まれるのではないかという質問もなされた（同：四二）。

ヘイトスピーチとその被害者に関する一連の報道を通じて、「中立性」批判の声が広がり、日本社会の秩序維持に寄与する国会、警察側とヘイトスピーチの被害者側との間の分断が明らかになっていった。また、ヘイトスピーチ問題が大きな注目を集めつつある中、「ヘイトスピーチを行っているデモ」対「ヘイトスピーチにも近い表現を用いるカウンターデモ」という傍観者的な図式が提示される一方で、ヘイトスピーチデモは警察という国家権力や全国紙に守られているという見解が広まった。カウンターデモ側やマイノリティの人々は、自分たちが社会で人権が保障される対象の枠外に位置づけられていると考え、カウンターデモに参加しないまでもヘイトスピーチを否定的に捉える人々は、この一連のヘイトスピーチが、日本社会の人種差別が表面化したということ以上に、日本社会の秩序維持の権力性と排除の問題に関連することを認識するに至った。

このように、メディアでは分断状況が提示される中、二〇一六年五月二四日、ヘイトスピーチ対策法が成立した。翌日、「かわさき市民ネットワーク」が記者会見をし、六月五日に川崎市内でヘイトスピーチデモ「川崎発！日本浄化デモ第3弾！」が行われる予定であり、デモの中止などを警察などに求める方針を明らかにした。また、五月二七日には横浜地裁川崎支部に対し、在日コリアンの男性が理事長を務める社会福祉法人が、デモの禁止を求める仮処分を申し立てた。川崎市は五月三〇日付で「不当な差別的言動を行う恐れがある」として、ヘイトスピーチデモの集合地である公園の使用を不許可とし、六月二日には横浜地裁川崎支部が川崎市川崎区桜本にある社会福祉法人から半径五〇〇メートル以内でのデモを禁止する仮処分を決定した。それに対し、主催者である行動する保守運動は川崎市中原区に場所を変えて実施するため、神奈川県警に道路使用許可を申請した。そして県警は六月三日に道路使用許可を出したのである。川崎市、横浜地裁、神奈川県警の対応が分かれたことで、当日のヘイトスピーチデモがどうなるのかが注目され、六月五日に様々なメディアが取材に訪れ、多くの人が関心を寄せることとなった。

この六月五日の出来事は多くのメディアで報道され、カウンターデモ側がヘイトスピーチデモを追い返したことでヘイトスピーチ対策法の有効性を一定程度示すこととなった。これを取り上げた報道は、ヘイトスピーチ対策法により社会の統合が促されたとするものであったと考えられる。では、こうした報道とソーシャルメディアの反応は同様のものであったのか。以下では、マスメディアの報道とソーシャルメディアでの反応を取り上げ、異議申し立て活動という分断のメディア・イベントによる「社会の統合」という論理と、「社会の分断」という論理が競合する過程を示す。

3　メディア・イベントと「統合」と「分断」の論理

3-1　ヘイトスピーチ対策法のマスメディア報道と「統合」の論理——TBSと『読売新聞』『朝日新聞』を事例に

本節で取り上げるマスメディア報道は、民放キー局のTBSと全国紙で購読者数の多い『読売新聞』（以下『読売』）と『朝日新聞』（以下『朝日』）である。TBSは川崎のデモを積極的に報道し続けた放送局である。ここでは、そのTBSの報道番組『報道特集』(9)が六月五日の出来事をどのように報道し、その後ドキュメンタリーとしてまとめたのか分析する。

ヘイトスピーチ対策法施行後初のヘイトスピーチデモは川崎市で予定されていた。デモの開始時刻の一時間前にカウンターデモの参加者が集合し、集会を始めた。カウンターの参加者は数百人にのぼった。ヘイトスピーチデモの参加者は十数人と少なく、数百人に囲まれて混乱が生じ、ヘイトスピーチデモは出発することなく中止となった。カウンターデモ側の崔江以子と息子の中根がデモの主催者に、「共に生きよう」と呼びかける手紙を手渡しした。

この中止は、これまでの「分断」の論理とは異なり、以下に示すように、ヘイトスピーチ対策法を通じて社会の統合が促されるという、「統合」の論理に基づき報道された。TBSは、この一連の過程を六月一一日土曜日の『報道特集』で三〇分程度の特集を組んで報道した。特集の見出しは「ヘイトスピーチ対策法で何が変わったか」で、キャスターは「自治体や警察の対応は変わったのでしょうか」と問いかけた。そして六月五日の現場の映像を流しながら、ナレーションで「これまでのデモでは警察官はデモの参加者たちを守り、反対する市民と対峙するような形で警備についていた。しかし、対策法施行後初となる今回のデモでは、これまでとは逆に、ヘイトデモの参加者たちのほうに向かって立っていた」と流した。そのうえで、現場にいた崔と中根へのインタビューを放送した。そこで「もうステージが違う。対立から対話へと変わった」と崔は述べ、そして中根は「絶望からの希望が見えた日だなって」、(手紙を)「受け取ってもらえたことが、大きな一歩につながればいいな」と応えた。

こうした映像の後、スタジオのキャスターは以下のようにまとめた。

キャスター(女)「法律が施行されたことで、川崎市でもうすっかり意識が変わりましたよね。あの、これまでは警察がヘイトスピーチを行っている側を警備していましたので、まあ、あの、まるで見守っているかのようでしたけれども、今回は市民の側を警察が警備していました」

キャスター(男)「対策法については、罰則規定がないことで効力を疑問視する声があったんですが、今回取材してみて、警備のあり方もそうだし、ヘイト側のプラカードや発言なんかも変わったのかなという気がしました」

このように、ヘイトスピーチ対策法によって、ヘイトスピーチデモの実施は困難になり、対策法によってこの問題は解決されたといった論調であった。その約一か月後の七月一八日、TBSはルポルタージュ『報道の魂』[10]の「ヘイトスピーチ根絶へ~伝え続ける「共に生きよう」という言葉~」を放送し、崔一家に焦点を当てた。そこでも、前述の特集と同様に、ヘイトスピーチ対策法によって、川崎市、司法、警察に変化が生じたと指摘していた。二〇一五年一一月、二〇一六年一月、二〇一六年六月のヘイトスピーチデモの様子を報道し、警察の対応がどのように変わったのかを強調した。

例えば、二〇一五年の様子では、ヘイトスピーチデモと共に歩く警察の姿（『報道の魂』四分四九秒）、二〇一六年一月には、桜本地区にデモを入れないように座り込みで対抗する市民と警察が対峙する姿（『報道の魂』四分五八秒）が放送された。そこでは、カウンターデモがヘイトスピーチデモ参加者を取り囲み、行く手をさえぎろうとするものの、警察がヘイトスピーチデモ参加者を警備しているため困難であることが示唆された。しかし、二〇一六年六月のヘイトスピーチデモでは、カウンターデモ参加者がデモを取り囲んで動けなくすることが可能となっており、警察の警備対象が変わったことが映像で明確に提示された。そして、ナレーションで「警察はデモの中止を促していました」（『報道の魂』二一分二〇秒）と語りかけ、ヘイトスピーチ対策法で大きく変化したことを強調した。

そのうえで、崔と中根がヘイトデモ主催者に渡した手紙の一部「加害、被害の関係から、今このときを共に生きる一人の人間どうしとして出会いなおしませんか」を読み上げ、「桜本の若者やこどもたちは、『共に生きよう。共に幸せに』とメッセージを綴りました」と紹介した。その後、崔の「ヘイトスピーチが許されないと示されている中で、できなくてやれないのではなくて、ヘイトスピーチをする人たちの良心でもってやめてほしいというのが私たちの願いなので、届け続けたいです」との発言を報じた。最後に、六月半ばの崔の活動の様子を伝えながら、「ずっと伝え続けています。『共に生きよう』と」というナレーションで番組を終えた。

メディア・イベントとしてのヘイトスピーチデモでは、分断の論理が提示され続けてきたが、これらの番組から明らかなように、ヘイトスピーチ対策法成立後は、分断状況にあった社会の秩序の回復、統合が語られた。分断の象徴として位置づけられていた警察が、「融和」を通じた秩序の回復の象徴として取り上げられたと言える。

こうしたTBSの報道とは異なり、『読売』『朝日』では、「表現の自由」にヘイトスピーチが含まれるかという点で主張が異なっていた。例えば、『朝日』では六月四日「ヘイト禁止　『点』を『面』に広げよう」で「差し止め決定が問題の団体のこれまでの活動を詳しく認定したうえで、『違法性は顕著で、集会者表現の自由の保障の範囲外であることは明らか』と断じたのは、当然と言えよう」と指摘した。その一方で、『読売』はヘイトスピーチを社会から排除していくことには賛成しているものの、「表現の自由」を考えるとヘイトスピーチ対策法に「罰則や禁止規定が盛り込まれなかったのは、妥当だ」（五月二五日）としており、『朝日』とは異なる立場を示した。

『読売』と『朝日』の「表現の自由」という観点からのヘイトスピーチ対策法の評価の差異が警察の表象にも表れている。例えば両紙ともに、行政、司法判断とは異なり県警がヘイトスピーチデモに道路使用許可を出したことを報道したものの、報道の論調は異なっていた。

『読売』は「川崎のデモ　県警は許可　『ヘイトと判断できぬ』　市、地裁と逆の判断」（六月四日）で「『警察がデモ隊を守っている』と指摘されたこともあり、同法施行を機に改めて適切な警備を徹底する狙いがある」としながらも、「警察当局がヘイトスピーチそのものを取り締まることはない」とした。ヘイトスピーチ対策法の問題点を指摘しながらも、公権力による表現の自由の抑制には慎重であるべきだと示した（六月六日）。また、デモ中止の記事では「差別的発言に悩まされてきた市内の在日韓国人らは、デモが行われなかったことを喜んだが、罵声が飛び交うなどして周辺は騒然となった」や「どっちが何の主張をしているのかもわからず、怖かった」という男子高校生の発言を引用するなど、カウンターデモ側にも問題点があることを暗に示していた。

その一方で、『朝日』は六月四日の記事「県警、道路使用を許可　川崎で申請のヘイトデモ」では、「司法の考えも示されて、不許可になるかも、と思っていた。警察は人権被害をどう守ってくれるのか」という引用が示されたが、「対策法は、具体的な禁止規定や罰則はなく、警察は対策法でヘイトスピーチを直接取り締まることはできない」とヘイトスピーチ対策法の問題点を指摘している。また、六月六日には「ヘイトデモ阻止の人波　川崎」（一面）と「反対派ら数百人包囲　ヘイトデモ中止『尊厳守られた』」（三一面）でヘイトスピーチデモについて取り上げ、神奈川県警の説得に応じて、主催者がデモの中止を決めたことが示されている。これらの報道は、警察がヘイトスピーチデモを取り締まる法的根拠が十分ではないことを示し、その問題点を指摘している。『朝日』の報道においては、TBSほど警察について注目することはなかったが、同様に「警察」が「統合」の論理を示す一つの役割を果たしていたと言える。

このように、二紙の報道は「表現の自由」という観点や、カウンターデモの位置づけに差異は見られたものの、全体的には「統合」の論理が示されていた。例えば、『読売』は川崎のヘイトスピーチデモが行われた同日午後の在特会のメンバーによる渋谷でのデモ行進を報道した。そして、そこでは人種差別を煽る発言はなかったと指摘し、「今回のヘイトスピーチが行われなかったのは対策法の抑止力が働いた結果だ」とする在日韓国人二世の発言を引用していた。また、『朝日』では「差別の傷『回復への希望』ヘイト被害の女性、涙」（六月三日）や、前述の「反対派らの数百人包囲　ヘイトデモ中止『尊厳守られた』」（六月六日）という見出しからも、ヘイトスピーチ対策法によって、ヘイトスピーチデモが抑制されるという論理が強調されていた。

ヘイトスピーチ対策法施行後初のデモは、メディアで大きく注目され、いくつものメディアで報道された。マスメディアの一連の報道は、ヘイトスピーチ対策法が施行されたことで、ヘイトスピーチデモは減少するだろうという論調であった。対策法によって社会の分断は緩和され、その「統合」が果たされるであろうという物語がつむがれていたのである。

3－2　ツイッターを通じて明示される「分断」と「中立性」批判

前述のような「統合」の論理で提示したマスメディアの報道とは異なり、ツイッターでは「統合」と「分断」の両方の論理が示されていた。

二〇一六年六月五日の川崎でのヘイトスピーチデモに対する反応は「#０６０５川崎ヘイトデモを許すな」で以下のようにツイートされていた。

中止となりました。ただいまヘイトの奴等、警察に旗を下ろせと注意されてます。@kimulalay

ヘイトデモ中止後も、しつこくプラカードを掲げる差別主義者がいたのでカウンター側が「プラカードを下げろ!」と指摘。すると警察が「プラカード、旗ざおを掲げている方、すみやかにしまって下さい」とアナウンス。#０６０５川崎ヘイトデモを許すな @gonoi

また、実際にデモが中止された後、ヘイトスピーチ対策法に言及したものも見られた。

中止と言われて俄かには信じられなかったけど、沈静化しつつある現場を見て、本当にそうなんだな…と。法ができると、ここまで違うものなのか…。@gappaiyasu

これらのツイートはマスメディア報道で示された「統合」の論理と同様のものと言える。すなわち、法律によって、ヘイトスピーチが抑制され、秩序が安定することを示していたのである。その一方で、当然のことながらこれらのツイートに対し、批判的なツイートも見られた。例えば以下のツイートは、前述の @gonoi のツイートにリプライされていたものである。

言論の自由が死んだ日。日本は中国共産党やナチスドイツと同じ言論の自由が無い国になってしまった。たとえその主張が間違えていても言論の自由は守られるべき。言論の自由が守られない国は左翼による独裁化と軍国主義が始まると思う。@__parman__

こうした分断を表すツイートは、「#0605川崎ヘイトデモを許すな」に対する批判という形のみならず、ヘイトスピーチデモ中止を好意的に受け止めるツイートの間でも見られた。そうしたツイートは、「#0605川崎ヘイトデモを許すな」と「#0605渋谷ヘイトデモを許すな」を用いて、同日に行われた渋谷でのヘイトスピーチデモが中止にならなかったことに言及した。

川崎と渋谷の差は何なんだろう？
かたや警察がカウンターに協力し、ヘイトデモ中止を促す。
かたや警察がカウンターを監視し、ヘイトデモに協力をする。
#0605川崎ヘイトデモを許すな
#0605渋谷ヘイトデモを許すな
#ヘイトスピーチは違法　@kind_of_rock

レイシストと警視庁は共犯かよ
#0605渋谷ヘイトデモを許すな @democratiexxx

川崎のヘイトデモ阻止で韓国でいい形で報じられるところだったのに、警視庁がクソ対応で水を差した。東京のローカル警察が国の顔に泥を塗った。
#0605川崎ヘイトデモを許すな
#0605渋谷ヘイトデモを許すな @yoox5135

これらのツイートに見られるように、デモが中止となった川崎と比較し、渋谷の状況に対する不満や怒りが表明された。この一連のツイートにおいても、警察が注目された。川崎のみに言及したツイートでは、警察が中止を促したことによって、「統合」の論理が示された。しかし、同日に行われた渋谷にも言及されることで、ヘイトスピーチ対策法によって必ずしもヘイトスピーチデモが中止されたり、抑制されたりするわけではないことが明示された。また、警察に対する「中立性」の批判が、ツイッターでは見られた。これらを指摘することによって、日本社会における「分断」が明示された。すなわち「分断」の論理がツイッター上では展開していたのである。

4　社会の「中心」はどこにあるのか

前述の分析からは、マスメディアとソーシャルメディアでは異なる論理が展開していたことが明らかになった。TBSと『朝日』は統合の論理を、『読売』は分断を暗示しながらも統合の論理を、そしてツイッターでは分断の論理が提示されていた。これは、現在のメディア環境におけるメディア・イベントは、単純な社会統合を促すというものだけにはとどまることはできないことを示している。こうした点を考える際に重要な概念が「メディアを介した中心の神話」である。

この概念を提唱したクドリーは、メディアには社会の「中心」に対して特権的なアクセスを有しているとする神話があると指摘する。その「中心」とは、「我々」の生活様式や価値を形成する、社会に存在する「真の」中核を意味するが、その「中心」の存在もまた神話である。すなわち、メディアに接することで、「我々」の社会を構成する「真の」中核に到達できるという神話が現代社会には存在していると述べる（クドリー 二〇一二＝二〇一八：一一二）。デジタルメディアが普及する以前では、そうした中心はテレビや新聞といったマスメディアであった。マスメディアは国民国家の枠組みの中で「マス」に必要な情報を伝達する社会制度である。すなわち、多くのオーディエンスがマスメディアを介して社会の中心にアクセスし、国民国家という社会の枠組みを共有していたのである。

しかし、現在のデジタルメディアが普及した多メディアの時代においては、マスメディアのみならず、ソーシャルメディアを含めた様々なメディアが、自らが社会の「中心」であることを主張している（同：三三）。テレビ視聴時間や新聞購読者数が減少する一方で、ソーシャルメディアの利用者数・利用時間が増加し、その結果、「我々」意識が共有されることが少なくなった。ソーシャルメディアでは、マスメディアが提示した国民国家という社会における「我々」ではなく、アルゴリズムによって構築されたフィルターバブルで閉じられた中での「我々」が共有される。その「我々」はそれぞれの「我々」となる。そうした「我々」をみんなが共有しているというのは神話だと言える(Couldry 2020: 202)。

重要な点は、そうしたそれぞれの「我々」であったとしても、そのメディアの利用者は、日常的にメディアに接触し、メディアを通してその「社会」の凝縮性を高めることになるというところにある。本章で取り上げた事例は、それぞれのメディアで提示された論理が異なっていたが、どのメディアを用いるのかによって、真の「中核」から構築される「社会」も異なり、そこで共有される「我々」も異なるのである。ＴＢＳの報道や『朝日』『読売』を通じて構築されたのは、ヘイトスピーチ対策法によりヘイトスピーチが抑制されるという統合的な「社会」であり、ツイッターを通じて構築されたのは、ヘイトスピーチ対策法でも抑制されず、警察もヘイトスピーチの抑止に動かないという分断された「社会」であった。

こうした「社会」はメディア儀礼を通じて構築されている。例えば、マスメディアはこの問題を大きく取り上げ報道するが、取り上げる枠組みである「統合」の論理は共通しており、「特定のテーマ」であるヘイトスピーチデモの報道が儀礼的に消費される。加えて、報道ではヘイトスピーチ対策法を結とする「起承転結」の物語が見られ、パターン化された報道がなされていた。また、ソーシャルメディアにおいては、「ヘイトデモ」が行われる日付や「ヘイトデモを許さない」というメッセージとともにハッシュタグで共有される。こうした儀礼的なメッセージの発信は本事例に限られたわけではなく、その後のヘイトスピーチデモやほかの社会問題の運動においても行われるのである。

このように、メディアにおいて「統合」や「分断」の論理が見られたが、こうした論理の競合――意味づけをめぐる政治が一時的なものではないことに注意すべきである。本事例で取り上げたヘイトスピーチ対策法は、国会で審議されているときから、ヘイトスピーチに対して罰則がないことから抑止効果が疑問視されていた。実際に、ヘイトスピーチデモは現在においても行われている。ヘイトスピーチデモがメディアで報道されることは減少したが、インターネット上ではヘイトスピーチやそのデモに対する批判的な声は少なくない。注目すべき点は、インターネット上では前述の事例で取り上げたように、警察がヘイトスピーチデモ側についているという「中立性」の批判が少なくないということである。例えば、二〇一九年三月九日、「朝鮮学校襲撃事件」の「一〇周年を祝う」ヘイトスピーチデモが京都で行われた。その様子は、「#0309NoHate 京都」で批判の声と共に共有された。そこでは、出発直後にスピードを上げて進んだ街宣車を走って追いかける警察官の様子と、数名のデモ参加者に対し、多くの警察官が動員されたことが動画で共有された。これについて、「届けさえだしゃヘイトスピーチし放題で、タダで百人からの警察官に守られて大通りを練り歩けるんだからネオナチやめられんわな。」（@AnomalaCuprea）や、「何が悲しくて税金でヘイトのボディガード代を出さなきゃいけないのか」（@hiranok）、「異様な光景」（@rcampbelltokyo）といった声が見られた。

その後、二〇一九年五月一二日に行われた川崎市でのヘイトスピーチデモについては、「#0512川崎ヘイト街宣を許すな」で批判的な意見が共有された。例えば、前日の五月一一日には、以前に行われたデモ参加者と、それを警備する警察官の動画がアップロードされ、「こうやって過剰警備するから差別主義者が付け上がるんだよ！」（@evil_keidash）とツイートされた。このツイートは二五〇〇以上リツイートされている。

このように、二〇一六年の川崎のヘイトスピーチデモの出来事をめぐるメディアの報道やソーシャルメディアで示された「中立性」批判は、その後も継続的に行われている。こうした批判の多くは、前述のものと同様の形をとり、ヘイトスピーチデモ、カウンターの双方において行為が儀礼化されつつある。すなわち、デモの実行者や参加者は、ヘイトスピーチのデモを申請することで警察が多く集まり警備が入ることを理解し、それによって注目を集めている。こうしたデモ側の行為はパターン化されている。多くの観光客が集まるような銀座や京都といった場所では、カウンター参加者も多くなり、より多くの警察官が配備されることとなる。

一方、カウンター側も、ヘイトスピーチデモが行われる際、ハッシュタグを通じて情報の共有を行っている。そのハッシュタグではデモが行われる日付と場所が明示されており、こうした情報共有はカウンター参加者や、参加しないまでもヘイトスピーチデモを否定する人々の間でパターン化されている。加えて、ヘイトスピーチ対策法ができたにもかかわらず、未だにヘイトスピーチが警察によって許可され、デモが警備されるのかという批判が加えられる。そして、ヘイトスピーチは未だに根絶していないこと、ヘイトスピーチが許可されることに対する不信や疑問が浮き彫りとなる。すなわち、警察の警備に注目するという理解のフレームワークが構築されているのである。

ヘイトスピーチデモ、カウンターデモの双方の参加者が、儀礼的な行為を行うことで、それぞれが発信するメッセージを載せるメディアの利用者が構築する社会において集団的凝集性を高めている。ヘイトスピーチ対策法直後のヘイトスピーチデモやカウンター、それに関する報道や、ルポルタージュは社会的統合を提示したメディア・イベントであった。しかし、ソーシャルメディアで見られた分断の論理は警察の警備に注目するという理解のフレームワークを構築し、その結果、社会の分断を明示することとなったのである。

おわりに

「大規模な」オーディエンスを獲得する「祝祭的な」イベントとしてのメディア・イベントは減少しつつある。こうしたことから、本章では祝祭的ではない分断や混乱を示すイベントを分析してきた。しかし、大規模なオーディエンスに同時に訴える能力やそのための資源のコントロールは、現在の環境においても依然として重要な政治的闘争の対象である。すなわち、ダヤーンとカッツが当初想定したような「祝祭」としてのメディア・イベントは困難となっているが、それとは異なる形で、大規模なオーディエンスを獲得しようとする試みは続いている。むしろメディア・イベントは大規模なオーディエンスを獲得する一つのメディアの形式として維持されていくことになると予想される(Hepp and Couldry 2010: 5; クドリー 二〇一二=二〇一八：八〇)。

前節で提示したように、ソーシャルメディアが普及し、人々がそれぞれの「社会」を構築する現代社会において、メディア・イベントは分断や対立を明示し、促進する要因になりうる。一方で、メディア・イベントは未だに統合、秩序化を促進する要因ともなりうる。こうしたせめぎ合いが展開する場という視座は、現代のメディア政治の特徴と言える。

本章では、メディア・イベント論の近年の動向を提示しながら、社会の分断や混乱を促す出来事に焦点を当てたメディア・イベント論に修正を加えてきた。従来のメディア・イベント論では社会の統合という点に焦点が当てられてきたが、社会の分断といった機能に関しては言及されつつも十分に研究されてきたとは言いがたいものがあった。本章では、意味づけをめぐる政治としてのメディア・イベントという観点を提示したが、こうした枠組みを用いることで、社会の統合のみならず、社会の分断に関しても分析することが可能になると考える。今後は、意味づけをめぐる政治としてのメディア・イベントという観点から、日本社会で生じた様々な現象を分析し、発展させていくことが求められる。

注

(1)　吉見（一九九六：二六）によると、メディア・イベントは①高校野球やメディア主催の美術展などを指す「メディアが主催するイベント」、②ロイヤルウエディングなど「メディアに媒介されるイベント」、③浅間山荘事件などを指す「メディアによってイベント化される現実」の三つに分けられるとしている。この分類に当てはめると、ダヤーンとカッツのメディア・イベントは②に、そして本章で論じる分断のメディア・イベントは③に該当すると考えられる。

(2)　このメディア・イベントの事前の計画性という点は、事件・事故といった予期せぬ出来事と、我々が意図的に起こすことができる出来事との間には基本的な差異があるという考えによるものである

(3)　在特会の構成員に関しては、安田（二〇一五）、樋口（二〇一四）が参考になる。

(4)　それまでも報道していたが、日本の全国紙が初めて「ヘイトスピーチ」という言葉で言及したのは二〇一三年三月一八日の『朝日新聞』と『毎日新聞』であり、『読売新聞』は二〇一三年六月、『産経新聞』は二〇一三年八月であった。

(5)　ヘイトスピーチの問題は、差別的表現を行うことに加えて、そうした表現が差別的な感情を高め、差別的な行為へと扇動するところにある。そのため、表現の自由を重視する自由民主主義国家においても、ヘイトスピーチを規制する国も少なくない。ヨーロッパ諸国において、第二次世界大戦以降、ヘイトスピーチ規制は段階的に進められてきている。一方、アメリカにおいては、ヘイトスピーチは現段階では言論の自由に含まれるものではあるが、二〇〇九年にはヘイトクライム防止法が成立している（ブライシュ　二〇一二＝二〇一四：二〇四－二〇五、二三六－二三七）。

（6） コリアンタウンを対象としたヘイトスピーチデモは、二〇一三年の東京都新宿区の新大久保でのデモ以降、実施されていなかった。

（7） 例えば、二〇一六年五月四日の『朝日新聞』「差別のない社会　一三歳の願い」など。

（8） 例えば、『毎日新聞』（二〇一六年三月三〇日）では、川崎駅前の事件を「県警公安一課によると、被害者の男性はハンドマイクで抗議の声を上げていたという」と説明している。問題に対する中立的な姿勢が問題の解決にはつながらず、むしろ深刻化に寄与することは、社会紛争の研究でもしばしば指摘されている（Schattschneider, 1960＝1972 参照）。

（9） 『報道特集』は、毎週土曜日一七時三〇分から一八時五〇分まで放送している報道番組で、社会問題などを特集で扱うことが多い。

（10） 『報道の魂』は毎月第一・第三月曜日の一時二〇分から三〇分に放送されていた、ルポルタージュ／ドキュメンタリー番組である。二〇一七年四月に、『報道の魂』は『JNNドキュメンタリー　ザ・フォーカス』に改題された。

引用・参照文献

Bleich, E.（2012＝2014）*The Freedom to Be Racist?: How the United States and Europe Struggle to Preserve Freedom and Combat Racism*. Oxford: Oxford University Press（明戸隆浩ほか訳『ヘイトスピーチ：表現の自由はどこまで認められるのか』明石書店）

Carey, J. W.（2009）*Communication as Culture: Revised Edition*. New York: Routledge.

Couldry, N.（2003）*Media Ritual: A Critical Approach*. London: Routledge.

Couldry, N.（2012＝2018）*Media, Society, World: Social Theory And Digital Media Practice*. Cambridge: Polity.（山腰修三監訳『メディア・社会・世界：デジタルメディアと社会理論』慶應義塾大学出版会）

Couldry, N.（2020）*Media, Voice, Space and Power: Essays in Refraction*. New York, NY: Routledge.

Dayan, D.（2010）“Beyond Media Events: Disenchantment, Derailment, Disruption.” Couldry, N., Hepp, A. and Krotz, F.（eds.）*Media Events In A Global Age*. London: Routledge, pp. 23–31.

Dayan, D. and Katz, E.（1992＝1996）*Media Events: The Live Broadcasting of History*. Cambridge, MA: Harvard University Press.（浅見克彦訳『メディア・イベント：歴史をつくるメディア・セレモニー』青弓社）

Evans, M.（2018）“Media Events in Contexts of Transition: Sites of Hope, Disruption and Protest.” *Media, Culture & Society*, 40（1）: 139–142.

Hepp, A. and Couldry, N.（2010）"Introduction: Media Events in Globalized Media Cultures." Couldry, N., Hepp, A. and Krotz, F.（eds.）*Media Events in A Global Age*. London: Routledge, pp. 1–20.

樋口直人（二〇一四）『日本型排外主義：在特会・外国人参政権・東アジア地政学』名古屋大学出版会。

飯田豊・立石祥子編（二〇一七）『現代メディア・イベント論：パブリック・ビューイングからゲーム実況まで』勁草書房。

神奈川新聞「時代の正体」取材班（二〇一六）『ヘイトデモをとめた街：川崎・桜本の人びと』現代思潮新社。

Katz, E. and Liebes, T.（2010）"'No More Peace!' How Disaster, Terror and War Have Upstaged Media Events." Couldry, N., Hepp, A. and Krotz, F.（eds.）*Media Events in A Global Age*. London: Routledge, pp. 32–42.

Liebes, T.（1998）"Television's Disaster Marathons: A Danger for Democratic Processes?" Liebes, T. and Curran, J.（eds.）*Media, Ritual and Identity*. New York: Routledge.

師岡康子（二〇一三）『ヘイトスピーチとは何か』岩波新書。

毛利嘉孝（二〇〇三）『文化＝政治』月曜社。

大石裕（二〇〇五）『ジャーナリズムとメディア言説』勁草書房。

Scannell, P.（2014）*Television and the Meaning of Live*. Cambridge: Polity.

Schattschneider, E. E.（1960＝1972）*The Semi-Sovereign People: A Realist's View of Democracy in America*. New York: Holt, Rinehart and Winston.（内山秀夫訳『半主権人民』而立書房）

Sonnevend, J.（2018）"The Lasting Charm of Media Events," *Media, Culture & Society*, 40（1）: 122–126.

Stepinska, A.（2010）"9/11 and the Transformation of Globalized Media Events." Couldry, N., Hepp, A. and Krotz, F.（eds.）*Media Events in A Global Age*. London: Routledge, pp. 203–216.

津金澤聰広編（一九九六）『近代日本のメディア・イベント』同文舘出版。

津金澤聰広編（二〇〇二）『戦後日本のメディア・イベント』世界思想社。

安田浩一（二〇一五）『ヘイトスピーチ：「愛国者」たちの憎悪と暴力』文春新書。

吉見俊哉（一九九六）「メディア・イベント概念の諸相」津金澤聰広編著『近代日本のメディア・イベント』同文舘出版。

吉見俊哉（二〇〇二）「メディア・イベントとしての「御成婚」」津金澤聰広編著『戦後日本のメディア・イベント』世界思想社。

ホームページ

C.R.A.C. https://crac.jp/ （閲覧日：二〇二一年八月四日）

行動する保守運動

川崎発！日本浄化デモ【反日を許すな】（閲覧日：二〇一九年五月二三日）
http://www.koudouhosyu.info/skantou/scheduler.cgi?mode=view&no=883

川崎発 日本浄化デモ『第二弾！』【反日を許すな】（閲覧日：二〇一九年五月二三日）
http://www.koudouhosyu.info/skantou/scheduler.cgi?mode=view&no=909

川崎発！日本浄化デモ第3弾！（閲覧日：二〇一九年五月二六日）
http://www.koudouhosyu.info/skantou/scheduler.cgi?mode=view&no=1013

第2章　日本型メディア・ポピュリズムと「改革」言説
――「失われた一〇年」期における朝日新聞の社説を中心にして

山腰　修三

1　メディア政治とポピュリズム

メディア政治の今日的形態を論じる上で、「ポピュリズム」はその中心概念の一つに位置づけられる。ポピュリズムは「社会が究極的に『汚れなき人民』対『腐敗したエリート』という敵対する二つの同質的な陣営に分かれると考え、政治とは人民の一般意志の表現であるべきだと論じる、中心の薄弱なイデオロギー」を指す（ミュデ／ロビラ・カルトワッセル 二〇一七＝二〇一八：一四）。メディア政治の観点からは、ポピュリズムが展開する言説戦略の特徴が注目される。すなわち、①社会を二つの勢力に分断する、②社会や政治の抱える問題が、一方の勢力に起因するものとして、善悪二元論の対立図式に位置づける、③自らが一般民衆と共に敵対勢力と闘うという「勧善懲悪」の物語を提示し、現状に不満を抱く多様な層の支持を調達する、④メディアを積極的に活用すること、である（大嶽 二〇〇六・二、参照)。

メディアとポピュリズムの今日的関連性を考える際に有力な参照点とされるのが、二〇一六年以降の「トランプ現象」である。リアリティ番組の司会者という「セレブリティ」として知られたドナルド・トランプは二〇一六年の大統領選では当初、泡沫候補の一人と目されていたが、過激な言動から注目を集め、共和党の大統領候補となった。そして選挙当日まで当選が有力視されていた民主党候補ヒラリー・クリントンを破り、第四五代アメリカ大統領となった。

大統領選におけるトランプの政治手法は「ポピュリズム的」と評された。第一は、差別的な発言など、「過激な」主張を展開した点である。第二に、移民などの少数派やエスタブリッシュメント層を「敵」と位置づけ、それらの勢力がアメリカを「危機」に陥れているという論理を展開したことである(1)。第三に、こうした「敵」との対決を通じて「アメリカを再び偉大な国にする」という「勧善懲悪」の物語を提示した点である。そして第四に、ツイッターに代表されるソーシャルメディアを活用した点である。

とはいえ、ポピュリズム政治のもたらした分断は大統領就任後に明確化していった。メディア政治という観点からは、ニュースメディアやジャーナリズムの「危機」が進展してきたと言える。

第一に、トランプはツイッター等を通じて自ら「フェイク」を積極的に発信、拡散し、社会の憎悪、対立、分断を煽った。さらに、有名な「オルタナティブ・ファクト」事件(2)が示すように、ポスト真実状況を政府が促進し、あるいは構築する事態が進展したのである(カクタニ 二〇一八=二〇一九)。

第二に、それにもかかわらず、ニュースメディアによる報道を通じた批判や異議申し立てが十分に機能しなかった。主流ニュースメディアによって構成されたメディア生態系はトランプ支持を掲げるFOXニュースやシンクレアなどの勢力とトランプに批判的なCNNやニューヨークタイムズなどのメディアとに分断された。そしてトランプは自身に批判的なニュースメディアを「フェイクニュース」と攻撃した（Farkas and Schou 2020）。さらに、インフォウォーズやブライトバートに代表される新興メディアはインターネットを中心にフェイクニュースを拡散し、トランプ支持者を囲い込むオルタナティブなメディア生態系を構築した（Bennett and Livingston 2018）。「偽情報の秩序」とも呼ばれるこのオルタナティブなメディア生態系の住民たちは「フェイク」に基づいた「現実」を構築し、二〇二〇年の大統領選を「不正選挙」と信じたトランプ支持者たちによる二〇二一年一月の連邦議事堂襲撃事件へと至ったのである。いわば、ポピュリズムとしてのトランプ現象は既存のニュースメディアを攻撃し、その正当性を低下させる側面を有していたと言える。

このようにトランプ現象は現代のメディア政治を象徴する事例である。それではこの議論は日本の状況に対してどれほどの説明力を有しているのであろうか。確かにポピュリズム政治、そしてそれと連動するニュースメディア／ジャーナリズムの「危機」は今日の世界的な傾向である。しかし、それらを「トランプ現象」の諸特徴に還元することは議論を過度に単純化させてしまう（Corner 2017 参照）。各国・地域の政治制度やメディア制度が異なるのは無論のこと、それぞれが固有の歴史的展開を持つからである。

そこで本章ではこのポピュリズム政治とニュースメディア／ジャーナリズムの現代的「危機」をめぐる日本固有の展開を検討する。メディア政治と連動した「トランプ現象」や「ブレグジット」、あるいは排外主義的な政党の躍進が席捲した二〇一〇年代後半から二〇二〇年代前半にかけての各国の状況に比べると、日本では少なくとも国政レベルではポピュリズムが活性化していたとは言い難い。しかし日本にはメディア・ポピュリズムをめぐる固有の系譜と展開があり、それが今日的なメディアの「危機」と結びついているのである。

本章ではそれが「新自由主義的改革」を中心的な理念として展開してきたことを明らかにする。以下に論じるように、新自由主義的改革は二〇世紀末から二一世紀初頭の「失われた一〇年」期にポピュリズムの言説戦略として採用されるが、その言説はメディアによって構築され、社会に流布してきた側面を持つ。いわば、新自由主義的改革はメディアによって当初生み出されたポピュリズム言説であり、さらにメディアはポピュリストの政治指導者にその「劇場」を提供することになった。この点において、「失われた一〇年」期の新自由主義的改革はメディアによって主導された「メディア・ポピュリズム」であったと言える。一連の分析を通じて本章では日本におけるニュースメディア／ジャーナリズムの現代的「危機」の起源の一つが、こうしたメディア自身によって編成された新自由主義的改革のポピュリズムであったことを指摘する。

2 ポピュリズムの言説戦略としての「改革」

2−1 新自由主義的改革の展開

日本における近年のメディア・ポピュリズムを検討する上で鍵となる概念が「新自由主義的改革」である。したがって、本節では日本政治における新自由主義的改革の受容とその展開について検討してみたい。この作業から明らかになるのは、「改革」が強力な政治シンボルとして機能してきた点、そして「改革」というシニフィアンが新自由主義の観点から意味づけられるようになった点である。つまり、「改革」が「新自由主義的改革」と同義になったことが日本における現代的ポピュリズムの言説戦略を可能にしたと言える。

まず、「新自由主義」について検討したい。「新自由主義」は現代社会のヘゲモニー[3]の一つである一方で、幅広い概念でもある。元来、新自由主義は「強力な私的所有権、自由市場、自由貿易を特徴とする制度的枠組みの範囲内で個々人の企業活動の自由とその能力とが無制約に発揮されることによって人類の富と福利が最も増大する、と主張する政治経済的実践の理論」を意味してきた（ハーヴェイ 二〇〇五＝二〇〇八：一〇）。

メディアの社会理論の研究者であるニック・クドリーは、こうした新自由主義の原理を踏まえつつ、その歴史的展開を捉える上では新自由主義の「ドクトリン」としての側面と、「規範」としての側面に目を向ける必要があると指摘する（Couldry 2010: 5）。「ドクトリン」としての新自由主義は、一九八〇年代以降、自由民主主義諸国でこの原理が政策の中に取り入れられていった状況を指している。つまり、各国は市場原理主義に基づき民営化や規制緩和といった政策を打ち出すようになった。それは「グローバル・スタンダード」になる一方で、格差を拡大させてきたことは周知の通りである。そして「規範」としての新自由主義は、経済学の理論や政府の政策を超えて、日常生活における合理性として埋め込まれてきた状況を指し示す。例えば新自由主義のイデオロギーは「自己責任」論といった形で日常生活の「常識」として機能し、あるいは「企業経営」の視点で社会を解釈することが「正しいこと」とし、格差の拡大や社会福祉の縮小を「当たり前」と見なす風潮を作り出してきたのである。

こうした新自由主義の「拡がり」に関して政治理論家ウェンディ・ブラウンは次のように論じている。

> 新自由主義は今日、国政、職場、法制、教育、文化、そして日常の活動の膨大な範囲に遍在しており、民主主義の構成要素のあきらかに政治的な性質、意味、作用を、経済的なものに転換させる。…（略）…新自由主義化は、民主主義的な正義の政治原理を経済的な語彙に置き換え、国家そのものを企業のモデルに基づいた国民の管理者に変容させるし、民主主義的シティズンシップや人民主権でさえ、その内容の大部分を空洞化する（ブラウン　二〇一五＝二〇一七：九、三一－三二）。

この点において、新自由主義は人々の公的生活や日常生活を意味づけ、規律化するコードへと拡張する。そして「市場」「企業経営」の論理であらゆるものを再解釈し、人々の意識や社会生活そのものを変容させてきた。このように、新自由主義はあらゆるものを意味づけるヘゲモニックなコードとして機能するようになったのである。

2－2　政治シンボルとしての「改革」

それでは「新自由主義」は日本社会の中でどのように浸透し、定着したのであろうか。本章が注目するのは、それが「改革」の言説として編成されてきた側面である。「改革」は今日の日本の政治社会において肯定的なものとして受け入れられ、しばしば特定の政策を正当化する「マジックワード」として用いられている。「改革」を政治シンボルとして捉える場合、その多義性、つまり多様な意味づけに開かれている点が重要な特徴となる。この点で、戦後の占領期にGHQの指導により進められた「戦後改革[4]」期においてこの言葉がどのように意味づけられたのかを分析した以下の議論が参考になる。

保守派からは、諸改革は強いられた、やむをえない事実上の譲歩・妥協の結果としてうけとられ、進歩陣営においては、諸改革は革命の一環として、あるいはそれに至る過程にすぎないものと考えられた。その後、保守派によって改革は「行き過ぎ是正」の対象と考えられ、左翼によっては対米従属のための欺瞞政策と考えられるようになった。これらいずれの場合にも、革命ではない改革、単なる技術的修正ではなく一つの理念をもった新しい方向づけとしての改革という形での位置づけはえられなかった（石田　一九七八：一三七－一三八）。

例えば左派陣営にとって、戦後改革は当初、「民主革命」と意味づけられ、逆コースの展開とともに「欺瞞」と意味づけられるようになった（石田　一九七八：一二七、一三五）。このように「改革」は曖昧で多義的な概念であるが、まさにそうした性質ゆえにさまざまな文脈に応じて象徴的な権力を持つものとして機能する。この点を理解する上で、批判的コミュニケーション論における「意味づけをめぐる政治」概念が手がかりとなる。

「言説における闘争」はまさに、言説の節合と脱節合の過程からなる。最終的に節合と脱節合の結果を主に左右しうるのは、「闘争する諸勢力」の相対的な強さ、ある戦略上の時機における諸勢力のバランス、「意味づけをめぐる政治」が効果的に遂行されるか否かである。…（略）…そうした闘争は、特定の時点におけるある重要な用語をめぐる効果的な脱節合にまさに起因している。つまり、「民主主義」「法の支配」「市民権」「国民」「人民」「人間」などといった重要な語句の従来の意味上の連結を脱節合し、それに新たな意味を挿入し、新しい政治主体の登場を表象するのである（ホール 一九八二＝二〇〇二：二三〇。訳一部変更）。

つまり、「改革」は「意味づけをめぐる政治」の結果、特定のイデオロギーと結びつき、ヘゲモニックな言説を編成しうるものとして理解されるのである。こうした観点を「ポピュリズム」との関係からより深く論じてきたのが、エルネスト・ラクラウに代表されるラディカル・デモクラシーの言説理論である。この言説理論では特定の政治シンボルが「空虚なシニフィアン」として機能することがポピュリズムを可能にする条件と見なされる（ラクラウ 二〇〇五＝二〇一八）。ラクラウによると、ヘゲモニー闘争の過程で普遍性を担うシンボルが産出される。それは個別の意味内容を失い（空虚化）、普遍的なものを指し示すことによって多様な要求やアイデンティティをまとめ上げる機能を果たす。いわば、特定の政治シンボルがヘゲモニー闘争の中で普遍性を担うようになったものが「空虚なシニフィアン」であり、複数のアイデンティティから統一的な政治的主体を構築するポピュリズム的な言説戦略において重要な役割を果たすことになる（ラクラウ 二〇〇五＝二〇一八：二〇九、二一一）。

「改革」はまさにさまざまな要求や不満、そしてアイデンティティを包摂する「空虚なシニフィアン」として機能し、ポピュリズムを可能にする条件となる言説を編成した。そして「新自由主義」の言説戦略は「改革」を政治シンボルとすることでポピュリズムとして展開することになったのである。

2－3　新自由主義的改革の系譜

それでは、日本における「新自由主義的改革」は政治過程にどのように組み込まれ、展開したのであろうか。その嚆矢に位置づけられるのが、中曽根康弘政権（一九八二年－一九八七年）の「行政改革」である。この「改革」は国鉄、電電公社、専売公社の民営化に代表されるように、新自由主義に基づいて進められた（大嶽 一九九四）。当時は国鉄の分割民営化が象徴的意味を有していたが、二〇二〇年代の現在から振り返ると、電電公社民営化は通信の自由化を推し進め、今日のインターネットを中心としたメディア環境の形成を基礎づける結果をもたらした(5)。いずれにせよ、三公社の民営化は日本において「改革」という空虚なシニフィアンに新自由主義的な意味づけを行った最初の取り組みであり、また、メディアを中心に新自由主義に基づく「改革」が肯定的に意味づけられるようになった契機でもあった（山腰 二〇一二(6)）。

次の契機は五五年体制の崩壊によって誕生した細川護熙政権（一九九三年－一九九四年）における「政治改革」である。周知の通り、政治改革それ自体は小選挙区制の導入に帰結し、新自由主義とは直接関係性を持たないように見える。とはいえ、新自由主義的「改革」の言説編成という点からは次の二点に留意する必要がある。第一は、細川政権が規制緩和の推進にも取り組んでいた点である。細川政権は経済改革研究会を設置し、平岩外四経団連会長を座長に据えた。一九九三年一一月に提出された平岩リポートはその後の規制緩和政策の潮流を決定づけた。第二に、政治改革によって導入された小選挙区制は、「改革」を掲げる政治指導者や政党の躍進をもたらし、あるいは与野党が「改革」競争を繰り広げることになるなど、結果的にポピュリズム的な新自由主義的改革の基盤となった。つまり、「政治改革」と「経済改革＝新自由主義的な規制緩和の推進」は「改革」を結節点に節合し、世論やメディアの支持を調達したのである。こうして「改革」はより包括的な変化をもたらす政治シンボルとしてその指示対象を広げることになった。

五五年体制崩壊後の本格的な自民党政権となった橋本龍太郎政権（一九九六年－一九九八年）は、「改革」の指示対象をさらに拡張させるとともに、それらに明確な新自由主義的意味を付与した。橋本政権が掲げた「六大改革」は、財政構造改革、社会保障構造改革、経済構造改革、金融システム改革、行政改革、教育改革と国家社会の広範な改革を意味したが、とくに前四者は市場原理の導入、規制緩和、社会保障の削減に直接関わるものである。行政改革もまた、目玉となった中央省庁再編だけでなく、官邸主導の追求や経済財政諮問会議の設置など、新自由主義的改革のための機能を強化するものであった。この段階において、新自由主義的改革は国家社会を変容させるものという意味を獲得するに至ったのである。

本章で後に詳細に分析する小泉純一郎政権（二〇〇一年－二〇〇六年）において、新自由主義的改革は「聖域なき構造改革」というスローガンが示すように、あらゆる対象を変容させるものと意味づけられるようになった。一連の「改革」では、二〇〇五年の解散総選挙――そして歴史的勝利――へとつながる郵政民営化が注目されるが、それ以上に重要な点は、それらがポピュリズムの言説戦略を通じて遂行された点である（大嶽 二〇〇六）。いわば、新自由主義的改革を進めるためにポピュリズムという手法を採用したのが小泉政権であったと評価することができる。

右記の政権はいずれも内閣支持率が高かったことで知られるが、小泉政権におけるポピュリズムの言説戦略の成功は、その後の政権においてもこの路線が引き継がれるといった状況をもたらした。二〇〇九年に政権交代を実現した民主党政権においても、「事業仕分け」がメディアへの公開のもとで実施され、民間企業経営者などが官僚を糾弾する様子が見られた。二〇一二年の総選挙では同種のポピュリズム的言説戦略を展開した日本維新の会が躍進した。二〇二〇年に誕生した菅義偉政権もまた、新自由主義的改革を推進している。

このように、新自由主義的改革は次第にポピュリズムの言説戦略として展開されるようになった。しかし注目すべきは、日本の主流メディアが新自由主義的改革をポピュリズムの論理として構築した、という点である。つまり、新自由主義的改革はメディアが主導する形でポピュリズムの言説として編成されたのである。本章ではメディアと政治とが相互に作用しながら構築されるポピュリズムを「メディア・ポピュリズム」と呼ぶことにしたい。それでは日本において新自由主義的改革はどのようにして「メディア・ポピュリズム」として成立したのであろうか。

3 「失われた一〇年」と「危機」

3－1 「危機」のメディア表象

新自由主義がポピュリズムの言説戦略として編成される過程を検証する上で、以下では一九九〇年代後半から二〇〇〇年代前半にかけての朝日新聞を分析する。この期間の朝日新聞は「失われた一〇年」に起因する日本社会の「危機」を積極的に語り、その「危機」を克服するための「改革」を新自由主義的かつポピュリズム的な言説として編成した。この点において、日本のメディア、とくにリベラル系メディアはポピュリズムの言説を新自由主義的「改革」の論理として社会に浸透させる役割を果たしたのである。

バブル崩壊後の一九九〇年代の日本経済は長期的停滞とさまざまな危機が進展し、「失われた一〇年」と呼ばれた(東京大学社会科学研究所編 二〇〇五)。「失われた一〇年」は「経済大国」としての日本社会のアイデンティティを動揺させたが、重要な点は「危機」の経験が経済的領域に留まらなかったことである。例えばバブル崩壊前後に生じた冷戦の崩壊、湾岸戦争、五五年体制の崩壊は政治的危機として経験された。一方で阪神・淡路大震災や地下鉄サリン事件は「安全神話」を揺るがし、社会不安が広がった。いわば、「失われた一〇年」は政治社会の広範にわたる「有機的危機」(Hall 1988) として経験されたのである。

こうした「危機」の経験の結果、一九九〇年代後半から二〇〇〇年代前半にかけて、メディアにおいて「改革」がその処方箋として主張されるようになった。この「改革」の言説は、「日本社会は変わらなければならない／それにもかかわらず変わらない」という苛立ちや政治批判として展開された。とくに朝日新聞に代表されるリベラル系のメディアにおいては官僚政治や自民党政治を批判する論理として編成されたのである。

3-2 「改革」の新自由主義的な意味づけ

一九九〇年代後半における朝日新聞の「改革」言説は新自由主義的に強く意味づけられた。例えば一九九五年一月四日の社説「破壊の向こうに次代が 『戦後五〇年　明日を求めて』」では次のような論理によって「改革」の必要性を主張している。

> 発展途上段階の日本経済を引っ張った官庁の行政介入は足かせとなった。規制を緩め、民間の創造性と市場原理が生きる仕組みをつくりだすことが肝心である。…(略)…日本経済の担い手は民間だ。政治家や官僚に頼るな。彼らがこの巨大な経済を動かせる時代ではない(一九九五年一月四日社説)。

このように、朝日新聞の「改革」言説においては、市場原理主義と政治・官僚批判とが結びついていたことが分かる。さらに、一九九七年一月六日の社説「目を『お上』から『市場』へ　求めたい民の矜持」では、「改革」の必要性を強調する中で「護送船団方式」に代表される「民間」の業界の官依存が批判される。

しかし、業界は、その顔を官の方にばかり向け、おもねってこなかったか。市場で競争するかわりに、霞が関に調整をゆだねなかったか。それらが、官の恣意的な分野を肥大化させたのではないか（一九九七年一月六日社説）。

注目すべきは、この議論において、「市場化」という変化が不可避のものとして認識されている点である。

閉ざされた世界の中で、既得権益をむさぼっていても、それはタイタニック号の船上パーティーではないか。市場化、国際化という氷山が押し寄せているのだ（一九九七年一月六日社説）。

ここにおいて、「日本社会は改革を通じて徹底した市場原理主義を受け入れなければならない」というイデオロギー的前提を見出すことができるのである。

3−3 「失われた一〇年」への処方箋としての新自由主義的改革

朝日新聞における新自由主義的改革の必要性、そして改革が進まないことに対する「危機」意識は二〇〇〇年から二〇〇一年ごろにかけて最も強くなった。重要な点は、この時期において、改革を妨げる存在として自民党が名指しされ、新自由主義的改革がポピュリズム的な言説として編成されるようになったことである。「危機」意識という点では当時の朝日新聞社コラムニスト船橋洋一がオピニオン面のコラム「日本@世界」で次のように論じている。

この一〇年は、海外からは日本の「失われた一〇年」と呼ばれた。…（略）…湾岸戦争とバブルの崩壊に見舞われ、阪神大震災とオウム・テロの前に立ちすくみ、細川内閣のプッツン幕切れと「加藤の乱」で幕を閉じた政治改革の顚末を告げられた国民の多くもまた、そうした「失われた」思いを、胸の奥深くに宿しているだろう（二〇〇〇年一二月三一日）。

この一〇年でもっとも「失われた」のは「国力」と「指導力」である。それを取り戻すには、国民が「選挙」と「市場」の力を貫徹させることから始めることだ（二〇〇〇年一二月三一日）。

このコラムでは、日本社会をめぐる広範な「危機」として「失われた一〇年」を捉え、その解決に新自由主義的な「改革」が必要だと論じている。注目すべきはそれとともに「選挙」の力が重要だと論じている点である。つまり、改革のために民意を結集すべきであるという論理を確認することができる。

さらに、二〇〇一年四月五日の社説では、改革を妨げる存在として自民党が名指しされる。

日本はあらゆる面で早急な改革が不可欠である。ところが、それを阻止してきた障害物こそ自民党なのだ（二〇〇一年四月五日社説）。

どの派閥とも対立しない、当たり障りのない無難な人物では、改革は遂行できない（二〇〇一年四月五日社説）。

以上の分析を通じて一連の朝日新聞の「改革」言説は次のような論理を有していることが明らかになった。

①日本社会は「危機的」な状況にある
②自民党や官僚によって「危機」が生み出された
③新自由主義的な改革こそが唯一の解決策である
④自民党や官僚が改革の阻害要因である
⑤改革を推進するために強力な指導者が必要である

すなわち、「失われた一〇年」の時期の朝日新聞に代表される日本のリベラル系のメディアは新自由主義を改革の処方箋として提示するだけでなく、それを自民党や官僚を批判するポピュリズム的な論理によって意味づけ、発展させてきたのである。

4　小泉現象と新自由主義的改革

4－1　メディア・ポピュリズムとしての新自由主義的改革

「失われた一〇年」期において、自民党や官僚機構を批判するものとしてメディアによって編成されたポピュリズム的言説としての「改革」の論理は、小泉内閣、つまり自民党政権によって展開されるようになる。既存の秩序に対する異議申し立てとしての「改革」言説は、既存秩序のヘゲモニーによって吸収されたのである。

小泉首相の政治手法はしばしば「劇場型政治」と表現される。いわば、演目としての「聖域なき構造改革」があり、主人公たる小泉首相が敵役である「抵抗勢力」と対決し、打倒するという「勧善懲悪」のポピュリズム的物語が展開された、というメタファーである。そしてテレビ、とくにワイドショーが「劇場」を提供した（逢坂 二〇一四）。とはいえ、前記のように、ポピュリズム的な論理に基づく新自由主義的改革のプロットは新聞を中心とするジャーナリズムによって構築されていた。

こうした劇場型政治が展開する中で世論は新自由主義的改革を熱狂的に支持した。ＮＨＫの世論調査によると、発足当初の支持率は二〇〇一年四月が八一％、五月が八五％となった。その後も二〇〇五年の郵政解散選挙などの「劇場型政治」の演出によって支持率を再上昇させた。よく知られるように、郵政解散選挙ではワイドショーを中心に、「改革勢力」対「抵抗勢力」のポピュリズム的物語が前景化し、与党は分裂選挙であったにもかかわらず、三〇〇議席を超えて大勝した。このように、小泉政権下での新自由主義的改革は、メディア・ポピュリズムとしての性格を強く持っていたのである。

4－2　「小泉構造改革」をめぐる朝日新聞の評価

朝日新聞が展開した批判的言説としての「改革」を組み込んだ小泉構造改革に関して、朝日新聞自身はどのように意味づけ、あるいは評価したのであろうか。以下では三つの時期に区分し、その変遷を検討する。

（1）「改革」に対する全面的支持の段階

小泉政権発足からしばらくの間、朝日新聞は政権が掲げる「改革」を強く支持した。それは例えば次のような社説に典型的である。

現実から目をそらさず、率直に語る首相らの姿勢は好感がもてる。今後もぐらつくことなく、自らが掲げた構造改革をまっとうしてもらいたい（二〇〇一年六月一二日社説）。

朝日新聞のこうしたスタンスは無論のこと、「小泉構造改革」がこれまで社説などで訴えてきた新自由主義的改革と重なり合っていたからである。一方で、発足当初の内閣支持率がきわめて高く、マス・メディアの世界では正面から批判することを困難にする「空気」があったことも考えられる。そしてそれは「小泉構造改革」のポピュリズム的な言説が当時の日本社会のヘゲモニーとなったことを示している。

留意すべきはこの「小泉構造改革」言説のヘゲモニー化の結果、朝日新聞の従来の「改革」言説の中で生じた変化である。

自民党の族議員をはじめ、官僚、地方自治体、建設業界の「抵抗勢力」が改革を骨抜きにしようとしている。…（略）…不退転の決意を表明した首相を大いに励ましたい（二〇〇一年一一月二〇日社説）。

ここでの「抵抗勢力」という語彙は小泉政権が展開した言説戦略に基づいている。つまり、朝日新聞の社説は誰が「改革勢力」であり、誰が「抵抗勢力」なのか、という意味づけを小泉政権の言説戦略に委ねるようになったことが分かる。一九九〇年代後半の朝日新聞の「改革」言説は自らが「敵」と「味方」を意味づけていた。このことは、小泉政権の言説戦略のヘゲモニーを通じた「改革」の意味づけをめぐる言説の主導権の移行を示しているのである。

（2）「改革」の不徹底に対する批判の段階

一方で、「構造改革」をめぐる小泉政権のヘゲモニーは「劇場型政治」によって世論の支持を動員することによって成立していた。したがって、そうした世論の支持率が低下するにつれて言説戦略の正当性も揺らいだ。二〇〇二年一月の田中真紀子外務大臣の更迭を機に内閣支持率が大幅に低下すると、次第に朝日新聞は「小泉構造改革」に対する批判を強めていった。

一連の批判は例えば次のようなものである。

憂慮されるのは、与党内の抵抗を押し切ってでも改革を進める、としてきた首相の強い姿勢が、ここに来て薄れ始めたように見えることだ（二〇〇二年二月五日社説）。

この半年間の抵抗勢力の動きに目を凝らせば、首相は自分がなめられているのが分かるはずだ。国民が首相に拍手するのは、改革の姿勢を貫こうとする時だけである。首相は反撃に転じなければならない（二〇〇二年六月三〇日社説）。

人気にも陰りが見えるなかで、首相は自民党内の抵抗勢力や官僚をおさえて、その言葉通り構造改革を進めることができるのか（二〇〇二年一一月一九日社説）。

これらの主張は、「改革」の不徹底や行き詰まりを批判するものである。つまり、新自由主義的改革の必要性、そして「改革勢力」対「抵抗勢力」の図式といったイデオロギー的前提は維持されており、小泉構造改革そのものに対する対抗的な言説が朝日新聞の中で編成されているわけではない。例えばこの時期に朝日新聞は次のようにも論じている。

もうこれまでのやり方では立ちゆかない。だれもが「痛み」を覚悟し始めていた。小泉首相が掲げた構造改革は日本の未来を開くために避けて通れない道だ（二〇〇三年一二月二五日社説）。

（3）社説における「小泉批判」の戦略と限界

朝日新聞の社説における小泉構造改革に対する批判のトーンの高まりは田中外務大臣の更迭や支持率の低下によってのみ説明できるものではない。もう一つの重要な要素は、二〇〇二年九月に社説を担う論説主幹が交代したことである。新たに論説主幹を担った若宮啓文は、「闘う社説」を掲げ、社説を「世論の陣地取り」の手段と見なして積極的な言論を展開した（若宮 二〇〇八：二二三―二二四）。

ここで若宮が念頭に置いていたのはアジアとの緊張を高めるような排外主義的なナショナリズムの高まりに対抗するリベラルな言論の再構成であり、小泉政権に対する批判も靖国神社参拝や東アジア外交、自衛隊のイラク派遣など、主に歴史認識問題、外交や安全保障に向けられていた。

したがって、こうした若宮論説主幹時代の朝日新聞が積極的に展開した「小泉政権批判」のための言説戦略の特徴は、それがなぜ「改革の不徹底」に留まり、新自由主義的改革そのものの批判と連動しなかったのかを検討する手がかりとなる。若宮は後に以下のように回顧している。

小泉改革に対する我々の立場は、あくまで是々非々だった。日本経済の再生のために必要な政策の全体像を念頭におき、それに反するものは反対するが、それに合致するものであれば賛成する。そんな当たり前のスタンスだった（若宮 二〇〇八：一八七）。

不良債権問題や郵政問題について朝日が考えていた方向性は、小泉政権の経済政策の司令塔といわれた竹中平蔵氏の路線と大きな違いがなかった。そのため、イラク戦争や靖国問題での対決姿勢とは別に、経済の社説では政府を支持したりネジを巻いたりのケースが少なくなかった。社説に限らず、編集局にもそんな雰囲気があったといえよう。九〇年代に朝日新聞はあまりに過剰な政府の規制を問題にし、規制緩和を求める報道姿勢をとったので、それは自然な流れだった（若宮 二〇〇八：一八七）。

こうした当時の認識は、一九九〇年代後半から朝日新聞が展開したポピュリズム的な新自由主義的改革の言説戦略と、小泉構造改革とが連続線上のものとして捉えられていたことを示している。さらに、この新自由主義的改革が「世論の陣地取り」にとって重要であったことも意味している。この点については次の議論が示唆に富む。

朝日新聞だけでなく、多くのメディアも世論も、小泉政権の構造改革を大筋では受け入れていたのではないか。それまでのバラマキ財政と不良債権処理の先送りでは経済は良くならない、今までのやり方を変えなければダメだ、と感じていたからだろう。しかし、それが行き過ぎた改革熱にもつながったことは否定できない。「改革」が時代の流行、あるいは一種のファッションのようになってしまったともいえようか。長い不況の中でたまった閉塞感や、熱しやすく冷めやすい日本人の特性も手伝ってか、日本人全体が「改革」という言葉に酔ってしまった感もある（若宮 二〇〇八：一九〇）。

つまり、新自由主義的改革は当時の社会の多数派の同意に基づくものであり、ポピュリズム的なヘゲモニー戦にとって占有すべき「陣地」であると認識されていたことがうかがえるのである。

4－3　新自由主義的改革への対抗言説としての「格差社会」

かくして小泉構造改革は、劇場型政治というメディア・ポピュリズムの形態をとりつつヘゲモニーを拡張し、二〇〇五年七月の郵政選挙によってクライマックスに達した。その一方で、注目すべきは二〇〇六年ごろから「格差」や「貧困」を社会問題と位置づけるメディア言説が編成されるようになった点である。例えばNHKは「NHKスペシャル」で『ワーキングプア：働いても働いても豊かになれない』を二〇〇六年七月に放送し、日本テレビ系「NNNドキュメント」でも『ネットカフェ難民：漂流する貧困者たち』を二〇〇七年一二月に放送し、それぞれ話題になった。こうした報道は「格差」や「貧困」が小泉構造改革によってもたらされるとする新自由主義的改革への対抗的な言説を編成するようになったのである。

朝日新聞でも、同じようなテーマで連載や特集記事が組まれるようになり、例えば二〇〇六年七月には「偽装請負」の調査報道が一面トップで掲載され、派遣労働の問題を明らかにした（朝日新聞 二〇〇六年七月三一日）[7]。二〇〇六年二月から二〇〇七年四月にかけて連載された「分裂にっぽん」では、より幅広く格差や貧困を扱い、それを「改革」のもたらした問題として位置づけた。

「分裂にっぽん」取材班が「格差拡大」の兆候に気づいたのは05年の早い時期だった。小泉政権が進めた「構造改革」というバブル後遺症への荒治療はひとまず済んだ。…（略）…しかし、ふと見渡せは、足元にはさまざまな亀裂が走り、人々は漠とした不安にとらわれていた。…（略）…「一億総中流」が崩れ、日本は分裂に向かっているのではないか（朝日新聞「分裂にっぽん」取材班 二〇〇七：七－八）。

このような新自由主義的改革そのものに対する批判は社説でも次第に展開されるようになった。二〇〇六年二月六日の社説「格差社会　改革の中で考えよう」では、「格差拡大のすべてを構造改革のせいにはできない」と、依然として新自由主義的改革の意義を強調する論調であったが、七月二七日の社説では、「小泉改革が後に残した最大の課題は『格差社会』だ」として、この問題が新自由主義的改革によってもたらされた、という意味づけが前景化する（二〇〇六年二月六日社説、二〇〇六年七月二七日社説）[8]。小泉政権以後、こうした対抗的言説は勢いを増し、二〇〇七年には「連帯型福祉国家」が提言されるに至った（二〇〇七年一〇月二九日社説）。このように、二〇〇六年ごろから朝日新聞をはじめとするメディアは「格差」という新自由主義的改革への対抗シンボルを「発見」したのである。

5　日本における「改革」言説とメディア・ポピュリズムの帰結

5-1　メディア・ポピュリズムと「改革」路線の継承

本章は、日本における現代的なメディア・ポピュリズムが新自由主義的改革という言説戦略を伴って展開してきたことを指摘した。無論のこと、戦後日本のポピュリズムのプロジェクトとその言説戦略は多様な形態が存在してきたことが想定されるが、今日のヘゲモニックな言説編成は「失われた一〇年」期の朝日新聞に代表される「リベラル」なジャーナリズムによって担われてきた点が重要である。一九九〇年代後半に朝日新聞が展開したポピュリズム的言説戦略は自民党や官僚機構を「失われた一〇年」をもたらした主体として批判し、新自由主義的改革の推進を強調するものであった。しかしそれは二〇〇〇年代前半にほかならぬ自民党総裁のポピュリズム的言説戦略に採用された。そして小泉政権の新自由主義的改革はテレビを中心としたマス・メディアを活用する「劇場型政治」として展開した。まさにそれは新自由主義的な「改革」をシンボルとしたポピュリズムのヘゲモニー戦略であり、メディアは結果的にその一翼を担ったのである。

このように「失われた一〇年」期を中心に、朝日新聞は新自由主義的改革を主導し、あるいは支持してきたが、小泉政権の末期には「格差」をシンボルとした批判を展開するようになった。これは新自由主義のヘゲモニーへの対抗言説を編成し、さらには対抗的なヘゲモニーの構築の可能性にも開かれていた。しかし留意すべきはそれが十全に展開することなく、再び潜在化した点である。

このことは近年の日本における新自由主義のヘゲモニーの強さを示している。換言すると、それは「改革」という政治シンボルの力の強さでもある。「改革」は新自由主義のヘゲモニーの「空虚なシニフィアン」として機能し、政治社会をめぐるさまざまな「要求」を結びつけてきた。いわば諸問題や諸課題の解決、さらには「失われた一〇年からの復活」のための新自由主義的改革は広範な支持を調達するためのポピュリズム的な論理を提供したのである。

この新自由主義的改革をめぐるポピュリズム的な言説戦略は二〇〇六年九月の小泉首相の退任以後も日本の政治空間を占有した。すなわち、与野党間の「改革」の主導権の競い合いという状況は持続し、ポピュリズム的言説戦略は依然として活性化し続けたのである。例えば二〇〇九年に政権交代を実現した民主党政権は当初、自民党や官僚機構を批判し、新自由主義的改革を主張する言説戦略を展開した。「民間」の経営の論理を掲げて予算の「無駄」を官僚に迫り、その様子をメディアに公開した「事業仕分け」はポピュリズム的な「劇場型政治」の典型と位置づけることができる。(9) そしてこうした取り組みに対して朝日新聞は再び支持を示したのである。

確かに、教育や福祉、科学技術などは、費用対効果の物差しだけでは単純に割り切れない分野である。多少の副作用もあろうが、そのくらいの大なたをふるわないと、自民党の長期政権時代のしがらみを断ち切るのはむずかしいということでもあろう（二〇〇九年一一月一九日社説）。

二〇一〇年代はこうしたメディア・ポピュリズムは主に「維新の会」によって担われるようになった。テレビのセレブリティとして知られた弁護士出身の橋下徹が発足させた「大阪維新の会」は、大阪を中心とする地域政党として台頭し、二〇一二年には国政政党「日本維新の会」の母体となり、年末の総選挙で「第三極」として躍進した。「維新」は積極的なメディア・ポピュリズム戦略を採用し、福祉や教育、医療の予算や公務員数を削減する新自由主義的な政策を推進した。

注目すべきは「改革」の名のもとに「敵」と「味方」を峻別し、敵対勢力を「既得権益」「無駄」として攻撃する言説戦略が地方政治も含め、幅広く波及したことである。このことは、「改革」をシンボルとするポピュリズム的な政治コミュニケーションが一つのスタイルとして確立し、さまざまな政治勢力が採用しうる世論の不満を吸収するメカニズムとして機能するようになったという状況を示している。

5－2　日本型メディア・ポピュリズムの帰結（1）：ポストデモクラシー

それでは新自由主義的改革をめぐるメディア・ポピュリズムは日本の政治社会にいかなる帰結をもたらしたのであろうか。第一に、メディアが主導する形で新自由主義の「常識」を構築した点である。当初、「失われた一〇年」に自民党や官僚機構を批判するメディア言説として編成された新自由主義的改革の要求は、結果的に「政治とは改革勢力と抵抗勢力とのせめぎ合いである」「日本社会の無駄を排除することが政治である」あるいは「政治に民間企業の視点をさらに取り入れるべきである」といった「常識」を社会に幅広く共有させた。それはポピュリズム的な「改革」を伴わない場合でも、政治社会を新自由主義的な観点から意味づけ、解釈するコードを定着させることになった。

例えば、新自由主義的な論理は「選択と集中」という語彙によって社会の変化を促す、あるいは特定の領域の予算や資源の削減を正当化させる言説を編成した。朝日新聞の社説で「選択と集中」という語彙が登場したのは一九九九年の社説「政策も転換点にきた　二期連続成長」である。

民間企業ではいま、得意分野に力を集める「選択と集中」の経営戦略が求められている。国の政策も、「何でもあり」から「選択と集中」に転換するときだ（一九九九年九月一〇日社説）。

このような主張は小泉構造改革のヘゲモニーの中で正当化され、地方行政、教育、科学技術、医療といった公的生活や日常生活を規律する論理を形成したのである。こうした事態は、先述のブラウンの指摘にあるようなポストデモクラシー状況を日本でも生み出した。ここでのポストデモクラシーとは新自由主義のヘゲモニーによって民主主義的参加を支える諸制度が空洞化し、アパシーやシニシズムが活性化する状況を指す。

これらすべてのことは、資本主義的民主主義国家における投票率の低下が選挙民の満足ではなく諦念の表明であることを物語っている。特に新自由主義的転換の敗北者たちは、政権与党の交替から何を期待したらいいのか、もはや分からなくなっている。「グローバル化」のＴＩＮＡ政策（There Is No Alternative「他に選択肢はない」）はもうずっと以前から社会の底辺に到達し、特に、政治の変化に一縷の望みをかけるほかないはずの人々の目に、選挙が何の変化ももたらさないものと映っている。彼らが選挙に賭ける希望が少なくなればなるほど、自分の希望を市場に賭ける余裕のある人々が政治的介入に妨害される恐れは少なくなっていく。底辺層の政治的諦念が、資本主義を民主主義的介入から守り、諦念の源である新自由主義的転換をますます安定化させている（シュトレーク 二〇一三＝二〇一六：九六）。

つまり、ポストデモクラシーはエリート政治の活性化だけでなく、その反動としてポピュリズムを活性化させる条件を提供するのである。そして日本ではこうしたポストデモクラシーの進展がポピュリズム的な「改革」言説の常態化の基盤となったのである。

5－3　日本型メディア・ポピュリズムの帰結（2）：伝統的メディアの「危機」

ポストデモクラシーの進展とメディアとの関連性はトランプ現象でも指摘されてきた（Farkas and Schou 2020）。したがって、ポストデモクラシーを乗り越えるための広範なプロジェクトを構想する上で、メディアが果たすべき役割を検討することが重要である。しかしながら、ジャーナリズムを担う伝統的なメディアはそのための条件を提供しえない困難に直面している。それは、伝統的なメディアが「敵」と見なされる状況の進展である。

トランプ現象において、CNNやニューヨークタイムズといった伝統的なメディアが「敵」と見なされてきたことはよく知られる。とはいえ、日本でもいわばトランプ現象に先行する形で同様の傾向が顕在化してきた。例えば日本維新の会代表であった橋下徹は大阪市長の任期中の二〇一三年五月に慰安婦をめぐる自身の発言に対する批判が加えられると、主流ニュースメディアによって発言の一部が切り取られていると反論し、囲み取材を拒否した。橋下市長は慰安婦発言問題について主流ニュースメディアを批判する際に「誤報」「主観的」という表現を多用した。いわば、伝統的メディアがこれまでのニュース制作過程で採用してきた「選択」「編集」が「切り取り」「偏向」として攻撃されたのである。(10)こうしたポピュリズムの言説戦略はトランプ大統領が採用したものと通底している。

言うまでもなく、この状況はメディア環境の変化によって促進されている。例えば橋下市長は囲み取材を拒否した際に、ツイッターで自身の主張を展開した。この構図もまた、トランプ大統領と重なり合う。小泉政権期には「劇場型政治」を成立させるために不可欠であったマス・メディアは、ソーシャルメディアの発達によって政治家のメッセージ発信の上で必ずしも依拠しなければならないものではなくなった。

しかし、日本における「敵としての伝統的メディア」は新自由主義的改革を必ずしも前景化させない安倍晋三政権下においても活性化していた点は重要である。つまり、政治に関わるアクターを「敵」と「味方」に二分化し、一方の勢力を攻撃するスタイルは「改革」をめぐる言説戦略の文脈を離れて一つの政治コミュニケーションの形式として成立したのである。

そしてここでは伝統的なマス・メディアは「改革」への抵抗勢力ではなく、「反日」勢力として攻撃されることになる。「反日」とは、日本の「国益」あるいは「国策」に反すると見なされる思想や行為を意味づける際に用いられるシニフィアンであり、インターネットを基盤としつつ日本社会共通の「敵」を名指しし、攻撃する言説実践の中で積極的に用いられてきた（倉橋 二〇一九：一二二–一二三、伊藤 二〇一九参照）。

いわば、新自由主義的改革をめぐる勧善懲悪の物語と「反日」勢力と闘って「日本を取り戻す」という勧善懲悪の物語とは、同型の政治コミュニケーションとして互換可能なものとなっている。そして新自由主義的改革の言説戦略を採用してきたマス・メディアは自ら生み出した勧善懲悪の物語によって自身の正当性を切り崩される状況が生まれている。これは日本の政治的、社会的文脈の中で成立してきたメディア不信であり、ジャーナリズムの「危機」であると言える。こうした政治コミュニケーションのスタイルは強力なポピュリズムの政治指導者が不在である場合でも成立するが、ポピュリストの言説戦略によってその影響力が増すと考えることができる。

このように、一九九〇年代後半から活性化した新自由主義的改革の言説戦略は日本型メディア・ポピュリズムによってヘゲモニーを確立し、それがもたらした政治文化の変化がポストデモクラシーに代表される民主主義の「危機」と伝統的メディアの「危機」とを生み出している。ジャーナリズムの再生と民主主義の再生は、いわばこの歴史的文脈を踏まえることで初めて可能となるのである。

注

(1) 留意すべきは、こうした「物語」はトランプ現象以前からアメリカ社会で広まりつつあった点である。ティーパーティー運動の調査・分析を行ったホックシールドは、運動支持者たちが共有していた「アメリカを移民やエリート層から取り戻す」物語を「ディープストーリー」と名づけた。「ディープストーリーとは、〝あたかもそのように感じられる〟物語のことだ。シンボルという言語を使って、感情がどのように感じられるかのみが語られる。そこからは良識に基づく判断は取り除かれている。事実も省かれている。物事がどのように感じられるかのみが語られる」（ホックシールド 二〇一六＝二〇一八：一九一）。

(2) トランプ政権は二〇一七年一月の大統領就任式の観客数が実際には少なかったにもかかわらず、「過去最多の人々が集まった」と主張した。大統領顧問だったケリーアン・コンウェイはNBCの番組「ミート・ザ・プレス」に出演し、番組で過去の就任式との比較の写真など具体的証拠をつきつけられた際に、「過去最多の人々が集まった」こともまた「オルタナティブ・ファクト（もう一つの事実）」だと発言した。事実をもとにした政府に対する批判が成立しないこうした状況は「ポスト真実の政治」の典型的事例だと言える（マッキンタイア 二〇一八＝二〇二〇：一二）。

(3) ヘゲモニーに関する説明として、次を参照のこと。

ヘゲモニーとは、支配権力が、その支配に対する同意を従属者たちから引き出そうとするときに用いる実践的戦略の全領域であると定義してよいだろう。…（略）…ヘゲモニーを獲得するとは、ひとがみずからの世界観を、社会全体の骨組みのすみずみまでゆきわたらせて、社会生活における道徳的、政治的、知的リーダーシップを確立することであり、かくしてみずからの利害と社会全体の利害とを同列におくことである（イーグルトン 一九九一＝一九九九：二四七）。

(4) よく知られるように、「戦後改革」は一九四五年の「五大改革指令」、そしてその後の農地改革、財閥解体や戦争協力者の公職追放など幅広い領域に及んだ。その後、冷戦体制の確立および中華人民共和国の成立、朝鮮戦争などによって戦後直後の諸改革に修正が加えられ、「逆コース」を辿ることになる。

(5) インターネット空間は「コモンズ」として機能する可能性にも開かれていたが、結果的に市場原理主義の空間として展開し、周知のようにマイクロソフトやＧＡＦＡなど特定の企業がプラットフォーマーとして台頭し、あらゆるルールを決定する主体となった。

（6）注目すべき点は、中曽根政権に批判的であった朝日新聞もまた、新自由主義的改革を通じた高度情報社会の達成という論理を強力に支持したことである。こうした言説は後に論じる「失われた一〇年」期の朝日新聞の「改革」のポピュリズム的言説の編成へと通じている。

（7）偽装請負は「労働者を雇ったり派遣を受けたりしている実態があるのに、形式的に『請負契約』を装うことで、会社側がさまざまな責任や義務を免れようとする雇用形態」を指す（朝日新聞 二〇〇九年一二月一九日）。製造業への労働者派遣が二〇〇四年に解禁されてから顕在化した。朝日新聞の調査報道ではキヤノンや日立製作所が名指しされた。

（8）とはいえ、社説では「格差に目を配りつつ、なお『改革』の続行論」がとられた（若宮 二〇〇八：一九五）。これはジャーナリズムにおいて新自由主義的改革をめぐるポピュリズム的言説が継続されたことを示している。

（9）二〇〇九年の最初の事業仕分けでは各省庁が予算要求した事業について仕分け人と呼ばれる民主党議員や有識者が議論をし、事業や予算を査定する模様がインターネットで生中継され、注目を集めた。また、「仕分け人」たちが官僚を糾弾する様子はテレビでも繰り返し報じられた。

（10）新聞が橋下市長の発言を「慰安婦必要」と見出しに掲げたことが批判の対象となった。橋下徹（@hashimoto_lo）の二〇一三年五月一五日から一七日のツイートを参照のこと。

引用・参照文献

朝日新聞「分裂にっぽん」取材班（二〇〇七）『分裂にっぽん：中流層はどこへ』朝日新聞社。

イーグルトン、Ｔ．（一九九一＝一九九九）大橋洋一訳『イデオロギーとは何か』平凡社。

石田雄（一九七八）『現代政治の組織と象徴：戦後史への政治学的接近』みすず書房。

伊藤昌亮（二〇一九）『ネット右派の歴史社会学：アンダーグラウンド平成史一九九〇－二〇〇〇年代』青弓社。

逢坂巌（二〇一四）『日本政治とメディア：テレビの登場からネット時代まで』中公新書。

大嶽秀夫（一九九四）『自由主義的改革の時代：一九八〇年代前期の日本政治』中央公論社。

――（二〇〇六）『小泉純一郎 ポピュリズムの研究：その戦略と手法』東洋経済新報社。

カクタニ、Ｍ．（二〇一八＝二〇一九）岡崎玲子訳『真実の終わり』集英社。

倉橋耕平（二〇一九）「ネット右翼と参加型文化：情報に対する態度とメディア・リテラシーの右旋回」樋口直人ほか『ネット右翼とは何か』青弓社：一〇四－一三二。

シュトレーク、W．（二〇一三＝二〇一六）鈴木直訳『時間かせぎの資本主義：いつまで危機を先送りできるか』みすず書房。

東京大学社会科学研究所編（二〇〇五）『「失われた一〇年」を超えて［I］経済危機の教訓』東京大学出版会。

ハーヴェイ、D．（二〇〇五＝二〇〇八）森田成也［ほか］訳『新自由主義：その歴史的展開と現在』作品社。

ブラウン、W．（二〇一五＝二〇一七）中井亜佐子訳『いかにして民主主義は失われていくのか：新自由主義の見えざる攻撃』みすず書房。

ホックシールド、A．R．（二〇一六＝二〇一八）布施由紀子訳『壁の向こうの住人たち：アメリカの右派を覆う怒りと嘆き』岩波書店。

ホール、S．（一九八二＝二〇〇二）藤田真文訳「イデオロギーの再発見：メディア研究における抑圧されたものの復活」大石裕・谷藤悦史編『リーディングス政治コミュニケーション』一藝社：二一五－二四八。

マッキンタイア、L．（二〇一八＝二〇二〇）『ポストトゥルース』大橋完太郎監訳、人文書院。

ミュデ、C．／ロビラ・カルトワッセル、C．（二〇一七＝二〇一八）永井大輔・高山裕二訳『ポピュリズム：デモクラシーの友と敵』白水社。

ラクラウ、E．（二〇〇五＝二〇一八）澤里岳史・河村一郎訳『ポピュリズムの理性』明石書店。

山腰修三（二〇一二）『コミュニケーションの政治社会学：メディア言説・ヘゲモニー・民主主義』ミネルヴァ書房。

若宮啓文（二〇〇八）『闘う社説：朝日新聞論説委員室二〇〇〇日の記録』講談社。

Bennett, W. L. and Livingston, S.（2018）“The Disinformation Order: Disruptive Communication and the Decline of Democratic Institutions,” *European Journal of Communication*, Vol. 33 (2): 122–139.

Corner, J.（2017）“Fake News, Post-Truth and Media-Political Change,” *Media, Culture & Society*, Vol. 39 (7): 1100–1107.

Couldry, N.（2010）*Why Voice Matters: Culture and Politics after Neoliberalism*, Sage.

Farkas, J. and Schou, J.（2020）*Post-Truth, Fake News and Democracy: Mapping the Politics of Falsehood*, Routledge.

Hall, S.（1988）*The Hard Road to Renewal: Thatcherism and the Crisis of the Left*, Vesro.

第3章　現代日本社会における「政治のメディア化」と「ジャーナリズム化」
――小池都政における豊洲市場移転延期問題（二〇一六年～二〇一七年）を事例として

山口　仁

はじめに

本章の目的は、現代の日本政治・社会における閉塞性と既存の（マス・）メディアの「保守化」という問題を、主に「政治のメディア化」という概念を用いて論じることである。一般的に「政治のメディア化」とは、政治がメディアの論理で動いていくことであると理解されているが、本章ではこの「メディアの論理」についてより考察を進め、「政治のメディア化」とメディアの「保守化（政治に対するメディアの批判性の喪失）」の関係について議論していきたい。

日本では特に今世紀になってから、「劇場」・「劇場型政治（家）」と評される政治家が台頭してきた。その端緒とも言えるのが二〇〇一年に首相に就任した小泉純一郎である。彼の政治手法は「小泉劇場」と呼ばれ、この言葉は二〇〇五年の新語・流行語大賞にもなった。「劇場型政治」という言葉は、橋下徹元大阪市長・府知事や本章で取り扱う小池百合子東京都知事などに対しても用いられている。(1) 小泉政権・橋下市政・府政を劇場型政治の観点から論じた有馬晋作は、こうした政治の特徴として、既存の勢力との「敵対」、メディアを利用した「大衆直結」、政治・政策課題の「単純化・激化」を挙げている（有馬 二〇一七b、一九参照）。また、ポピュリズムについて論じた大嶽秀夫は、「善悪二元論を基礎にして…（中略）…プロフェッショナルな政治家や官僚を政治・行政から『甘い汁』を吸う『悪玉』として、自らを一般国民を代表する『善玉』として描き、その両者の間を勧善懲悪的ドラマとして演出する（大嶽 二〇〇六、二、傍点は引用者、以降の引用部分も断わりがない限り同様）」と述べ、劇場型政治とは善悪二元論と並ぶ「ポピュリズム」の特徴としている（同、四参照）。(2)

ただこうしたポピュリズム・劇場型政治に関する議論では、メディアと政治の関係については「善悪二元論やセンセーショナリズムは、この政治スタイル（ポピュリズム）に適合しているために、現代では何よりも、マスメディアによる世論の喚起・操作に依存した政治となる（同、二）」のように、メディアの主体性についてはそれほど考慮されていないように思える。また有馬も「ポピュリズム的首長いわゆる劇場型首長とは、マスメディアを巧みに利用して政治や政策を劇的に発信し、現在の地方政治や自治体行政に満足していない一般の人々の幅広い支持を直接獲得しようとする（有馬 二〇一七a、一〇九）」と、マス・メディアを政治家によって「巧みに利用」される存在とみなしている。

しかし現在の政治社会状況は、マス・メディアが政治家によってそのように利用されているから生じていると見なしてよいのだろうか。マス・メディアがそうした現代的特徴を持つ政治家に抗しえない（批判できない）理由についても考察を深める必要があるのではないだろうか。(3)

本章では、こうしたメディアの「保守化」について論じる際、「メディアが『ジャーナリズム』の精神を喪失した、メディアが『ジャーナリズム』として期待される役割を果たせなくなったから『保守化』した」とは考えない。むしろ、メディア以外の他の領域が一時的、もしくは部分的にそうした「ジャーナリズム」の精神を体現しようとすることで、メディアの領域の固有性が失われた結果、「メディアの保守化」と見える現象が生じたと考える。こうした問題に関して、かつて筆者は以下のような問題提起をしたことがある。

ジャーナリズムとして「良きもの」とされる問題提起的・提唱的な報道であっても、そうした報道に内包される論理を政治の領域で転用する政治家は場合によっては批判すべき対象となる。しかし「領域ごとに論理は異なる」という発想がないと、ジャーナリズムの領域限定で「良きもの」になっていることが、すべての領域で通用するかのような認識に陥る。これは筆者の個人的推測だが、昨今のメディアが政治的批判性を減退させているのも、別にメディアが「ふがいない」からではなく、メディアの論理を転用する政治家に対して「政治の領域では異なる論理が必要である（メディアの論理はすべての領域で通用するわけではない）」ということをメディア自身が認識できていないからではないか。だから、メディアの論理で活動する政治家を同じくメディアの論理で活動しているメディアは批判できないのではないかと考えている。（山口 二〇二〇、一四四）

現代では「ジャーナリズム的なもの」は総じて肯定的に評価されているが、既存の（マス・）メディア以外の領域でもそうした「ジャーナリズム的なもの」を標榜したり、掲げたりする主体はしばしば存在する。それどころか、メディア以外の領域が率先してそうするようになっていった結果、前述したような劇場型政治が展開したり、メディア（特にジャーナリズム）の独自性がスポイルされたりするという現象が生じているのではないか。

本章ではこうした問題関心に基づき、「政治のメディア化」や「メディアの論理」といった関連する概念の整理を行い、メディア化の一種として「(政治の) ジャーナリズム化」という概念を仮説的に提示する。そして現代のメディア政治の一事例として小池百合子都知事による東京都政、特に豊洲市場移転延期問題をめぐるメディア報道を事例として、「政治のジャーナリズム化」という概念を用いながら劇場型政治を論じる手がかりを提示していきたい。

1 「政治のメディア化」と「ジャーナリズム化」

1－1 「政治のメディア化」についての一般的解釈

有馬は劇場型の政治家が登場する要因の一つとして、「テレポリティクスの本格化すなわち『政治のメディア化』」を挙げているが[4]、本節では劇場型政治を考察するために、この「メディア化」という概念について概観していきたい。マス・コミュニケーション研究者のデニス・マクウェールは、「メディア化 (medeatization)」という概念について、以下のように述べている。

(メディア化とは) マス・メディアが、社会の他の多くの領域、特に政治、司法、保健・医療、教育、宗教といった公的役割を有する制度 (institutions) に影響を及ぼすようになっていく過程である。現在、これらの制度は、どうやったら好意的に、かつ最大限の効果で注目されるのかを重視しながら多くの公的活動が行われていると観察されている。この用語は、メディアおよびメディアの論理 (※傍線部は原文ではイタリック体である。引用者) の要求に順応・適合するように、しばしば活動のタイミング、優先順位、そして意味がゆがめられるということを意味している。(McQuail 2010, 563)

「メディア化」や「メディアの論理」という概念が提唱される背景には、社会は複数の領域（マクウェールの例に倣えば、政治、司法、保険・医療、教育、宗教など）で構成されているとみなし、またそれぞれの領域には相対的に独自の論理[5]が存在していると見なす考え方がある。「メディア化」とは、本来的にはメディアの領域で通用しているはずの「メディアの論理」が他の制度や領域に影響を及ぼすようになっていくことである。言い換えれば、メディア以外の各制度・領域で活動する主体が、その活動を円滑に行うため（「上手く行かせる」ため）にそうした論理に従うようになっていくということである。政治学者の谷藤悦史は「政治の歴史は、それぞれの時代で利用可能であった資源を動員して演劇をなし、人々を魅了することで成功し、支配を確保した者が、次々と変転する過程でもあった。いかなる時代の政治も、演技の勝者と敗者の上に成り立っている（谷藤 二〇〇五、七二）」とあらゆる時代に劇場型政治の要素を見出せるとしつつも、「政治演技のメディア化（同、八一）」が進んでいく中では、そうした政治も「それぞれの時代に主流になったメディアに合わせて、組織的に再編され（同、八一）」ていくとし、現代の劇場型政治がメディアに適合する形で行われることを指摘している。

なお「メディアの論理」について、前述のマクウェールは以下のように説明している。

> 媒体の違い（例えばラジオ、映画、新聞紙）によってその論理は異なるが、いくつかのくり返される構成要素があり、例えばパーソナライゼーション、（感覚や感情に訴える）センセーショナリズム、ドラマとアクション、コンフリクト、スペクタクル、ハイ・テンポといったものである。メディアの論理のこれらの属性は、アピールの幅を広げ、注目度や関与度を高めると考えられている。メディアの論理という用語は中身よりも形式を重視し、情報を提供して深い意味を伝え、熟考を促すという目標とは相反するものだという意味合いで批評家によって使われている。政治との関連で言えば、メディアの論理は政治の中身や信念を減じることになる。（McQuail 2010, 563

カッコ内は原文）

これらの説明は抽象的ではあるが、「メディアの論理」とはメディア業界の中で活動する人が、その活動を「上手く行かせ」て、その業界の中で「モノを言う・言わせる」ために必要な道筋や法則のことであると言い換えることができるだろう。政治の領域で活動する政治家も（積極的か・消極的かはともかく）そうしたメディアの論理に合わせて用いるようになっていくことが「政治のメディア化」ととらえられる(6)。

そしてジャーナリズムの研究者のシュトレームベックは、「政治のメディア化」が進行していく中長期的な過程を四つの局面に分類して以下のようにとらえている（Strömbäck 2008, 235 参照）。

政治のメディア化の四つの局面

一　最も重要な情報源が（実）体験や対人コミュニケーションによるものではなく、メディアになる。

二　メディアが政治制度に依存せず、相対的に自立した状態になる。

三　メディア・コンテンツが政治の論理ではなく、メディアの論理で統制されるようになる。

四　政治的主体が、政治の論理ではなく、メディアの論理で統制されるようになる。

社会の中でメディアが重要な情報源として利用されるようになり（第一局面）、メディアが他の領域（たとえば政治の領域）から自立し（第二局面）、メディアが独自の論理で活動するようになっていく（第三局面）。そしてメディア化が進展した第四局面は「政治家やその他の社会的主体が、メディアの論理や支配的なニュース・バリューに適応するだけでなく、これらを内面化し（原文ではイタリック体）、多かれ少なかれ意識的に、メディアの論理やニュース・バリューの基準が統治プロセスの一部として組み込まれるようになったときに達成される（同、二三九－二四〇参照）」とされている。こうした段階では「メディアとメディアの論理は、政治を植民地化（同、二四〇、傍線部は原文ではイタリック体）」していくようになる。

もっとも、「メディアの論理」とは具体的に何のことを言うのかについては必ずしも明確ではない。特にそれがメディアの一つの役割・機能である「ジャーナリズム」と関連させられて規範的に論じられるときにはより顕著になる。たとえばシュトレームベックは、メディア・コンテンツは前述の「メディアの論理」によって統制されており、人々の注目・関心を集める競争で勝利するためのメディアの様式やその要件は、商業主義の高まりによって促進されると、そうした様式や要件は伝統的なジャーナリズムの規範や価値よりも優先されていると指摘する（Strömbäck 2008, 240参照）。ここでは、「ジャーナリズムの規範・価値」は、「メディアの論理（やメディアの様式や要件）」と対立するものと位置づけられている。

一方、メディア史研究者の佐藤卓己は「政治のメディア化」を論じる際に「何らかの価値や理念への貢献をめざす『政治の論理』が、影響力の最大化をめざす『メディアの論理』に上書きされていく過程（佐藤 二〇一八、五四）」と「政治の論理」と対立するものとして「メディアの論理」を位置づけている。ここまではシュトレームベックの議論と似ているが、一方で佐藤は「メディア（の論理）」と「ジャーナリズム（の規範・価値）」を対立するものではなく、類似するものとして位置づけてもいる。

（ジャーナリストの政治的責任感が希薄化することとは）「政治の論理」に組み込まれていた結果に対する責任倫理、その説明責任が意識されなくなることでもある。そもそも政治権力を監視するマスメディアに対しては、これまで必ずしも責任倫理は求められてこなかった。それは権力の不正を告発する情熱が、ジャーナリストに求められ

ていたからである。かつてジャーナリストは心情倫理家でよいと考えられてきた。（同、五四）

佐藤の分類によれば、「政治の論理」に組み込まれているのが「責任倫理（説明倫理）」であり、「メディアの論理」は「（責任倫理が求められない）心情倫理[7]」ということになる。こうして「政治の論理」と「メディアの論理」とを対置させているが、さらに「政治権力を監視するマスメディア」には「責任倫理が求められてこなかった」とし、マックス・ウェーバーの『職業としての政治』の議論を参考にしながら「権力の不正を告発」するジャーナリストを「心情倫理（家）」と位置づけている（同、五四－五五参照）。ここで重要なことは、佐藤が「政治（の論理）」と「権力の不正を告発する（＝政治権力を監視する）ジャーナリズム」を対置させていることである。心情倫理（家）で活動すればよいとされるジャーナリスト（ジャーナリズム）を「メディアの論理」が機能したものとして位置づけているからである。こうした「メディアの論理」の不明確さを考える場合、ニック・クドリーの以下の指摘が重要なものとなる。

> 政治はメディアから強く影響を受ける界である。だが、われわれはそれがさまざまな固有の形態をとることを明らかにしてきた。すべての単一のメディアの論理として描くことは誤解を招きかねない。さらに、そうしたメディアの論理が政治界全体に対して直線的な影響を与えると予想することも誤解である。複合的な競合が生じる界では、こうした直線的な影響は不可能である。（クドリー 二〇一二＝二〇一八、二四二－二四三）

たしかに「政治のメディア化」を「政治家はメディアの論理に従いながら活動することによって、政治の領域で台頭できる」というように一般的・抽象的に議論することはできる。しかし具体的にどんなものが「メディアの論理」として機能しているのかを確定することは難しい（より正確に言えば、「メディアの論理」とされるものを余すところなく挙げきることは困難である）。さらに、政治の領域はメディアの論理の影響を直線的・一方向的に受けているというわけでもない。すなわち、メディアの領域で通用する論理が政治の領域にも展開していることはそうだとしても、同時に政治の領域の論理もまたメディア（やほかの領域）に影響を与えているかもしれないということである。

いわゆるジャーナリズム批判の観点から、センセーショナリズムのような「メディアの論理（とされるもの）」を「質が低いもの」としてとらえ、それが政治に与える「悪影響」を論じることは、たしかに政治とメディアに関する時事的評論としては意味があるだろう。だが「政治のメディア化」「メディアの論理」の研究としてはまだ不十分な点がある。そうしたメディアの活動を規定する「論理」にだけに焦点が当てられる一方で、メディアがジャーナリズムとして機能している／してきた場合に働いている「メディアの論理」には焦点が当てられないままだからである。

そもそも「センセーショナリズム」をジャーナリズムとして「質が低い」とみなすのも一面的な見方ということもできるかもしれない。『デイリー・ミラー』の編集者のシルヴェスター・ボウレムは、マニフェストとして以下の綱領を掲げたと言われている。

> 『デイリー・ミラー』紙はセンセーショナルな新聞である。我々はその件に関して弁解はしない。我々は、ニュースと論説を、特に重要なニュースと論説を、**センセーショナルに提示することは今日の大衆読者層と民主的責任における必要かつ価値のある公共サービスであると確信している**…（中略）…センセーショナリズムは、事実を歪めることを意味しない。それは読者の心に強烈な衝撃を与えるため、生き生きとしたドラマチックな事件の提示方法を意味する。大きな見出し、勢いのある記述、なじみのある日常の言葉を使った簡単な表現、挿絵と写真の幅広い利用などを意味する…（中略）…言うまでもなく我々は間違いを起こすが、少なくとも我々は活気に満ちている。（フランクリン他著『ジャーナリズム用語辞典』二〇〇五＝二〇〇九、一六五。引用で（中略）とした箇所

は原文でも「…」という形で省略されている）

ボウレムが前述のマニフェストを掲げたのは「センセーショナリズムを不正確で誇張されたジャーナリズムと区別」し「公衆の目を引き付け、彼らに行動の必要があることを知らせるに至るまでは正当化できる」と描写されていた時代でもある（同、一六四）。ここで言えることは、（人々の注目を集める）センセーショナリズムは「メディアの論理」として理解されるだけではなく、「民主的責任における」ジャーナリズムとしても許容されうるということである。

なにより一概に「メディアの論理」と言っても、メディアがそのコミュニケーション活動において果たしている社会的機能は「娯楽」だけではない。たとえば大石裕は、日本新聞協会研究所の資料を参考にしながら「新聞のメディア機能」を、①報道機能、②評論機能、③教育機能、④娯楽機能、⑤広告機能、に分類している（大石 二〇一六、八八-九一参照）。たしかに「メディアの論理」として理解されがちな「パーソナライゼーション、（感覚や感情に訴える）センセーショナリズム、ドラマとアクション、コンフリクト、スペクタクル、ハイ・テンポ」は、この分類で言えば④娯楽や⑤広告に該当するものだろうし、①報道や②論評の〝一部〟もそれに該当する。ここではあえて「一部」としているが、それは「メディアの論理」として語られがちなものは、前述のようにジャーナリズムの中でもイエロー・ジャーナリズムやセンセーショナリズムをはじめとする「悪いジャーナリズム（批判されうるジャーナリズム）」のことを暗に指しているからである。メディアのジャーナリズム活動のうち「悪しきもの」のみを「メディアの論理」とし、それが他の領域に広まることを「メディア化」ととらえることは、こうした概念、およびそれを用いた分析の可能性を過度に狭めることになりかねないのである。

1－2 「メディア化」の一種としての「ジャーナリズム化」

いままで「ジャーナリズム」を便宜的にメディアの報道・論評活動として位置づけて論じてきたが、「ジャーナリズム」と「ジャーナリズムではないもの」との間の境界は不明瞭である。こうした問題意識を明確に示しているのが、『ジャーナリズムの境界線』の編者マット・カールソンとセス・C・ルイスによる以下の指摘である。

> ジャーナリズムという呼称は、固定的で安定したものではなく、文脈によって異なって適用され常に変化する。それは常に構築されるものなのである。ジャーナリズムをめぐる争いは、しばしば境界をめぐる争いである。
> 誰がジャーナリストなのか、何がジャーナリズムなのか、適切なもしくは逸脱的なジャーナリズム的行動とは何か、といった定義に関する基本的な問題はすべて「境界線をひく作業」という観点から理解することができる。
> (Cralson 2015, 2)

この指摘は、既存の（マス・）メディアの活動の中で「何がジャーナリズムと呼ばれうるか／呼ばれるべきか」という狭い問題関心のみではなく、あらゆるメディア・コミュニケーション活動やその主体の中で「何がジャーナリズム・ジャーナリストとして呼ばれ、そう理解されうるのか」という広範な問題関心でとらえられる必要がある。というのも、コミュニケーションが行われる過程においては、コミュニケーションで交わされる情報内容についての解釈だけではなく、コミュニケーションそのもののあり方についてもまた解釈が行われているからである。つまりいま・ここで行われているコミュニケーションはどう理解されるべきなのか、たとえばそのコミュニケーションは「真面目なコミュニケーション」なのか、それとも「冗談のコミュニケーション」なのかといった具合に、である。(8)

そしてこの議論は、コミュニケーション過程に関する解釈だけではなく、コミュニケーション主体に関する解釈という方向にも拡大適用することもできる。たとえば、新商品の発表のニュースを伝えるメディアは、新商品を広報・PRする媒体なのか、それとも新商品を論評・解説する媒体なのだろうか。後者のように解釈されれば、その媒体やコミュニケーション活動は「ジャーナリズム」と呼ばれることだろう。私たちは同じメディアの活動であってもそれを「こんなものはジャーナリズムとは言えない」「あれこそ本当のジャーナリズムだ」と理解・解釈しながらそのコミュニケーション（この場合は情報を受容する）を行っているのである。

（メディア・）コミュニケーション過程においては、こうした解釈が何重にも行われ、現実が構築されているのである。ここで言う「現実の構築」の過程とは、ある事件や出来事、人物の活動をめぐって人々の解釈がなされ、そうした解釈が相互行為（たとえばコミュニケーション）によって間主観的に共有され、特定の集団・社会の中で自明視されていく過程である。メディア・コミュニケーション研究においてはこうした考え方は、事件・出来事に関してニュース・メディアがその活動を通じて構築する現実を分析するために適用されてきた。しかし前述のように解釈、そして現実が構築される〝場所〟はコミュニケーションで交わされる情報、すなわちコミュニケーションで言及される話題に関するものだけではなく、コミュニケーションそれ自体に関する解釈も含むのである(9)。

したがって、以降の「ジャーナリズム（とはなにか）」をめぐる議論は多分に社会的・時代的な拘束を受けるものである。ただ、そうした拘束自体をことさらに問題視することにあまり意味はないだろう。そうではなく、その社会・時代において「あるコミュニケーションがジャーナリズム（的である）とみなされること」がどのような意味を持つのかということを論じていきたい(10)。

ジャーナリズム研究者の大井眞二(11)は、現代におけるジャーナリズムのあるべき姿を議論する際にグレヴィッチとブラムラーの見解を整理・参照しながら、「ニュース・メディアが社会に対して果たすべき役割」として以下の四つの項目を挙げている（大井 二〇一八、一九参照）。

①現代的に重要な意味を持つ出来事や問題を報道し、政治的現実の真のイメージを提示する。
②市民にアクセスを与えて、公共的意見や公的言説の主潮流を表象する。
③権力保持者を精査し、調査報道によって権力の腐敗濫用やスキャンダルを暴露する。
④市民の政治的利害を代表して発言し、政治参加の制度化された形態をサポートする。

なお、こうした役割があるにもかかわらず、当時のアメリカ社会（グレヴィッチらの論考が書かれたのは一九九〇年である）を「少数のメディア企業に支配され、これらの企業は人々からは遠く離れたものになっている（Gurevitch and Blumler 1990, 269）」とグレビッチらは否定的に評価している[12]。

こうしたジャーナリズムに関する規範的議論は、現代の日本社会においても、そこまで違和感を持たれるものではないだろう。たとえば、元ジャーナリストでジャーナリズム研究者の藤田博司は、新聞通信調査会発行の書籍の中でジャーナリズムの役割として「社会の構成員である市民の必要とする情報を適切に伝達すること」「（メディアの伝える情報が）バランスのとれた、多様なものであること」「権力の腐敗や逸脱に目を光らせ、問題があれば警鐘を打ち鳴らすことによって、民主主義が機能不全に陥るのを未然に防ぐこと」を挙げている（藤田 二〇一四、三－四参照）。また、メディア倫理・法制の研究者の大石泰彦は、ジャーナリズムの理念について「世の中の事実（人間の営み）を被治者の視点で観察して、それを提示して問題点を提起する営み、およびそれを支える理念（大石 二〇二〇、一二、カッコ内は原文）」と規定しているが、この内容も前述のグレビッチらが挙げた項目（特に①）と共通点がある[13]。

ここでは、ジャーナリズムの理念（価値・規範）が（それがどこまで精緻化されているかはともかく）掲げられ、実際のメディアの活動は何らかの要因によってそうした理念を達成できていないことが批判的に語られていることに着目したい[14]。こうした背景には「マス・メディアが果たすべき表向きの民主主義的な理想と、実際に普及しているコミュニケーション構造や慣行との間の緊張関係や不均衡（Gurevitch and Blumler 1990, 269–270）」が存在するとみなすことができるだろう。

ところで、グレヴィッチが言うような「民主主義的な理想」がコミュニケーションと関連させられて論じられるのはニュース・メディアに関する議論の中だけではない。メディアは政治過程における（重要ではあるだろうが）一つの主体であり、他の主体もまた「民主主義的な理想と実際の構造・慣行の間の緊張関係」が論じられうるのである。

政治学においてはごく基本的なことではあるが、たとえば政党については、その社会的機能として、選挙活動（候補者を探し、公認し、選挙運動を行う）や政治運営（議会や政府の構成員の排出・組織化に関与する）のほかに、利益の表出・集約（人々の利益・利害を表出して、それを取りまとめて政策の選択肢に集約する）というものもあるが、それは前述のジャーナリズムに対する社会的期待の④の「市民の政治的利害を代表して発言し、政治参加の制度化された形態をサポート」と一定程度重複する。また、選挙民に対して政治的社会化を促したり、政治に関する情報を提供したりする政治コミュニケーションなども副次的とはいえその役割として挙げられている[15]。同じように政治過程で活動する一主体である利益団体・圧力団体についても、地域の利益が反映されやすい選挙に対して、職業・業種の利益を逐次的に反映することで選挙制度を補完するという役割を有しているが、自らの領域に関する知識・情報や問題・課題について団体の構成員や政策形成者、そして選挙民・市民に対して伝達し世論を喚起する政治コミュニケーションの役割を果たしている[16]。

かつてメディアは政党や政治活動と不可分の関係にあった。日本においても、「（一八九〇年の）議会開設前において『政論記者』と『在野政治家』はほぼ同義であり、そうした記者が議会選挙に立候補したのは当然だった（佐藤二〇一八、一九）」し、「政論新聞が中心だった時代には新聞経営だけが政治活動から直接収入を引き出せる継続的職業であり、ジャーナリストとは『有給の職業政治家』の別名であった（同、一九）」のである。こうした状況が、新聞記者がプロフェッショナルとして政治の領域から独立していくことで、相対的に独立した論理が構成されていった。

さらに、ジャーナリズムに期待される役割に関しては、デジタル・メディア（インターネット）が（不十分なものとはいえ）市民参加、意見の表出、公権力監視に果たしてきた役割も評価されている。言い換えれば、ジャーナリズムに期待される役割は既存のメディア以外の主体、たとえばブロガー、市民ジャーナリスト、様々な組織によっても部分的に達成されている側面は否定できないのである（大井 二〇一八、一九－二〇参照）。同様に、元ジャーナリストの研究者の小黒純も「権力に向かって吠える」・「権力の監視」番犬（watch dog）としてのジャーナリズムの役割については、マス・メディア以外の存在が担いつつあることについて、以下のように言及している。

（誰が番犬になりうるのかという問いに関して）「番犬」の仕事を存分にしているかどうかはさておき、本来この役目は組織としてのマスメディア企業、とりわけ報道機関、そして個々のジャーナリストが担ってきた。ところが…（中略）…メディア環境は激変し、情報発信のハードルは下がった。それによって、マスメディアでなくても、「番犬」の役割が果たせる条件が整った。（小黒 二〇一八、八四－八五）

前述の民主主義社会における「ジャーナリズムの規範・価値」を、コミュニケーションを通じて達成しようとするのは、なにも既存の（マス・）メディア組織に限ったことではなく、それ以外の主体にもその可能性は開かれている。以前であれば、それは政党や社会運動体が自らの機関紙を通じて行うものだったかもしれない。そして現在では、少なくとも可能性としては、さまざまな主体がメディアを用いて、ジャーナリズムの役割とされるものを達成することができるようになってきている。

もっとも、このことをさまざまな主体がジャーナリズムの規範・価値を体現するようになって「社会が良くなる」という文脈でのみとらえてしまうと、議論の可能性を失わせることにつながりかねない。そうした「さまざまな主体」の中には、従来ジャーナリズムが監視対象としていたいわゆる「政治権力」、つまり政治エリート（議員、首長、官僚）も含まれるからである。かれらもまたメディア化した政治の諸過程において、メディアの論理の一種である「ジャーナリズムの規範・役割」を掲げて活動することがありうる。それが現代のメディア政治の「劇場」において適合的であるのならばなおさらである。

本章では、こうしたその時代・社会において「ジャーナリズムとして期待されるもの（ジャーナリズムの規範・価値）」を従来のメディア組織以外の主体がその活動において体現しようとしていくことを「ジャーナリズム化」としてとらえていきたい。現代社会においては「ジャーナリズムである」とみなされたコミュニケーションは「良きもの」として理解されうる一定の素地があるだろうし[17]、そう理解されることを望む主体は、既存のメディア組織だけではないだろう。

以上は、「メディアの論理」、「政治のメディア化」、メディアの論理の一種としての「ジャーナリズムの規範・価値（の掲示）」、政治過程における多様な主体などの考察を通じて見えてくるきわめて抽象的な視点であった。次節以降では、現代日本社会におけるメディア政治の事例に関する検討を通じてこうした議論を具体化していきたい。

2　事例：小池百合子東京都知事による豊洲市場移転延期問題の争点化と関連報道

本節では、小池百合子東京都知事[18]による豊洲市場移転延期問題（以下、豊洲市場問題）の争点化と関連する報道を事例として考察する。まず、小池都政は現代の劇場型政治の一つの典型である。さらにこの事例は、前述した「政治

図3-1　関連報道の推移（キーワード：豊洲＋汚染）

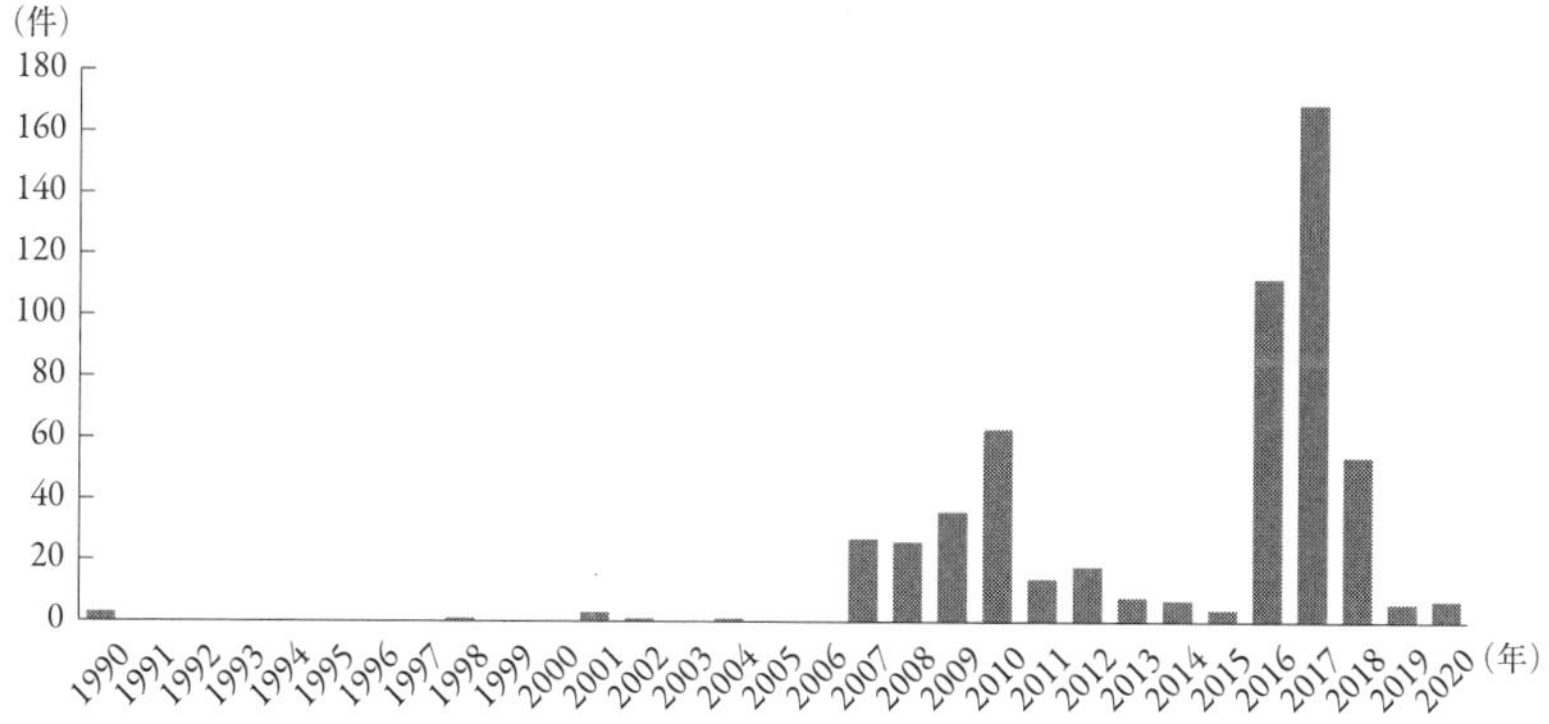

注：2016年8月に小池知事が就任してから報道量が再度増加する。なお2016年の中では、7月以前の報道は1件、8月以降が111件。

出典：朝日新聞社データベース「聞蔵ビジュアルⅡ」を使用して「豊洲 and 汚染」で検索。検索条件は以下の通り。「朝日新聞」「朝日新聞デジタル」を対象、「見出しと本文」、朝夕刊、本紙＋地域面、発行社は東京、大阪、名古屋、西部、北海道の5社。

のジャーナリズム化」を端的に示すだけではなく、いったん「ジャーナリズム化した政治」が急激にその要素を消失したこと、しかもそれらが短期間の間に起こっていることが特徴である（後述するように移転延期の争点化が二〇一六年八月、実質的な方針転換が二〇一七年三月、期間にして八か月である。長く見積もっても二〇一七年六月までで、一年弱である）。小泉郵政改革や橋下市政・府政の各種政策と比べても、「政治のジャーナリズム化」の特徴をより劇的に示す事例ではないかと考えられる(19)。

2-1　豊洲市場問題へと至る流れ

東京都設置の中央卸売市場の一つである築地市場は、戦後、取扱量の増大や車両増加に対応するために施設の増設や、さらには他の市場（例えば大井市場）への機能分散などが検討された。しかし業界内では、全面移転か全面改修かで意見が分かれた。一九八〇年代に築地再整備のための工事が着手されたが、一九九〇年代になってその方針は実施困難なことが判明する。一九九〇年代半ばには基本計画の見直しが行われ、築地の再整備と臨海地域への移転とが再度検討された。二〇〇一年の第七次東京都卸売市場整備計画策定において、「現行の計画を改め、築地市場を豊洲地

表 3-1　小池都政下における豊洲市場問題の推移

2016 年 8 月	小池都知事就任（2 日） 知事、豊洲移転延期の発表（31 日）
2017 年 3 月	都議会選挙（2017 年 7 月 2 日）で豊洲問題を主要な論点にしないと発表
2017 年 6 月	知事、豊洲移転の方針発表
2018 年 9 月	豊洲市場開場
2018 年 10 月	取引開始

※おおよそ 2016 年 8 月～2017 年 6 月が「豊洲市場の問題化」の時期にあたると考えられる。

区に移転」することが決定した[20]。

ただし、移転先とされた豊洲はガスの製造工場の跡地であり、また土壌汚染も確認されており、そのことに懸念を示す都民や市場関係者もいた。こうした声に対し、東京都は土壌汚染対策（土壌の入れ替えと盛り土）と地下水汚染対策を実施するとしていた[21]。こうした豊洲市場の汚染問題に関しては主に二〇〇七年から二〇一二年にかけて、新聞でも報道されている（図 3－1 参照）。

当初の予定からは遅れたが、二〇一五年七月の協議会において豊洲市場の開場時期が二〇一六年一一月七日と決定され[22]、豊洲市場も二〇一六年四月に完成した。こうした中、二〇一六年六月、当時の舛添要一東京都知事が政治資金流用問題によって辞任する。辞任に伴う東京都知事選挙が七月一四日に告示され、七月三一日に投票が行われ、衆議院議員だった小池百合子が当選した。

小池都知事は八月二日の就任の記者会見で、選挙でも掲げた「東京大改革」の実行を約束し、「都政改革本部」の設置を表明した。会見の中で「開かれた都政」「都民ファースト、都民が第一」を強調し、「東京大改革」の実現を進めるために都民の協力を仰いだ（二〇一六年八月二日記者会見）[23]。最終的には、二〇一七年六月二〇日にそれまでの方針を「変更」し、豊洲移転の方針を発表し、移転延期問題はひと段落するのだが、この時期の小池都知事の会見での発言とそれに関する報道に着目して考察していきたい。

2−2　知事による豊洲市場問題の争点化

小池知事が豊洲市場問題を取り上げるようになったのが、二〇一六年八月一二日の記者会見である。知事は「都政改革本部」の設置について発表し、その流れで築地市場の豊洲移転について言及し、関係者への直接ヒアリングを行うと発表した。知事が市場問題で関係者にヒアリングをするのは初めてであった。開場は三カ月後の一一月七日だったが、記者からの質問に対しても、都民の食の安心のための判断基準としてヒアリングを行うとした[24]。

知事は二〇一六年八月三一日の記者会見で、豊洲市場移転の延期を発表した[25]。

都民ファーストの視点から、私はまだ三つの疑問点が解消されていないと、このように考えております。第一は、安全性への懸念でございます。第二は、巨額かつ不透明な費用の増大でございます。第三は、情報公開の不足であります。

まず、安全性の確保でございますけれども、何よりもと言いますか、言うまでもなく、豊洲新市場は生鮮食料品を取り扱う市場でございます。だからこそ、八四九億円もの費用をかけて土壌汚染対策法に即して土壌汚染対策を実施してまいったところでございます。そして、その安全性の確認のための地下水のモニタリングについては、第一回が二〇一四年一一月一八日から一一月二九日にかけまして、二〇一か所から採水をして行ってまいりました。にもかかわらず、この二年間のモニタリングを完了する前に豊洲市場を開場しようという話に、今、なっているわけです。なぜこのように多額の費用をかける必要があったのか、安全性は大丈夫なのかという話になるわけでございます。

九回が二〇一六年一一月一八日に最後の採水が予定されていて、そして、年明けの一月にその結果が公表されるという予定になっていて、あと一回の部分、法律上の問題はないという話もありますけれども、しかしながら、殊に、生鮮食料品、水産物でございます。私は、環境大臣の経験からも、やはり食の安全ということについては、生活者の目線、そして、まさしく都民ファーストの感覚ということを大切にしなければいけないのではないか、このように考え、また、私の拙著にもその点を記させていただいたところでございます。

地下水のモニタリング結果をご紹介しておきたいと思います。例えば、五街区の四一地点のこれまでの七回のモニタリングの結果を見てみますと、いずれも環境基準値以下となっております。しかし、検出値というのは、単純な経時変化というわけではございません。時間がたてば不検出になるという話ではないということであります。ですから、少なくとも、二年間のモニタリング結果を見届けるというのは、これは安全性の確認、そしてその説得力ということにおいては譲ることはできないと、このように考えているわけでございます。

……（中略）……

建築の専門家、土壌の専門家、公営企業経営の専門家などなどのご専門の皆様方によるプロジェクトチームを設けていきたいと思っております。そして、今、申し上げたような様々な、都民の皆様方が抱いておられる不安、不信、こういったものにちゃんと答えられる、若しくはここがおかしいといったようなことを精査していただきたいと思っております。

（東京都ホームページ「知事の記者会見」から一部引用）

都知事の主張をまとめると、生活者・都民の観点に立てばたとえ法律上は問題がなかったとしても、数値が基準値以下だとしても、安全性に対する疑問がある以上は精査が必要であるということである。

こうした豊洲市場への移転延期の発表に関して、直後の新聞報道はその問題意識に理解は示しつつも、市場関係者の混乱については懸念する論評も展開していた。

食の安全を重視し、調査を最後まで見届ける必要がある、とした小池知事の判断は一理ある。都知事選で小池氏は、移設について「立ち止まって考える」と訴えており、公約に沿った判断だとも言える。とはいえ、混乱は最小限にとどめなければならない。（『朝日新聞』二〇一六年九月一日「築地移転延期　説明尽くし不安解消を」：本文中の改行は修正している。以下同様）

確かに、調査をしている以上、結果が出る前に移転をすることは、手続きとして疑問が残る。その意味で、いったん立ち止まると判断したことは理解できる。だが、延期後の着地点を小池知事はどう描くのだろうか。延期によって、豊洲市場では一日七〇〇万円のコストがかかる。また、引っ越し準備をしていた業者への補償問題も発生するとみられる。そうした費用を負担するのは都民だ。…（中略）…延期の必要性とその後のビジョンを丁寧に説明し、納得のできる手続きを進めてほしい。（『毎日新聞』二〇一六年九月二日「築地市場　納得のできる手続きを」）

記者会見では、「安全性の確認という点で譲ることができない」として、結果を見届ける必要性を強調した。都民の食の安全に関わる問題だけに、検査に万全を期そうとする姿勢は理解できる。だが、一一月移転を前提に準備を進めてきた関係者には、戸惑いが大きいのも事実だ。豊洲で使う設備のリースや内装工事の契約を済ませた仲卸業者は少なくない。…（中略）…そのうえで、いつまで移転を延期するのか、結論を出すという。事業費の膨張については、利権が絡んでいるとの指摘もあるだけに、精査は必要だろう。（『読売新聞』二〇一六年九月一日「築地移転延期　混乱回避が小池知事の務めだ」）

その後、都知事は「市場問題プロジェクトチーム」を編成し、調査によって土壌汚染対策としての「盛土」が行われていなかったことが判明する。[26] 過去の対策の不備が明らかになったことで、この問題にかかわる責任の所在も争点になってくる。同時に知事による争点化・調査も「現場の戸惑いや混乱」を招くものではなく、問題解明のための「当然の対応」へと評価が変わっていく。

新市場が稼働し、多くの人の目にふれれば簡単にばれることが、なぜまかり通ったのか。いったいどの部署の誰が、いつ、どのような理由に基づいて判断したのか。それを承認し、状況を把握していたのは誰なのか。おかしいと思い、声をあげる人はいなかったのか。いま都庁に突きつけられているのは、一三〇〇万人の都民の生活や健康をあずかる巨大組織が、正常に機能していないのではないかという根源的な疑問である。就任したばかりの小池都知事は経緯を検証すると表明した。当然の対応である。…（中略）…都は、建物の基盤となるコンクリートには土壌汚染防止の基準を満たすだけの十分な厚さがあり、問題ないと言っている。安全性の確認は喫緊の課題だ。（『朝日新聞』二〇一六年九月一五日「豊洲盛り土　信用の失墜は深刻だ」）

地下空間の天井部分は厚さ三五～四五センチのコンクリートで、これは土壌汚染対策法の安全基準を満たし、安全性に問題はないと都は説明する。しかし、ベンゼンは発がん性もある危険な化学物質だ。常温でも気化しやすくコンクリートで覆っても割れ目があれば漏出の恐れがある。また、盛り土の有無で拡散の方向や広さが変わるという。現状のままで、鮮魚などに付いたり、市場で働く人や訪れた人が吸い込んだりする危険はないと言い切れるのか。一部建物の地下の床に水たまりも確認された。仮に地下水ならば汚染が心配だ。…（中略）…小池百合子知事は、専門家会議を再開し、特別調査チームと併せ安全性の検証をしていくことを明らかにした。一からの総点検は当然だ。都の対応への不信感が強まっている。徹底した情報公開がなければ信頼は取り戻せない。

（『毎日新聞』二〇一六年九月一四日「豊洲盛り土問題　信頼を大きく損なった」）

小池知事による争点化、調査、会見での情報公開をどう見ることができるだろうか。ここで前述した「ニュース・メディアに求められる役割」を、一部修正して再度取り上げてみたい。

①現代的に重要な意味を持つ出来事や問題を報道し（伝え）、政治的現実の真のイメージを提示する。
②市民にアクセスを与えて、公共的意見や公的言説の主潮流を表象する。
③権力保持者を精査し、調査によって権力の腐敗乱用やスキャンダルを暴露する。
④市民の政治的利害を代表して発言し、政治参加の制度化された形態をサポートする。

関係者へのヒアリングを行い、隠されていた情報を明らかにし、豊洲市場問題に関する「真のイメージ」を提示し、それによって世論（輿論）を喚起し、かつてこの問題に関与していた関係者（≒権力保持者）のスキャンダルを暴露し批判する。それを消費者・都民に寄り添い市民の政治的利害を代表して（いるという体裁で）行っていく。そうした情報を都庁のホームページで情報公開し、後から参照できるようにする。常識的に考えれば、政治家を「ジャーナリズムの規範・価値」の実践者ととらえて考えるということはありえないように思える。しかし豊洲市場問題に関する小池知事の言動は、形式的には前述した「ニュース・メディアに求められる役割（≒ジャーナリズムの規範・価値）」に相当程度合致するのである。

クドリーは「政治のメディア化」について、①あらゆる政治的主体が自らの諸行為を主流メディアの中で肯定的に「読解されうる」ように適合させ、②政治的主体の実務上の労力がメディアのインプット・アウトプットへの対応・統制に向けられ、③政治的主体は市民の関心をとらえ続けることに関心を払うようになること、と説明している（クドリー 二〇一二＝二〇一八、二四二参照）。事実、こうした小池知事による（ジャーナリズムが用いていた論理を転用して行われた）豊洲市場問題の争点化は、主流の新聞メディアではおおむね肯定的に理解されたし、また市民の関心を相当程度とらえ続けたようにも思われる。それは、「ジャーナリズムの規範・価値」を実践する政治活動によって達成されたと考えられる。

2－3 脱「ジャーナリズム化」へ：メディア報道による批判

豊洲市場問題に関しては都知事による問題化と新聞の論評は相互に連動していった。そこには「徹底（解明・調査）」といった言葉に代表されるように、知事の政策の方向性を支持し、その徹底を求める視点が存在する。

およそ納得できる結論ではない。これでは小池百合子知事が掲げる「自律改革」も看板倒れになりかねない。…（中略）…都政のブラックボックスをこじ開ける役を小池氏は有権者から託されたのだ。就任直後から果敢に手腕を振るう姿勢をみせたことは評価できる。…（中略）…一方、盛り土問題は、立ち止まることなく事実解明を尽くすべきだ。（『朝日新聞』二〇一六年一〇月一日「豊洲市場問題　都政改革へ徹底解明を」）

この社説は最後「改革の勢いを、ここで失速させてはならない。」という文で終わっている。全体的には九月一五日の社説よりは、知事に対して厳しい評価になっているが、その内容は解明の不徹底さを批判するものであり、小池知事の対応それ自体に対する批判にはなっていない。この傾向はのちの社説「豊洲市場問題　腰をすえた移転対策を（『朝日新聞』二〇一六年一一月一九日）」「豊洲市場　『安心』へ、徹底検査を（『朝日新聞』二〇一七年一月一七日）」でも共通し、たとえば「小池氏の考えを評価するからこそ、疑問と注文がある（「小池都政　情報公開というのなら」『朝日新聞』二〇一六年一二月一三日）」という表現にも見られるように、知事の対策の方向性に対しては賛同し、一方でその徹底度・スピードに関しては批判するという形態をとっていた[27]。

一方、『読売新聞』も『朝日新聞』と同様、調査の過程で明らかになった土壌汚染対策に関する都の説明の問題については「無責任体質に驚かされる（「豊洲盛り土問題　方針転換の経緯が不透明だ」『読売新聞』二〇一六年九月二四日）」、「都政の問題点があぶり出された（「豊洲市場問題　安全確保と都政改革が重要だ」『読売新聞』二〇一六年一〇月一日）」、「巨大組織の無責任体質が浮き彫りになった（「豊洲市場報告書　巨大組織の闇はまだ晴れない」『読売新聞』二〇一六年一一月六日）」と批判的に言及している。ただ、『朝日新聞』や『毎日新聞』と比べて、「対立ばかりが深まって、都政が停滞すれば、結果として都民の不利益になる（「小池氏VS都議会　改革の推進には協調も必要だ」『読売新聞』二〇一六年一二月一九日）」や「選挙にらみのパフォーマンスではなく、都民の視点に立った建設的な議論を進めてもらいたい（「豊洲百条委設置　都議選への思惑が先行気味だ」『読売新聞』二〇一七年二月二三日）」といったように、都議会や都庁との対決姿勢を示すことばかりではなく、政治的な決着をつけることの重要性を指摘する論評が比較的多く見られた。

しかし、小池知事による豊洲市場問題の追及は二〇一七年三月以降にその勢いを弱めることになる。三月二四日、知事は記者会見での東京新聞社の記者からの「移転問題を都議選の争点にするとのお考えはお変わりありませんでしょうか」との質問に対して「争点というか、やはり都民イコール消費者であり、業者の方々ということであります。ですから、それが第一の争点で、そのための都議選にするというのは、ほかにもテーマ（ママ）いっぱいありますから、ですから、それそのものを掲げて旗印にどうこうということは考えておりません」と都議選で豊洲市場問題を争点にしないと回答する[28]。またこれに前後して、三月二日には都議会で「築地市場の安全性についてのご質問がございました。築地市場の敷地はコンクリートやアスファルトで覆われておりまして、土壌汚染対策法等の法令上の問題はなく、人の健康に影響を与えることはないと考えております。」と答えている[29]。

そして、二〇一七年六月二〇日には豊洲移転の方針を発表した。懸念となっていた安全性については、以下のように述べている（約三〇分の記者会見のうち、「安全」について言及した個所を箇条書きにした[30]）。

・先の専門家会議でございますが、安全性を検証していただいてきました平田座長が、「地上は安全だ」と、「しかしながら、有害物質が検出された地下については追加対策が必要」とのご意見を出されたところはご存じのとおりであります。改めて専門家会議が再度検証してきた、これが答えということでございました。

・安全・安心の基準につきましては、先ほど申し上げましたように、これまでの議会の付帯決議、そしてまた市場長答弁などがございますが、未達成ということで、先日、私、築地市場の講堂に参りまして、皆様方に謝ってきたところでございます。今後もこの事業者と都民の皆様方からの信頼を得るためには、最大限の努力が必要だということを痛感したところでございます。

・安全対策を講じた上で豊洲市場を活かすべきではないかと考えます。

・環境の監視、モニタリングですね。地下水の管理、さらには付近の交通量の調査など行いながら安全安心の確保に努めてまいりたいと考えております。（東京都ホームページ「知事の記者会見」から引用）

（小池知事のこうした対応そのものについての評価は別として、）この会見を「答弁」の一種として形式的に評価すれば、以前にこの問題を追及していたときよりも話の明瞭度が低いと評価せざるを得ないだろう。安全性についても専門家の発言を引用するにとどまり、また安心についても「最大限の努力」「確保に努めてまいりたい」としている。かつて述べていたような安心・安全を重視する姿勢も弱くなっている。こうした小池知事の対応に関しては、それまで知事の対応の方向性を概ね支持していた『朝日新聞』や『毎日新聞』も厳しい批判を行った。さらに両紙とも自民党関係者の言葉を引用して批判を展開している。

全国トップの水産物取引を誇る「東京の台所」の将来像を、小池百合子都知事はいったいどう描いているのか。おとといの記者会見を聞いて、どれほどの人が理解できただろう。…（中略）…都議選を前に自民党は「決められない知事」と批判を強めていた。豊洲移転を表明するだけでは「迷走の揚げ句、元に戻った」と、さらに攻め込まれかねない。そこで生煮えのまま「両立」という新たな看板を掲げ、当座をしのぐ。そんなふうにしか見えない会見だった。焦点の「安全・安心」問題もはっきりしないままだ。豊洲の地下水から環境基準を上回る汚染物質が検出されたことについて、専門家会議は地上は安全だとしたが、知事は「安全と安心は別」と慎重だった。その姿勢は変更したのか。であるなら、石原慎太郎元知事の時代から豊洲開場の条件としてきた「無害化」は取りさげると明言し、判断に至った理由を説明して理解を求めるのが、行政の長としてとるべき態度だ。（『朝日新聞』二〇一七年六月二二日「豊洲移転表明　説明不足も甚だしい」）

結論が先延ばしになり、自民党からは「決められない知事」とのレッテルも貼られた。二三日に告示される都議選を前に、何らかの結論を出さざるを得ない状況になって、方針を表明したのだろう。結局、豊洲への移転に賛成する業者と反対の業者のどちらにもいい顔をしたように見える。（『毎日新聞』二〇一七年六月二一日「小池都知事の市場移転方針　これでは将来が見えない」）

一方で、この方針転換に対して『読売新聞』は、『朝日新聞』や『毎日新聞』ほどには批判の勢いが強くなかった。「知事の戦略は、思惑通り進むのだろうか」と政策の実現可能性について議論を投げかけ、「豊洲に移転する以上、知事として、消費者の理解を得られるよう努めるべきだ」と注文は付けるものの、「豊洲市場の建物下に土壌汚染対策の盛り土がない問題が発覚した。意思決定を巡る都政の無責任体質をあぶり出した意義は小さくない」と知事を評価するような内容も含まれている（『読売新聞』二〇一七年六月二一日「築地市場再開発　豊洲移転との両立は可能か」）。

この豊洲の安全宣言と移転の方針の表明は、それまで「ジャーナリズムの規範・価値」とみなせるものを掲げて過去の都政の問題を追及していた小池知事が、政治家として一定の決断をせざるを得なくなったことを示すものである。しかもその決断は、築地も残し、豊洲へ移転するという対立する立場の双方に配慮したもので、それまでの知事の対応とは差が大きかった。そしてかつての知事の対応を評価していた新聞社ほど、その差を批判した。「ジャーナリズム化」を持続できなくなった政治家がその結果、メディアへの適合に失敗し、大きな批判にさらされることになったのである。

おわりに

マス・メディア（本章が対象にした新聞メディア）は、豊洲市場移転延期問題に関する「小池劇場」に対して最終的には批判的な姿勢を明確にすることができた。したがって、この問題に関してメディアが継続して「保守化」していたとは言い難い。しかし、問われるべきは新聞メディアが小池都政を批判することができたその理由である。小池知事は、その理由についてはともかく、自らが豊洲市場問題を提起する際に用いた論理を貫徹することができなかった。メディアの批判が特に高まったのはその後である。メディアの論理（の一種である「ジャーナリズムの規範・価値」）を活用し、問題を提起し、人々の支持を集めようとした政治家は、政治的決断・決定に際して、その論理を捨てなければならないときもある。そしてそれは（一部の）メディアからの批判が巻き起こるときでもある。豊洲市場問題は、知事自らが「ジャーナリズム化」を目指し、その途中で挫折した一つのケースとしてとらえることができるのではないだろうか。

さて、「ジャーナリズムの規範・価値」を掲げる政治家に対して、メディアが批判を展開するべきときは、それを「掲げなくなった／られなくなった」ときなのだろうか。もしそうであるとしたら、絶えず新しい問題を発見・構築し、「権力」の腐敗を暴露し、自らをそれに立ち向かう存在として位置づけることを繰り返す政治家をメディアが批判することは困難になるのではないだろうか。政治家が「ジャーナリズムの規範・価値を体現しようとすること」それ自体が批判の対象になっていないからである。劇場型政治は拡大し、すでに一国の大統領ですら自らを（体制派たるエリートに）対抗する者として、すなわち改革の担い手として自らを位置づけようとする時代である。争点を乗り換え、常に自らを「権力」に対する挑戦者として位置づける政治家、時には自らに対する批判者（その中にはメディアも含まれる）をも反動・抵抗勢力と位置づけ、自身をそれに対抗する改革者として位置づける政治家をどういう理屈で批判できるのだろうか[31]。

近年の劇場型政治やポピュリズム化に対する批判的考察は数多いにも関わらず、そうした批判が実際の政治家に対しては有効な批判になっているとは言い難いという指摘がある（有馬 二〇一七a、二一八－二二三参照）。社会問題を訴え、市民の利益を代表し、権力者を批判し、世論を喚起しようとするまさにジャーナリズム（に求められがちなこと）と同様のことを行おうとする政治家を時には批判していくためには、「ジャーナリズムの規範・価値」そのものに対する批判的考察も求められるだろう。それは、ジャーナリズムの理想を称揚し、その実現をメディアに期待するだけにとどまる一部のジャーナリズム批判を相対化することも含まれる。

本章では小池都政の分析を通じて、「政治のメディア化」の一種としての「（政治の）ジャーナリズム化」について批判的に論じてきた。新聞メディアを考察対象にしたが、現代のメディア環境を踏まえるとテレビやインターネット・SNSへと対象を拡大する必要があるだろう。また「ジャーナリズムの規範・価値」は非常に多様である。本章で取り上げた規範・価値とは異なるものによる「（政治の）ジャーナリズム化」には、どのような問題があるのか（ないのか）についても検討は必要だろう。ただ、現代の特徴である「政治のメディア化」について、「ジャーナリズム化」という、より特化した観点から考察を加えることで、この問題の様相を詳細にとらえることができたと考えている。

注

（1）有馬晋作は地方自治で劇場型政治を行った首長として、田中康夫（長野県知事）、東国原英夫（宮崎県知事）、橋下徹（大阪府知事・大阪市長）、河村たかし（名古屋市長）、竹原信一（阿久根市長）を挙げている（有馬 二〇一一参照）。

（2）大嶽によれば、ポピュリズムには田中角栄のような利益誘導型のものと小泉純一郎に代表される「改革型」ポピュリズムに分けられるとしている（大嶽 二〇〇六、四参照）。また有馬は、ポピュリズムと劇場型政治を「明らかに異なる政治現象（有馬 二〇一七a、四）」としつつも、一九世紀から続くポピュリズムが二一世紀になって「劇場型政治」「劇場型首長」という形をとって展開しており、その重複する部分を「劇場型ポピュリズム」として位置づけている（同、二五‐二七参照）。

（3）有馬は橋下徹大阪府知事・市長に対して批判をしにくい要因について、彼が「敵を設定した激しい攻撃性」や「強いリーダーシップ」を有していること、また国民に広まる「政治に対する不満」をくみ取り、多数派意見に沿った「新自由主義や保守主義的な政策」を展開していることを挙げている（有馬 二〇一七a、二二四‐二二五参照）。これは、そうした理由を政治家側の行為や能力に

還元している議論ではあるものの、メディア側の要因への着目は薄いようにも思われる（同、二一八－二二三参照）
（4）有馬（二〇一七a、二五六）参照。なお有馬は他に、無党派層の増加による政党・政治不信の広がり、（小泉政権下での構造改革などによる）格差拡大や地域社会の閉塞感、そして納税者の不満を挙げている（同、二五六参照）。
（5）「メディアの論理」を説明する際、マクウェールは「制作者が信じている価値観の体系で、かれらがある特定のメディアの中で活動を行うときに、その実践を上手く行かせ、プロフェッショナルに値するために必要であると信じている相互に連携した複数の価値観の集合体（set）。観察者はこの論理は無意識に作動していると考える」と説明している（Mcquail 2010, 563）。これは、「ある業界で活動する者が、その業界で『良い』とされることをするために求められるとかれらが思っている価値観の体系のことで、かれらはそれを半ば無意識に内面化している」と言い換えることができるだろう。
（6）ニック・クドリーは「政治のメディア化」について、①あらゆる政治的主体が自らの諸行為を主流メディアの中で肯定的に「読解されうる」ように適合させるように、②政治的主体の実務上の労力がメディアのインプット・アウトプットへの対応・統制に向けられるように、③政治的主体は市民の関心をとらえ続けることに関心を払うようになる、の三点を挙げている（クドリー 二〇一二＝二〇一八、二四二参照）。
（7）「心情倫理」という言葉は、最新の翻訳版では「信条倫理」にかえられている（ウェーバー 二〇二〇、一一九参照）
（8）理解・解釈に関しては「（メディア・）フレーム」という概念がある。これはニュース・メディアがいかに事件・出来事を枠にはめて伝えるのかという文脈で適用されることがあるが、烏谷によればそもそもフレーム概念を用いてコミュニケーション分析を行ったベイトソンは、コミュニケーションというよりはメタ・コミュニケーションの分析にこの概念を用いたという（烏谷 二〇一八、一五九－一六一参照）。つまり「発話のうち、どれが『真面目』でどれが『冗談』の発話であるかという『コンテクスト』の決定にかかわるやり取り（同、一六〇）」であるメタ・コミュニケーションにおいて、フレームが機能するということである。
（9）メディアとコミュニケーションをめぐる解釈を通じた現実の構築・構成については、筆者もいくつか論考を発表している（山口二〇一八、二〇二一参照）。
（10）もちろん、こうした議論とジャーナリズムに関する規範的議論とは両立することはここで断っておきたい。
（11）大井は「ニュース・メディア」という用語を使ってはいるが、大井執筆のこの文献のタイトルは「メディア化時代のジャーナリズム」であり、またそれを論じた節タイトルも「ジャーナリズムと規範的期待」であることから考えても、「ニュース・メディアが社会に対して果たすべき役割」を「ジャーナリズムが社会に対して果たすべき役割」と読み替えても問題はないと思われる。

（12）　グレヴィッチとブラムラーはアメリカのメディア・システムの原理として、市民を代理して活動すること、公権力の濫用に対抗すること、開かれた思想の自由市場を提供すること、国民の知る権利に奉仕し政治的参加を促進すること、を例示している（Gurevitch and Blumler 1990, 269 参照）。

（13）　なお大石泰彦は、ジャーナリズムの三つの原則として「専門性」「現場性」「客観性」を挙げており、「ジャーナリズムが誰にでもできることではなく、プロとしてのジャーナリストによってのみ実践されうる」「専門職としてのジャーナリスト個人によって担われるべき活動（大石 二〇二〇、一三）」としており、その点ではジャーナリズムの主体を限定的にとらえている。

（14）　なお、こうしたジャーナリズムの理念を語る現象について、前述の大石（二〇二〇）は以下のように述べている。

近時の日本のほとんどのジャーナリズム論は、この国のジャーナリズムが様々な「病理」を抱え、自らが果たすべき役割や機能を十全に果たすことができなくなっているさまを描出したうえで、その阻害物（主に政治権力による「抑圧」）を批判するとともに、改善のためのさまざまな「処方箋」「対抗策」を提示してきた（編者によるはしがき、八）（カッコ内は原著者）。この国のメディアにはもともと存在しないもの（ジャーナリズムという理念）（カッコ内は原著者）を、あたかも存在するかのように言うのはもうやめませんか？（はしがき、九）

大石は、日本のメディアには「ジャーナリズムの理念」はもともと存在しないと述べているが、国内外に目を向け「ジャーナリズムの理念」を体現している存在（米国のプロ・パブリカ）を称揚している（四五－四六参照）。日本に限定しなければ、ジャーナリズムの理念を希求する議論の一種であると言えるだろう。

（15）　こうした副次的機能に関しては「かつての西欧民主国の政党はこれらの機能を遂行していたし、現在の発展途上国の政党もこれらの機能を遂行している。しかし、西欧民主国や日本では、現在これらの機能は家庭・学校、メディアによって遂行されているので、政党の機能としては副次的（吉野 二〇一八、一三）」と評価されているが、デジタルメディアの普及によって情報発信のハードルが下がることで再びこれらの機能を政党、もしくは政治家個人であっても遂行する可能性もあり得るだろう。

（16）　丹羽（二〇一八、三四、三九）参照。

（17）　根津朝彦は「ジャーナリズムは主権者の公共財であり、読者・視聴者がジャーナリズムに不可欠な役割を認め、それを支えていこうという認識が社会に存在し、それが文化的な厚みをもった時に存するもの」としている一方で「ジャーナリズムに浴びせられる『マスゴミ』『偏向報道』といった批判には…（中略）…根底に人々の報道に対する不信がある」とも指摘している（双方の引用とも根津 二〇一九、五）。もっとも、これはそうした「知る権利に奉仕すること」「権力を監視すること」を既存のメディアが達成できていないと認識されているから、メディアに対して「ネガティブな印象」を持つことになると考えることもできる。つまり、既存のメディアに対する批判があることをもって「知る権利への奉仕」「（本当の）権力を監視すること」それ自体の価値が否定的にとらえられているとすることには議論の余地があるように思われる。もちろん、時代や社会を広くとらえれば、シーバート／ピータスン（一九五三・一九五六）らの『マス・コミの自由に関する四理論』で整理された「権威主義理論」や「ソビエト・全体主義（共産主義）理論」のように、ジャーナリズムを国家の規制下に置かれてしかるべきものとしてとらえる考え方もあるので、もし現代日本社会がそうした理論に近い状況であるのならば「国民の知る権利へ奉仕」や「権力監視」を重視する考え方がなくなっていると評価することもできなくはない。

（18）メディア出身の女性国会議員に関してメディア史的研究の石田あゆうは、小池百合子を「放送系議員（メディアの中でもラジオ・テレビ業界出身の議員）」の「シンボル的存在」と位置づけている。石田によれば、小池は初当選直後の雑誌の対談で「永田町ブロードキャスター」を目指すと語っていたとされる（石田　二〇一八、三八〇参照）。

（19）有馬晋作が「なぜ橋下徹は批判しにくいのか（有馬　二〇一七a、二一八）」と指摘するように橋下市政・府政の方が「（政治の）ジャーナリズム化」の程度は高いかもしれないが、「（政治の）ジャーナリズム化」現象を抽出しやすい事例として小池都政を取り上げる。後述するように二〇一七年以降の豊洲市場問題に関しては、マス・メディアによる批判が十分にされたからである。

（20）第一三回新市場建設協議会（平成二〇年一二月四日開催）資料（新市場建設協議会の概要）https://www.shijou.metro.tokyo.lg.jp/gyosei/kaigi/shinshijo/gaiyo/13/　の資料4－1「資料4－1　築地市場移転決定に至る経緯」https://www.shijou.metro.tokyo.lg.jp/gyosei/pdf/gyosei/07/siryou/201204_4.pdf　（二〇二一年八月一日閲覧）

（21）第一三回新市場建設協議会（平成二〇年一二月四日開催）資料（新市場建設協議会の概要）https://www.shijou.metro.tokyo.lg.jp/gyosei/kaigi/shinshijo/gaiyo/13/　の「資料1　豊洲新市場予定地における土壌汚染対策等に関する専門家会議報告書のあらまし」https://www.shijou.metro.tokyo.lg.jp/gyosei/pdf/gyosei/07/siryou/201204_1.pdf　（二〇二一年八月一日閲覧）

（22）第八次東京都卸売市場整備計画（平成一七年一一月）では「平成二四年度目途」とされた。https://www.shijou.metro.tokyo.lg.jp/gyosei/pdf/gyosei/07/01/63_2.pdf　（二〇二一年八月一日閲覧）

第一七回新市場建設協議会（平成二七年七月一七日開催）では平成二六年一一月七日と決定した。https://www.shijou.metro.tokyo.lg.jp/gyosei/kaigi/shinshijo/gaiyo/17/　「資料1　豊洲新市場の開場日について」https://www.shijou.metro.tokyo.lg.jp/gyosei/pdf/gyosei/07/siryou/17siryou.pdf　（二〇二一年八月一日閲覧）

（23）東京都ホームページ「知事の部屋」知事記者会見 https://www.metro.tokyo.lg.jp/tosei/governor/governor/kishakaiken/2016/08/02.html（二〇二一年八月一日閲覧）

（24）https://www.metro.tokyo.lg.jp/tosei/governor/governor/kishakaiken/2016/08/12.html（二〇二一年八月一日閲覧）

（25）https://www.metro.tokyo.lg.jp/tosei/governor/governor/kishakaiken/2016/08/31.html（二〇二一年八月一日閲覧）

（26）https://www.metro.tokyo.lg.jp/tosei/governor/governor/kishakaiken/2016/09/10.htm（二〇二一年八月一日閲覧）

（27）『毎日新聞』はこの問題に関して、「そもそも、これだけ大きな設計変更について、関係部局での議論の経過が文書で残っていないとすれば、公文書管理の点からずさんと批判されても仕方ない。都庁は行政組織として重大な欠陥を抱えているといわざるを得ない（「豊洲市場　分からないとは何事か」『毎日新聞』二〇一六年一〇月一日）、「都のガバナンス（内部統制）の欠如は深刻だ。なぜ、こうしたことが起きるのか。背景をさらに検証し、抜本改革につなげるべきだ（「豊洲再検証　無責任の連鎖が見えた」『毎日新聞』二〇一六年一一月二日）」と知事の争点化に乗っかって、都政の批判をしている。

（28）https://www.metro.tokyo.lg.jp/tosei/governor/governor/kishakaiken/2017/03/24.html　なお四月二八日の会見では争点の一つになりうるとの見解を示している。https://www.metro.tokyo.lg.jp/tosei/governor/governor/kishakaiken/2017/04/28.html（二〇二一年八月一日閲覧）

（29）平成二十九年東京都議会会議録第四号（平成二九年三月二日）https://www.gikai.metro.tokyo.jp/record/proceedings/2017-1/04.html（二〇二一年八月一日閲覧）

（30）https://www.metro.tokyo.lg.jp/tosei/governor/governor/kishakaiken/2017/06/20.html（二〇二一年八月一日閲覧）

（31）本章では分析の都合上、新聞メディアを対象としたが、その点で大きな限界はある。おそらくテレビ番組の分析をすれば「権力者に立ち向かう政治家としての都知事」のイメージをより明確にできたと思う。また、政治家が自己のメディア（ＳＮＳやホームページ）を活用して「ジャーナリズム化」していく様子は、ＳＮＳの分析を行うことでより明確に示せるのではないかとも考えている。

引用・参照文献

有馬晋作（二〇一一）『劇場型首長の戦略と功罪』ミネルヴァ書房。

――（二〇一七ａ）『劇場型ポピュリズムの誕生』ミネルヴァ書房。

――（二〇一七ｂ）「劇場型ポピュリズムの観点から小池都知事を読み解く」『生活経済研究』二四五号、一七－二二頁。

ニック・クドリー著、山腰修三監訳（二〇二二＝二〇一八）『メディア・社会・世界』慶應義塾大学出版会。

ボブ・フランクリン他著・門奈直樹訳（日本語版監修）（二〇〇五＝二〇〇九）『ジャーナリズム用語事典』国書刊行会。

藤田博司（二〇一四）「ジャーナリズムの信頼確保のために」藤田博司・我孫子和夫『ジャーナリズムの規範と倫理』新聞通信調査会、三－一二頁。

石田あゆう（二〇一八）「自己メディア化する女性議員」佐藤卓己・河崎吉紀編（二〇一八）『近代日本のメディア議員』創元社、三五一－三九〇頁。

烏谷昌幸（二〇一八）「ニュースのフレーム」大井眞二・田村紀雄・鈴木雄雅編『現代ジャーナリズムを学ぶ人のために』世界思想社、一五八－一七三頁。

根津朝彦（二〇一九）『戦後ジャーナリズムの思想』東京大学出版会。

丹羽功（二〇一八）「利益団体の機能」「利益団体の活動」松田憲忠・岡田浩編『よくわかる政治過程論』ミネルヴァ書房、三四－三五、三八－三九頁。

松田憲忠・岡田浩編（二〇一八）『よくわかる政治過程論』ミネルヴァ書房。

小黒純（二〇一八）「取材と報道」大井眞二・田村紀雄・鈴木雄雅編『現代ジャーナリズムを学ぶ人のために』世界思想社、七二－九〇頁。

大井眞二（二〇一八）「メディア化時代のジャーナリズム」大井眞二・田村紀雄・鈴木雄雅編『現代ジャーナリズムを学ぶ人のために』世界思想社、一－二三頁。

大石泰彦（二〇二〇）「問題提起　『取材の自由』のない国で、いま起きていること」大石泰彦編『ジャーナリズムなき国のジャーナリズム論』彩流社、一二－五二頁。

大石裕（二〇一六）『コミュニケーション研究　第4版』慶應義塾大学出版会。

大嶽秀夫（二〇〇六）『小泉純一郎ポピュリズムの研究』東洋経済新報社。

佐藤卓己（二〇一八）「メディア政治家と『政治のメディア化』」佐藤卓己・河崎吉紀編『近代日本のメディア議員』創元社、九－六五頁。
F. S. シーバート、T. A. ピータスン、W. シュラム著、内川芳美訳（一九五三・一九五六）『マス・コミの自由に関する四理論』東京創元社。
谷藤悦史（二〇〇五）『現代メディアと政治』一藝社。

マックス・ウェーバー著、脇圭平訳（二〇二〇）『職業としての政治』岩波文庫。（※電子書籍）
山口仁（二〇一八）『メディアがつくる現実、メディアをめぐる現実』勁草書房。
――（二〇二〇）「ジャーナリズム研究の構築に必要な視座―佐藤卓己・河崎吉紀編「近代日本のメディア議員」の書評に代えて―」『京都メディア史年報』第六号、一三三―一四五頁。
――（二〇二一）「政治コミュニケーションと社会的構築主義」『法学研究』九三巻一二号、一八五―二〇五頁。
吉野孝（二〇一八）「政党の機能」松田憲忠・岡田浩編『よくわかる政治過程論』ミネルヴァ書房、一二一―一三三頁。
Cralson, M. 2015. "Introduction: the many boundaries of journalism", Cralson, M. and Lewis, S.C（Eds.）*Boundaries of JOURNALISM*, 1–19. Routledge.（※電子書籍）
Gurevitch, M. and Blumler, J.G. 1990. "Political Communication Systems and Democratic Value", Lichtenberg, J.（ed）*Democracy and Mass Media*, Cambridge University Press, 269–289.
Mcquail, D. 2010. *Mass Communication Theory 6th*, Sage.
Strömbäck, J. 2008. "Four Phases of Mediatization: An Analysis of the Mediatization of Politics", *International Journal of Press/Politics*, 13, 228–246.

第4章　韓国社会におけるメディアシニシズムと政治コミュニケーション

李　光鎬

はじめに

韓国には「ギレギ」という言葉がある。記者の「ギ」とゴミを意味するスレギの「レギ」が合わさって作られた合成語で、「ゴミのような記事を書く記者」という意味である。ジョン（二〇二〇）の記事によれば、二〇一一年二月、ガールズグループ「ＫＡＲＡ」のファンたちが、ＫＡＲＡの不仲説を執拗に取材した記者たちへの批判にこの言葉を使ったのが最初とされる。それからしばらくは、ネット上で限定的に使われる隠語であったが、二〇一四年四月に起きたセウォル号沈没事故をめぐる報道メディアの過剰な取材競争を批判する中で、一般の人々の間でも広く使われるようになったようである。あの事故が起きてからの三か月間、ＳＮＳ上では一四万五千件を超えるギレギへの言及があったという。

使われはじめてからちょうど一〇年後にあたる二〇二一年三月、韓国の最高裁は、検索サイトDaumに掲載されたある記事に対して「こういうのをギレギと言いますよね」というコメントをつけ、記事の書き手を侮辱したとして訴えられた人に、一審と二審の有罪判決（侮辱罪、罰金三〇万ウォン）を覆し、無罪を言い渡した。報道によれば、無罪判決の理由は、「〝ギレギ〟という言葉は、記事の内容や記者の行いを批判する文章で比較的広く使用される言葉で、当該の記事に対する他のコメントと比較しても著しく悪意的とは言い難い」というものであった（ジャン、二〇二一：傍点は筆者による）。ジャーナリストに対する蔑称が、もはや人格に対することさらな攻撃としてのニュアンスを失うほど日常化している実態が、この事例によく表れている。

先ほどのジョン（二〇二〇）の記事によれば、ギレギという言葉への言及は、ムン・ジェイン大統領が就任した二〇一七年五月前後の三か月間には六四万二千件ほどに増え、チョ・グック前法相の不正疑惑に関する報道が続いていた二〇一九年八月前後の三か月間には一二七万四千件へと急増している。最初は、行き過ぎた取材慣行に向けられていた批判が、二〇一七年の政権交代を機に保守と革新の対立が尖鋭化したことによって、報道メディアの政治的志向をめぐる非難合戦へと転じたことが、このような数値の変化に反映されているのかもしれない。

いずれにしても、膨大な数のギレギへの言及が、連日SNS上に書き込まれている。[1] SNSの書き込みだけではない。イとイ（二〇二〇）は「ギレギ」というキーワードを含んでいる新聞記事のテキストマイニングを行っているが、二〇一〇年一月一日から二〇一九年一二月三一日までの間に一四六五件が対象記事として検索されたとしている。

韓国言論振興財団（二〇二〇）が二〇二〇年に行ったオーディエンス調査によれば、韓国のジャーナリストに対する専門性、社会的影響力、社会貢献度に対する評価は、すべて中点の三を超える高評価であったが、道徳性に対する評価のみ二・九九（n＝五〇一〇）と低く、職業群としてのジャーナリストに対する信頼度評価も中点を下回る二・九八で、宗教人（二・八二）と政治家（二・六一）のそれより少しだけ高い水準であった。

そして、このようなオーディエンスの低い評価は、ジャーナリスト自身の職業満足感にも影響を与えている。同じく韓国言論振興財団（二〇一九）が二〇一九年に行った言論人調査によれば、編集・報道に従事する記者たちのモチベーションの変化を尋ねる質問に対し、「低下した」という回答は六二・九％（n＝一九五六）に上っており、その理由として三三・一％のジャーナリストが「言論人に対する社会的評価の下落」を挙げている。

この章では、「ギレギ」という蔑称に象徴的に表れている、韓国社会のメディアシニシズム（media cynicism）の問題を取り上げ、二〇一九年と二〇二〇年の二回にわたって筆者が行った調査データから、まずその実態を確認した後、何がそのような報道メディアに対する否定的態度をもたらしているのか、そして韓国の市民たちの政治コミュニケーションにそのような否定的態度がどのような結果をもたらしているのかについて詳しく見ていきたい。

1　メディアシニシズムとは何か

韓国社会におけるメディアシニシズムの実態を確かめる前に、まず、本章で用いているメディアシニシズムという概念について少し述べておきたい。この概念は、Cappella & Jamieson（1996）が News frames, political cynicism, and media cynicism というタイトルの論文で指摘したことに端を発している。

彼ら（1996, 1997）は、ニュース報道のフレームによっては、政治報道が政府や政策議論、政治キャンペーンに対する人々のシニシズム（政治シニシズム）に直接的な影響を与えうると主張し、それを実証して注目を浴びた。政治家の利己的動機や戦略的行為に焦点を当てる「戦略的フレーム」の報道によって、有権者の政治に対する不信感、嫌悪感が強まり、ひいては政治への無関心、無関与、不参加が進むというのである。

彼ら（1996）はさらに、メディアのこのような報道が、政治に対するシニシズムだけでなく、メディアに対するシニシズムをもたらす可能性があると指摘する中で、「メディアシニシズム」というアイデアを提示した。

「[メディア]に対する信頼は落ちている。これは部分的にはメディアが撒いた公衆のシニシズムの種によるものかもしれない。政治制度や政治過程に対する公衆の不信は、それらの制度に関する情報の保持者、すなわちニュースメディアそのものにも適用されうる。」(p. 83)

ただ、彼らはこの論文の中で、メディアシニシズムについての明確な定義は行っていない。メディアに対する不信や信頼に関する調査データを引用しながら、メディアシニシズムについて考察しているところを見ると、メディアシニシズムを概ね「メディア不信」と同等のものとして扱っているようにも見えるが、その一方で、メディアに対してシニカルな人(media cynics)は「ジャーナリストが政治過程を歪めていると思っている」(p. 84)と記しており、メディアシニシズムの概念にメディア不信以外の別の次元を加えているようにも見える。

一九九七年に出版された彼らの著書 *Spiral of Cynicism* には、調査で使われたメディアシニシズム尺度の一部が紹介されているが、それはメディア不信を測るというよりは、知る権利への応答、公正客観報道、商業的動機、ニュース報道全般に対する好悪の態度や社会問題の解決におけるメディアの貢献に対する評価など、様々な側面における報道メディアのパフォーマンスや利己的動機を意識したものになっていて、彼らの政治シニシズム尺度に類似した構成になっている。(2)

いずれにしても、Cappella & Jamieson(1996, 1997)の考えていたメディアシニシズムの概念がどのようなものであったかは必ずしも明確ではないが、単なるメディア不信ではない、何かメディアのパフォーマンスに対する主観的知識や信念に基づいて形成される否定的態度を含んでいたことは明らかである。そして、調査において、政治シニシズムる。

の尺度と類似した項目を用いているところを見ると、ジャーナリストやメディア組織の利己的動機やそのための戦略的行為の認知に基づいた否定的態度が、メディアシニシズムの中心的な内容として考えられていたと見ることができる。

メディアシニシズムという彼らのアイデアは、しかしその後あまり注目されていない。彼ら自身もこれについての後続研究を行っていないし、一部の研究者は「政治に対するメディアの批判的報道態度」を表す全く別の意味として、すなわち「メディアのシニシズム」として、この言葉を用いたりもしている。(3)

メディアシニシズムという概念をより明確に定義する上で、Dekker & Meijerink（2012）の政治シニシズムの概念に対する検討は多くの示唆を与えてくれる。彼らは、シニシズムは不信とも、懐疑とも、無関心とも異なると指摘する。彼らによれば、不信（mistrust）は、相手の将来の行為に対する予測不可能性を含んでいる態度であり、懐疑（skepticism）は、疑問を感じ、情報を求めようとする態度であるが、シニシズムは、むしろ将来の行為までを見通し、相手についてすべてを知っていると思うことから生まれる態度である。また彼らは、無関心であれば、あまりその相手について考えず、行動も起こさないが、シニカルであれば、相手に対して積極的に動くとも論じている。このような検討を踏まえ彼らは、政治シニシズムの概念を「政治の行為主体、政治機関、政治のシステム全体が、道徳性と能力を欠いているという信念から形成される否定的な政治態度である」（p.35）と定義するのである。

ただ、シニカル（cynical）という言葉には、「否定的」という一般的な意味よりは、相手を「さげすみ、あざける」という、より具体的で限定的な態度内容のニュアンスが含まれている。したがって本章では、シニシズムという言葉のこのような意味を反映させ、「報道の行為主体、報道機関、または報道の制度全体が、道徳性と能力を欠いているという信念から形成され、それらをさげすみ、あざける態度」としてメディアシニシズムを定義している。

2　メディアシニシズムの政治心理学

前節で定義したメディアシニシズムの概念は、認知的成分と態度的成分で構成されており、認知的成分はさらに二つの要素を含んでいる。

まず一つ目の認知的成分は、メディアのパフォーマンスに対する主観的知識や信念であり、これは、報道主体の報道実践が、当該社会における報道規範をどれくらい満たしているかに関する個人の知覚である。民主主義社会であれば、報道の正確性、客観性、中立性、知る権利への応答などに対するパフォーマンス評価がこれに該当する。

もう一つの認知的成分は、メディアの道徳性に対する評価である。道徳性の評価は様々な次元で測定可能であるが、ここではCappella & Jamieson（1997）の政治シニシズムの概念と同じく、利己的動機の知覚だけに注目し、ジャーナリストや報道機関が公共の利益よりも私的な利益をどれくらい追求しているかに対する評価を含めている。

態度的成分は、右記の認知的成分を基にして形成される軽蔑的態度である。

2－1　党派性、敵対的メディア認知、メディアシニシズムの関係

メディアシニシズムという構成概念をこのように分解してみると、メディアのパフォーマンス評価や道徳性評価を低下させるものは、メディアシニシズムをもたらす要因になりうることが分かる。そういう要因は様々に考えられるが、本節で特に注目する要因の一つは、Valloneら（1985）の実験において発見された「敵対的メディア認知」（hostile media perception）である。

敵対的メディア認知とは、同一の報道内容に対して党派的な人々が感じる認知の歪みのことで、報道内容が自陣営に対して敵対的であると知覚する傾向を指す。この現象をめぐっては、最初、エスニシティのような集団所属（例え

ばイスラエルvsアラブなど）がもたらす「特定の政治報道に対する偏った情報処理」が注目されたが、後続研究においては、中絶などの社会的争点やスポーツ報道においても同様の現象が起きていることが明らかにされている（Giner-Sorolla & Chaiken, 1994; Arpan & Raney, 2003; Hansen & Kim, 2011）。

また、従来の敵対的メディア認知の概念は、「特定の」または「一連の」報道内容に対する認知を意味するものとして定義されてきたが（Gunther & Schmitt, 2004; Gunther et al., 2009; Perloff, 2015）、李（二〇一九）はその範囲をさらに広げ、「特定の報道機関」に対しても成立しうるものとして捉え直している。すなわち、ある特定の報道機関が、複数の争点にわたって持続的に自分と対立する立場を支持する報道を行う（と知覚する）場合、敵対的メディア認知は、特定の報道内容だけでなく、特定の報道機関そのものに対しても形成されうると考えられるのである。これまでの研究においては、このような形で報道機関そのものを敵対的な認知の対象として捉えることはあまり行われていないが、今日の政治状況において、メディアに対するオーディエンスの否定的反応の実態や動態を捉えるためには、このような概念の拡張が必要であり、かつ有効であると考える。

このような敵対的メディア認知が、報道機関のパフォーマンス評価や道徳性評価を低下させる過程は、認知的不協和理論（Festinger, 1957）によって容易に理解できる。自分に「敵対」している報道機関が、「正確で、客観的で、中立的で、知る権利に応える」報道を行っており、「公共の利益のために」そういう報道を行っているという認知は、自分または自陣営は正しいという自己認識との間で不協和をきたすため、そのような不協和の発生を抑制・解消するためには、敵対するメディアのパフォーマンス評価や道徳性評価を低下させなければならないからである。

さて、このような敵対的メディア認知自体は、様々な争点に対する態度の強さに影響されると考えられる。ある争点に対して強い態度を持っているほど、その争点に関する特定の報道が自分の態度と異なる確率や度合いは大きくなるからである。さらに、ある個人が、複数の争点にわたって強い態度を持っていて、それらの複数の争点に関する特定の報道機関の報道が一貫して自分の態度と異なる場合に、敵対的メディア認知は最も強くなると推論できる。複数の争点に対する一貫した態度を「党派性」とするならば、そのような党派性の「強さ」は、敵対的メディア認知を発生させる主要な要因になりうる。このような三変数の関係、すなわち「党派性の強さ→敵対的メディア認知→メディアシニシズム」の関係は、韓国での調査データを分析した李（二〇二〇a）において検証されている。

さらに、「メディアの党派性認知」、すなわち複数の争点にわたって特定の報道機関が一貫した態度を持っているという認識も敵対的メディア認知に影響する可能性がある。党派性の強い個人は、自分とは異なる方向で党派性が強い（と知覚している）メディアに対して、最も強く敵対的メディア認知を経験するだろうと予測できる。これは、特定の報道機関が複数の争点に対して実際にどのような論調を展開しているのかということとは別に、どのようであると思っているのかという認知の問題である。例えば、日本においては読売、産経、日本経済新聞が保守系で、朝日、毎日、東京新聞が革新系であると見られているが、実際の報道内容がどうなのかということとは別に、このような「評判」を受け入れているだけで、それぞれの新聞の実際の読者でもない人々の間でさえ、敵対的なメディア認知は生起する可能性がある。

2－2　敵対的メディア認知からメディアシニシズムへの拡大

一方で、対立するメディアに対する敵対的メディア認知が、自陣営のメディアも含む「メディア一般」に対してのシニカルな態度につながる過程はどのように説明すればよいのであろうか。これについては、Schwarz & Bless（1992）の「包含・排除による同化と対比効果モデル」（inclusion/exclusion model of assimilation and contrast effect）に手がかりを求めることができる。

我々は、ある判断を行う際に、その判断対象と判断基準についての暫定的な表象を頭の中に作るのであるが、その判断基準の表象を作る上で用いられる情報が判断対象に包含されるものであれば同化効果が発生し、判断対象から排除されるものであれば対比効果が発生するというのが、彼らの理論の基本的な命題である。彼ら（1992）がドイツの大学生三二名を参加者にして行った実験では、参加者にスキャンダルを起こした政治家の名前を書かせた後、「政治家一般」に対する信頼性を尋ねた場合と「個人の政治家」の名前を挙げて信頼性を尋ねた場合に、スキャンダルを起こした政治家の名前を書かせていない参加者との比較において、「政治家一般」に対する信頼性は有意に低くなり、特定の「個人の政治家」に対する信頼性は有意に高くなることが確認されている。前者の「政治家一般」という判断対象は、スキャンダルを起こした政治家という判断基準を包含しているため同化効果が生じ、後者の特定の「個人の政治家」という判断対象は、スキャンダルを起こした政治家という判断基準を排除しているため、対比効果が発生したためであると見られる。

敵対的メディア認知が「メディア一般」に対するシニシズムをもたらす過程もこのようなメカニズムによって説明することができる。「メディア一般」に対する評価を行う際に、敵対的メディア認知が高い個人の頭の中では、「敵対しているメディア」が「メディア一般」に包含されるため同化効果が起き、敵対的メディア認知が低い個人に比べて、「メディア一般」に対する評価が低くなることが予想される(4)。

ただ、このような一種の「認知的バイアス」としてではなく、意識的で、理性的な評価の過程として、敵対的メディア認知がメディアシニシズムへ拡大していく過程を説明することもできそうである。贔屓にしているメディアの党派性には満足している場合でも、それらのジャーナリズム実践が必ずしも中立公正や包括的な事実報道などのプロフェッショナリズムを遵守していないとすれば、それを反省的に認識することは十分に可能であり、敵対しているメディアの様々な「問題」を、贔屓にしているメディアの中でも見つけ、それをメディア全体の普遍的な問題として一般化する思考は、それほど難しいことでもないように思われる。敵対している陣営間で互いのメディアを批判し合うようなことが起きている状況であれば、なおさらであろう。

このことと関連して、メディアシニシズムを促進する効果を持つ要因として「メディア批判言説への接触」を挙げることができる。ＳＮＳやポータルサイトのニュース報道に続く読者コメント欄などでは、報道メディアに対する批判を目にすることも多い。例えば日本のツイッター上では、「#朝日新聞廃業しろ」や「#ＮＨＫ解体」など、特定の報道機関への強い反感を顕にしているハッシュタグなどが投稿に使われている。韓国では、ＮＡＶＥＲなどのポータルサイトや報道機関のＷｅｂサイトにおける記事一件ごとに、読者がコメントを書き込める掲示板が用意されており、ＹｏｕＴｕｂｅで生放送されるニュース番組などでもチャット形式でコメントを書き込めるようになっているが、このようなコメントの中には、高い頻度で報道機関に対する批判や罵倒が含まれている。また、身近な人との日常的な会話の中でもメディア批判言説に接することがありうる。正木（二〇二〇）の調査によれば、テレビの報道が中立性・公平性を欠いていると感じた場合に「周りの人（家族や友人、同僚など）に話す」という行動意図が有意に高まることが明らかにされている。このようなメディア批判言説への接触が、「メディア一般」のパフォーマンスや道徳性に対する評価を低下させることで、メディアシニシズムを助長する可能性がある。

2-3　メディアシニシズムと政治コミュニケーション

メディアシニシズムが強まると、特に政治情報源としての利用を中心にメディアの利用パターンが異なってくる可能性がある。全国紙や全国ネットのテレビ報道のようないわゆる既成ジャーナリズムの担い手である主流のマスメディアに対する利用が減少し、より自分の党派性に合致する代案的メディア（alternative media）への選択的接触が増えると考えられる（Tsfati & Peri, 2006; Iyengar & Hahn, 2009; Omar & Ahrari, 2020）。

例えばTsfati & Peri（2006）は、イスラエルで一二一九名に電話サーベイを行い、発行部数の多い三大新聞やテレビ局などの主流メディアに対する懐疑的な態度（media skepticism）[5]が強いほど、より政派的・宗派的なメディアやアラブ系・ロシア系の国外由来メディアなどの非主流メディアへの接触が増えることを示している。また、主流メディアへの懐疑的態度が強いからといってそれらのメディアを利用しないわけではないが、非主流メディアへの接触が多いほど主流メディアへの接触が少ないという結果が出されている。李（二〇二〇a）は、韓国で行った調査において、メディアシニシズムが強い人ほど、政治情報源として地上波テレビを利用しない傾向があることを見出しているが、その関連性は弱い（$r = -.172, p < .01$）。

理論上は、メディアシニシズムが強まれば、主流の報道メディアに対する利用が低下することが予想されるが、この場合、低下するのは信頼できる情報源としての利用であって、別の仕方での利用はそのまま継続されるか、むしろ増える可能性も想定できる。党派的に対立する陣営の主張や計画を把握しておくための「戦略的利用」や、それを揶揄し、罵倒し、軽蔑することを通じて痛快さを感じたり、怒りを発散したり、優越感に浸ったりする「感情的利用」、自陣営を応援しながら党派的対決のスリルを楽しむ「娯楽的利用」などは、むしろメディアシニシズムによってより多く行われる可能性も考えられるのである。

メディアシニシズムは、メディアの世論媒介機能に対する「諦め」にも通じる態度である。市民の様々な意見が政治過程に正しく反映されることを期待できないという「失望」や「落胆」でもある。したがって、メディアによる代議的な意見表明を止め、デモのような直接的意見表明の手段に訴えようとする行動傾向が、メディアシニシズムによって強まるだろうと予想することもできる。場合によっては、破壊行為やテロなどの暴力による意思表示へと激化することもありうるだろう。Tsafati & Cohen（2005）がガザ地区のユダヤ人入植者を対象に行った調査では、独立変数がメディアシニシズムではなく「メディア不信」ではあったが、敵対的メディア認知によって高まったメディア不信が、民主的手続きに対する有効性感覚を低下させ、当時のシャロン政権が進めようとした移住政策に対し「暴力的な手段」で抵抗しようとする行動意図を高めたことが明らかにされ、敵対的メディア認知→メディア不信→民主主義不信→暴力的抵抗の連続的な関係が検証された。

前述したもののほかにも、本章では詳しく取り上げないが、政治シニシズムの促進や社会的信頼の侵食（Cappella & Jamieson, 1997; Cappella, 2002）、情報の選択的共有行動への影響（Johnson et al., 2020; Lee, 2021）、フェイクニュースへの脆弱化（Pennycook & Rand, 2019; Sindermann et al., 2020）、「ポスト真実主義的態度」の促進（李、二〇二一）などもメディアシニシズムが政治コミュニケーションに対してもたらしうる結果として今後検討していく必要がある。

3　韓国社会におけるメディアシニシズムの実態

それでは、韓国社会におけるメディアシニシズムの実態を確認することから始めよう。図4‐1は、メディアシニシズムを捉えるために設けた一三項目[6]に対する肯定的回答（「とてもそう思う」と「ややそう思う」の合計）の比率を示したものである。調査は、二〇一九年一月（n＝一〇七五）と二〇二〇年一月（n＝一一六八）にそれぞれ韓国の首都圏居住者を対象に、Ｗｅｂ調査会社に委託し、募集型で行った。以降のすべての集計および分析にはＨＡＤ（清水、二〇一六）を利用した。

まず、図4‐1における全体的な傾向として、二〇一九年と二〇二〇年の二回分の結果が極めて類似していることが確認できる。項目ごとに見ていくと、ジャーナリスト個人に対する評価項目では、「多くの言論人は政治、経済、社会、文化各分野の有力な人たちと親しい関係を結んでおり、結ぼうと努力している」という項目が二年連続で七〇％を超えていて最も高く、「多くの言論人は適当な時期に政界に進出しようと機会を窺っている」が六五％前後、「多くの言論人は、報道の影響力を利用し、いい待遇を受けたり、私益を得ている」も六〇％前後と高い。ジャーナ

図 4-1　メディアシニシズムの各項目に対する肯定的回答の比率

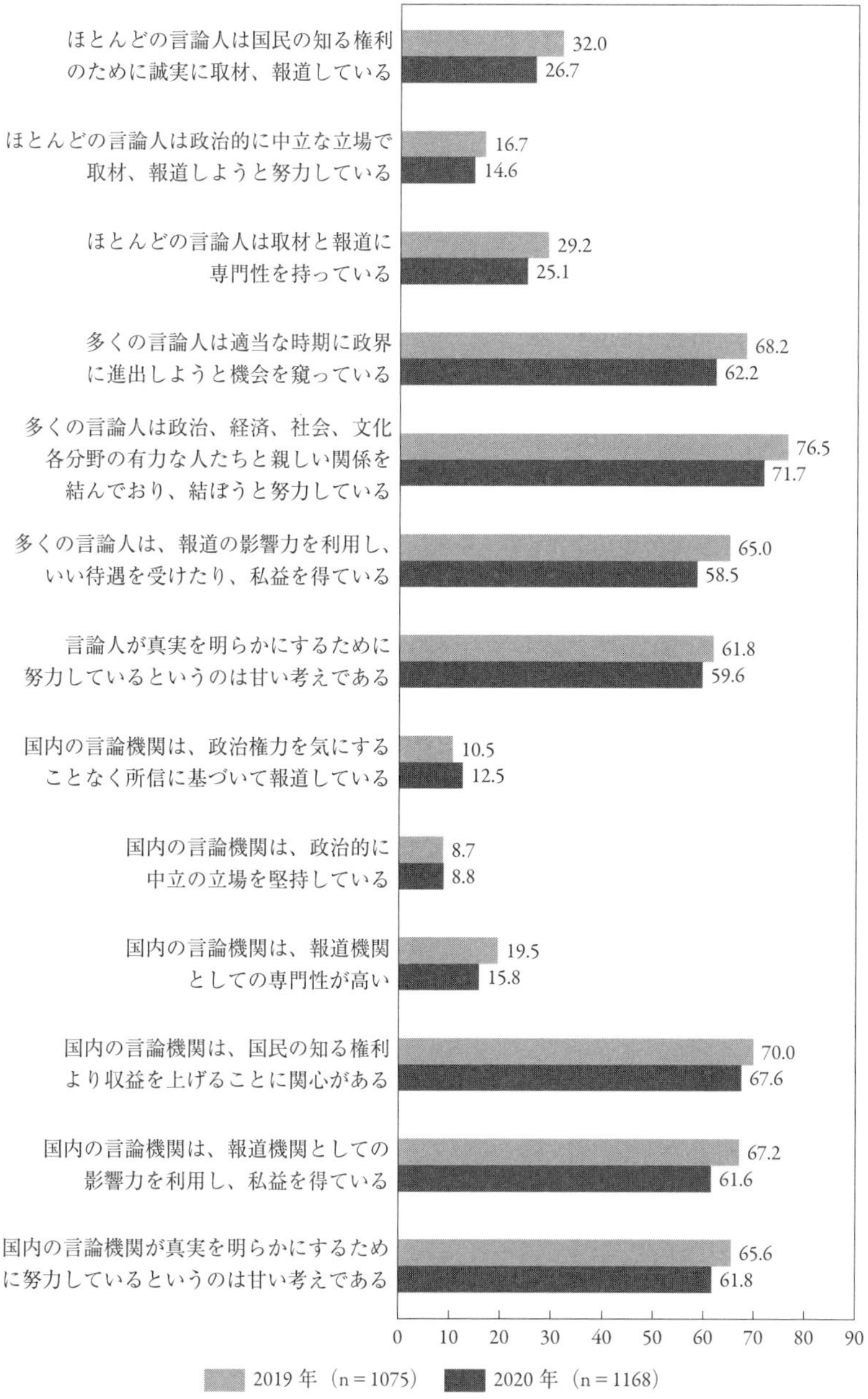
ほとんどの言論人は国民の知る権利のために誠実に取材、報道している
32.0
26.7
ほとんどの言論人は政治的に中立な立場で取材、報道しようと努力している
16.7
14.6
ほとんどの言論人は取材と報道に専門性を持っている
29.2
25.1
多くの言論人は適当な時期に政界に進出しようと機会を窺っている
68.2
62.2
多くの言論人は政治、経済、社会、文化各分野の有力な人たちと親しい関係を結んでおり、結ぼうと努力している
76.5
71.7
多くの言論人は、報道の影響力を利用し、いい待遇を受けたり、私益を得ている
65.0
58.5
言論人が真実を明らかにするために努力しているというのは甘い考えである
61.8
59.6
国内の言論機関は、政治権力を気にすることなく所信に基づいて報道している
10.5
12.5
国内の言論機関は、政治的に中立の立場を堅持している
8.7
8.8
国内の言論機関は、報道機関としての専門性が高い
19.5
15.8
国内の言論機関は、国民の知る権利より収益を上げることに関心がある
70.0
67.6
国内の言論機関は、報道機関としての影響力を利用し、私益を得ている
67.2
61.6
国内の言論機関が真実を明らかにするために努力しているというのは甘い考えである
65.6
61.8
0 10 20 30 40 50 60 70 80 90
2019 年（n = 1075）
2020 年（n = 1168）

リストが社会のエリートと親密な関係を形成し、それをテコに個人的な利益を追求したり、権力を得ようとしているという見方がかなり広まっていることが分かる。

一方で、ジャーナリストとしての職務に対する評価は軒並み低く、「ほとんどの言論人は政治的に中立な立場で取材、報道しようと努力している」一五％前後、「ほとんどの言論人は国民の知る権利のために誠実に取材、報道している」三〇％前後、「ほとんどの言論人は取材と報道に専門性をもっている」二五％強など、すべて五〇％を下回っている。パフォーマンスは低いのに、利己的な動機ばかり強い集団として見られている様子が窺える。そして、ジャーナリストに対するそのような見方は、「言論人が真実を明らかにするために努力しているというのは甘い考えである」という冷笑的な意見への強い同意（六〇％前後）となって表れている。

組織としての言論機関に対するメディアシニシズムも同様の様相を見せている。言論機関としての専門性に対する肯定的回答の比率は二年連続で一五％強、権力からの独立は一〇％強ほどで、政治的中立性に至っては一〇％をも下回るなど、メディアとしての公共的パフォーマンスに対する評価は著しく低い。その一方で、「国内の言論機関は、国民の知る権利より収益を上げることに関心がある」に対しては約七〇％の回答者が、「国内の言論機関としての影響力を利用し、私益を得ている」に対しても六〇％以上が「そう思っている」と答え、報道機関の利己的動機や振る舞いを強く認識していることが示された。そしてこのような評価は、「国内の言論機関が真実を明らかにするために努力しているというのは甘い考えである」というシニカルな態度へとつながっているのである（二〇一九年六五・六％、二〇二〇年六一・八％）。

このようなメディアシニシズムの認識および態度は、各属性集団間でもかなり類似していた。例えば、二〇二〇年の場合、「多くの言論人は適当な時期に政治に進出しようと機会を窺っている」という項目に対する男性の平均値（範囲＝1～5）は三・七二（n＝五九一）、女性は三・六九（n＝五七七）で、ほとんど差がない。報道機関の政治的中立性と専門性に対する評価においてのみ女性が男性より有意に肯定的評価をする傾向があったが、平均値はいずれの項目も、男女ともに三点を下回る否定的な評価で、その差は〇・一五くらいの小さいものであった。

年齢層による違いもほとんど見られない。二〇代～三〇代と六〇代との間で有意差が見られた項目はいくつかあったが、他のどの年齢層の比較においても有意差が見られた項目はなく、全体的に非常に類似した結果になっていた。年齢層による違いが比較的大きかった項目は、「多くの言論人は適当な時期に政治に進出しようと機会を窺っている」というもので、これに関しては三〇代三・四九、六〇代三・九六となり、比較的大きな差が見られた。どの年齢層もジャーナリストの政界進出意向を強く肯定する意見を持っているが、特に五〇代、六〇代の人々においてそのような傾向が強かった。

調査対象者の政治的志向性による違いもあまり大きくなかった。七段階で測定した政治的志向性を、保守・中道・革新の三グループに振り直し、メディアシニシズムの違いを比べてみた結果は、一三項目すべてにおいて統計的に有意であったが、各項目の平均値にはあまり大きな差がなかった。最も大きな差が見られた「国内の言論機関は、国民の知る権利より収益を上げることに関心がある」という項目に対してでさえ、自分を「保守」であると回答した人々の平均値は三・七六、「中道」三・七〇、「革新」四・〇六で、その差は、「中道」と「革新」の間で〇・三六、「保守」と「革新」の間で〇・三〇と小さかった。

韓国のジャーナリストおよび報道メディアが、言論機関として期待されている職務をうまく果たせず、私的な利益の追求に走っているという認識は、それこそ「老若男女」、「右と左」にかかわらず、韓国社会全体に広範に広がっているという状況が二回の調査の結果として明確に表れている。(7)

4 党派性の強さと敵対的メディア認知、メディアシニシズムの関係

第2節で述べたように、党派性の強さは敵対的メディア認知を高める可能性があり、敵対的メディア認知はメディアシニシズムをもたらすと考えられる。そして、メディア批判言説への頻繁な接触は、一部のメディアに対する敵対的メディア認知がメディア全般に対するシニシズムへと拡大する過程に対して影響を与えている可能性がある。本節では、これらの関連性について分析していく。

その前にまず、回答者の政治的志向と敵対的メディア認知の分布を確認しておこう。回答者の政治的志向は、二〇一九年の調査では保守―革新の五段階、二〇二〇年の調査では七段階で調べているが（両年とも得点が高いほど革新）、自分を中道であると回答した人は、二〇一九年四六・一％、二〇二〇年四〇・五％で、半分以上の回答者は自分の政治的志向を保守か革新かのどちらかに分類していた。両年とも、自分の政治的志向を革新であると回答した人が多く、二〇一九年は一八・一対三五・八％、二〇二〇年は二〇・八対三八・七％の分布であった。

敵対的メディア認知は、図4-2に示されているように、二〇一九年と二〇二〇年の間であまり差がなかった。両年とも、回答者の約半数が、敵対的に感じる報道機関が「少しある」と答えており、「多い」という人は、一三％～一五％くらいである。回答者の約三分の二が、何らかの報道機関に対して自分と敵対していると感じているという結果で、韓国社会に敵対的メディア認知がかなり広範囲に広がっていることが分かる。

政治的志向の違いによる敵対的メディア認知の平均値（範囲＝1～4）の差は、すべての集団間で有意であった（p <.001）。最も強い敵対的メディア認知を見せたのは「革新」の人々で三・〇三、「保守」は二・七四でそれより少し低く、「中道」の人々は二・四九で最も低かった。

それでは、保守であれ革新であれ、その党派性の強さと敵対的メディア認知およびメディアシニシズムの関係は、

図4-2　敵対的に感じる報道機関の多さの分布

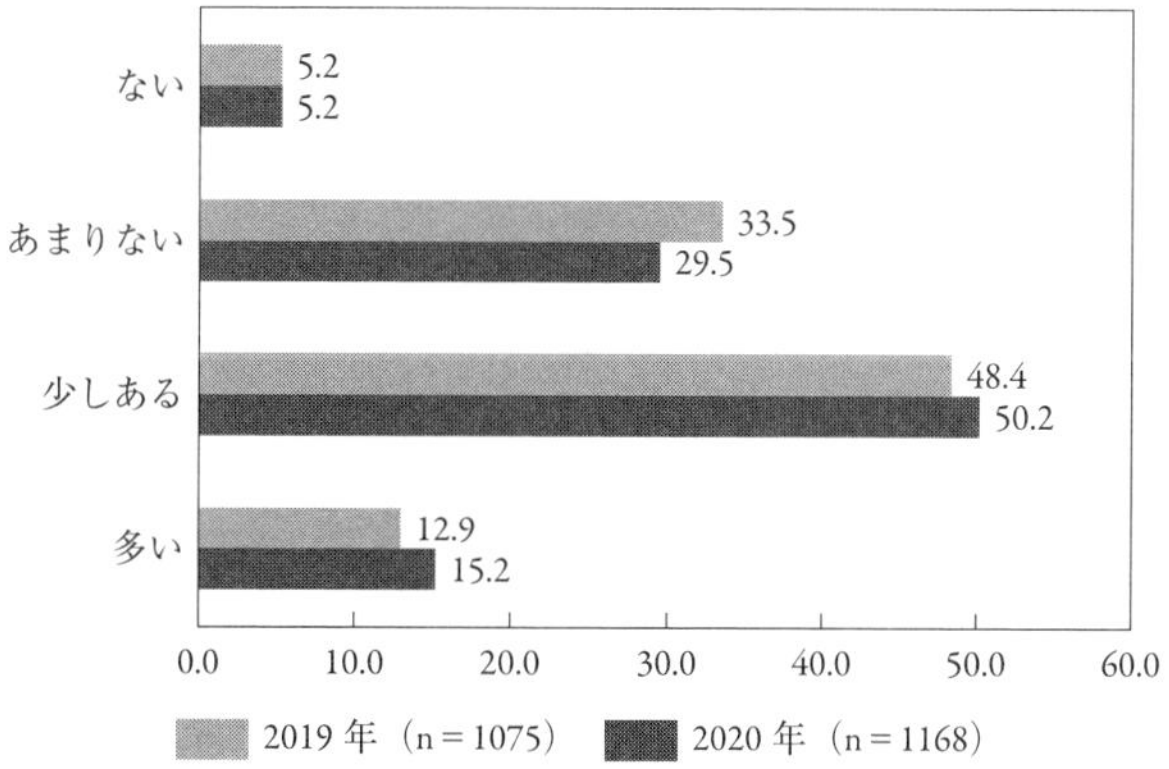

図4-3　党派性の強さ、敵対的メディア認知、メディアシニシズムの関係

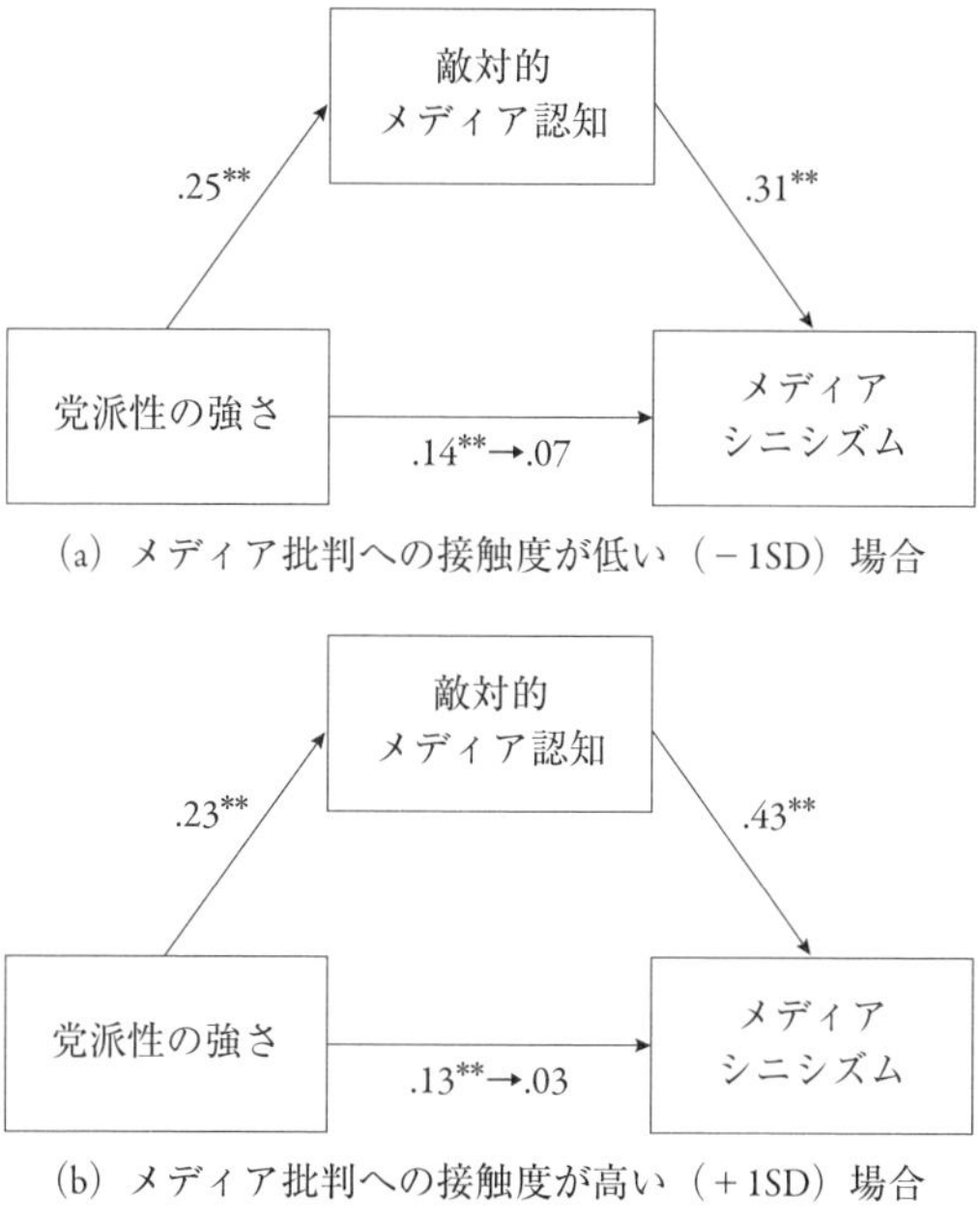

注：係数は標準化係数、$^{**}p<.001$

どのようになっているのであろうか。そして、メディア批判言説への接触度は、この三変数の関係にどのような影響を与えているのであろうか。ここでは二〇二〇年のデータをもとにその関連性を見てみよう(8)。

図4-3の(a)は、メディア批判言説への接触度が相対的に低い人々、そして(b)はそれが相対的に高い人々における三変数の関連性をそれぞれ示したものである。どちらも、党派性の強さが敵対的メディア認知を高め、敵対的メディア認知はメディアシニシズムを高めていることが明らかになっている。そして、同じくどちらも、党派性の強さとメディアシニシズムの間に存在していた両変数間の直接的関連性は、敵対的メディア認知を投入したことによってすべて媒介され、有意ではなくなっている。すなわち、本節で想定しているような、「党派性の強さ→敵対的メディア認知→メディアシニシズム」へ至る三変数の連続的な関連性が存在していることが示された。

また、(a)と(b)を比較してみると、敵対的メディア認知とメディアシニシズムの間の関連が、(a)よりも(b)において強くなっている(.31→.43)ことが分かる。すなわち、メディア批判言説への接触度が高い人々において、敵対的メディア認知とメディアシニシズムの関連がより強くなるということである。第2節で推論したように、一部のメディアに対する敵対的メディア認知が、メディア批判言説への度重なる接触によって、メディア全体へのシニカルな態度に転化している可能性を示唆する結果である。

5　メディアシニシズムと政治情報源の利用

第2節で述べたように、メディアシニシズムが高くなれば、既存の報道メディアに対する接触は相対的に少なくなることが予想される。一方で、自身の政治的志向と一致する代案的政治情報源への接触は多くなることが予想される。このような仮説を検証するために、ここでは二〇一九年のデータをもとに(9)、各政治情報源の利用数とメディアシニシズムとの相関分析を行った(10)。

それでは分析結果を見てみよう。まず、各政治情報源の平均利用数であるが、テレビ三・四一、新聞二・一一、ポッドキャスト〇・八九、YouTube一・〇〇であった。やはりテレビが政治情報源として最も多く利用されているが、新聞も二紙を超え、二番目に多く利用される政治情報源となっている。韓国では、NAVERやDaumなどのポータルサイト経由で新聞を読むことがほぼ一般化しているが、そのような状況がこの結果に表れている。

さて、メディアシニシズムとテレビ視聴数との間には、有意な負の相関（$r=-.172$）があった。強い関連ではないが、予想通り、メディアシニシズムが高くなるにつれて、既存のテレビニュースを政治情報源として利用する傾向が弱くなっていた。しかし、新聞利用数との間には有意な相関がなかった。新聞の利用数を、保守系新聞と革新系新聞にさらに分けて相関係数を算出してみても、特に目立った関係性は見られなかった。また、予想に反し、ポッドキャストやYouTube上で増え続けている代案的な政治情報源の利用数との間でも有意な相関は見られなかった。

政治情報源の利用数と有意な相関を多く持っていたのは、政治的志向であった。テレビ視聴数との間には$r=-.106$（$p<.01$）の有意な相関があり、保守であるほどテレビを多く利用する傾向があった。政治的志向と新聞閲読数の間には有意な相関が見られなかったが、新聞を保守系と革新系に分けてさらに分析してみると、政治的志向と新聞閲読数の間には「選択的接触」の傾向が存在していた。政治的志向と保守系新聞利用数の間には$r=-.193$、革新系新聞利用数との間には$r=.102$の有意な相関があり、弱い相関ではあるが、個人の政治的志向が保守であるほど保守系新聞を、革新であるほど革新系新聞をより多く利用している傾向が見られた。

選択的接触の傾向は、ポッドキャストの聴取においても表れていた。政治的志向とポッドキャスト聴取数との間には$r=.131$の正の相関があり、政治的志向が革新であるほどポッドキャストの聴取数が多い。調査時点の韓国におけるポッドキャストのチャンネルは、そのほとんどが革新系のものであったため、正の相関係数は選択的接触の傾向を示すものである。

YouTube上の保守系チャンネルと革新系チャンネルの視聴数も、政治的志向との間で有意な相関を持っていた。その関係の方向性は新聞のそれと同じで、保守系チャンネルとは負の相関（$r=-.112$）、革新系チャンネルとは正の相関（$r=.167$）を持っていた。すなわち、政治的に革新であるほどYouTube上の保守系チャンネルの視聴は少なく、革新系チャンネルの視聴は多いということである。

メディアシニシズムと政治情報源利用数との間に、予想していたような関連が見られなかった理由の一つとして考えられるのは、主流メディアへの高い依存状況である。既存の報道メディアに対するシニシズムが高いとしても、政治に関する基本的な情報を得るためには、やはりテレビや新聞などの主流メディアに依存せざるを得ないということである。メディアシニシズムの高低群で比較してみると、テレビニュースの場合、低群が平均三・六四チャンネルを見ていたのに対し、高群でも三・一四チャンネルを見ていた。新聞は逆に、低群が平均で二紙を読んでいたのに対し、高群はそれよりも多い二・二三紙を読んでいた。

次節で詳しく述べるが、政治報道の「面白さ」も理由の一つとして考えられる。政治的に活性化、極性化している人々にとって、政治は一つの「勝負事」と化し、政治報道を通じて一進一退の攻防を「観戦」しながら歓呼し、場合によっては、政治報道が掲載されたウェブページやSNS上に意見を書き込んだりしながら「参戦」することで、緊張感やスリル、興奮、さらには感動のような、様々な心理的高揚感を味わっているのかもしれない。特に前大統領の弾劾裁判に至る過程やその後の政権交代にかけては、「ドラマより面白い」と言われるほど、政治状況の展開は激しく、劇的で、多くの人々の注目を集めていた。二〇一九年のチョ・グック（曹國）法相の不正疑惑に対する検察の捜査をめぐる報道においても、このような「エンタテインメントとしての政治報道の消費」（Zillmann et al., 1998; Jones, 2010; Kaspar et al., 2016）が、広範に行われていた可能性が高い。

ポッドキャストやYouTube上で、政治的立場を鮮明にして政治関連の情報やコメンタリーを発信している代案的な政治情報源の利用が、メディアシニシズムの高まりに伴って増えていくだろうとした予想が外れたことは、まず、代案的な政治情報源の利用そのものがまだそれほど広がっていなかったことに原因があるのかもしれない。今回の調査対象者では、ポッドキャストの平均聴取数は〇・八九、YouTubeの平均利用チャンネル数は一・〇〇と少なかった。二〇一九年の調査を行った後に、「ユシミンのアリルレオ」という革新系のYouTubeチャンネルが大きな人気を集め、購読数で一〇〇万を超えるなど、一部のチャンネルに関しては利用が拡大している。また、個人のユーチューバーや少人数のパーソナリティによるチャンネルの開設も続いており、今後の状況におけるさらなる検証が必要である。

理論的な観点では、メディアシニシズムが高まったとしても、自身の政治的志向と一致するメディアに対する選択的接触はそのまま維持され、対立するメディアに対する接触だけがさらに低下する可能性も考えられる。また、政治情報源の利用が多い人々は、自陣営のメディアも、対立陣営のメディアも、両方多く利用する「非選択的接触」を行っている可能性があり、メディアシニシズムが高まっても、既存メディアの情報の有用性に対する別の効用評価（例えば、自陣営に対する相手陣営の攻撃材料が何であるかを把握しておく上で有用性があるなど）によって、既存メディアの利用が続けられる可能性も考えられる（Knobloch-Westerwick & Meng, 2009）。このような場合には、メディアシニシズムよりも敵対的メディア認知のほうが、政治情報源の利用数に対してより大きな影響力を持つ可能性があるが、二〇一九年の調査でもそのような結果が得られている（詳しくは、李、二〇二〇a参照）。

6　メディアシニシズムと政治ニュースの「消費」

メディア心理学者のZillmann（1995）は、ドラマや映画など、主に物語ベースのメディア・エンタテインメントから得られる楽しみを、登場人物に対する「ディスポジション」（disposition）によって説明している。ここでディスポジションとは、端的に言えば、好き嫌いの感情のことで、登場人物に対する好き嫌いの感情が強く形成されればされるほど、その物語から得られる楽しみも強くなるというのである。そしてさらに、好きになった登場人物には幸せな結末が、嫌いになった登場人物には不幸な結末が訪れれば、その楽しみは最大になると主張している（Raney, 2004, 2013）。

Zillmannのディスポジション理論は、ドラマや映画だけでなく、ニュースやスポーツ中継などにも適用され、実証が試みられてきた（Zillmann et al., 1989, 1998）。政治ニュースは、政治家や公職者などの登場人物が織りなす物語であると見なすこともできる。そういう意味で彼（1998）はニュースを、「ノンフィクション劇場」と呼んだ。

前節でも述べたとおり、韓国の政治は、政治主体間の激しい対立や攻防が続き、政権交代のたびに高位公職者の不正や汚職が摘発され、処罰されるなど、急転直下の劇的な展開が常態化していたため、それを伝える政治ニュースの受容過程には、ディスポジション理論で説明できる「楽しみ」のメカニズムが作動している可能性がある。

そこで二〇二〇年の調査では、政治に関する「情報源」としてではなく、政治という物語の楽しみを与えてくれる「コンテンツ」としての政治ニュースの受容を、政治ニュースの「消費」と定義し、その実態を捉えようとした。

図4-4に示した集計結果が、政治ニュースの消費に関連する項目への回答状況である。まず、「国内政治に関するニュースは面白い」という項目に対しては、二八・二%の回答者が肯定的回答をしている。「緊張感を味わえる」という項目に対しては二四・〇%、「ドラマのような劇的な展開がある」は三二・五%が肯定的回答をしていて、概ね

図4-4　政治ニュースの「消費」に関する項目の回答分布

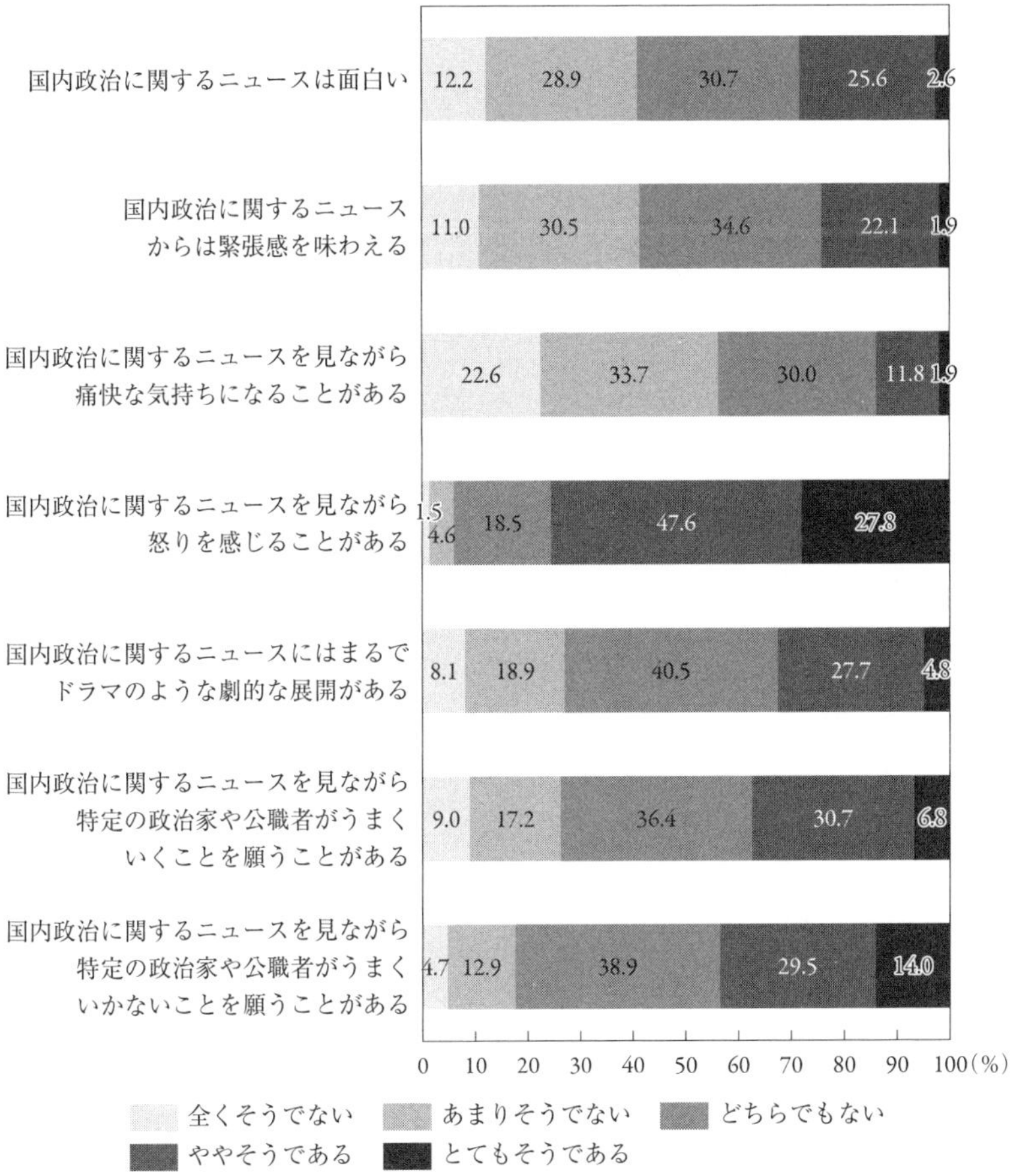

三割前後の回答者が、国内政治に関するニュースを見ながら「楽しんでいる」様子が窺える。政治への関心が高いほど、政治についてよく知っていると思っているほど（主観的政治知識）、政治ニュースに関心があるほど、政治ニュースは面白いと思う傾向があった（李、二〇二〇b）。

他の項目に比べ、ずば抜けて肯定的回答が多かった項目は、「国内政治に関するニュースを見ながら怒りを感じることがある」という項目で、なんと七五・四％もの人が認めていた。これとは逆に、「痛快な気持ちになることがある」という項目に対しては、最も少ない一三・七％だけが肯定していた。政治状況や政治報道に対する強い不満の存在を示唆する結果である。

政治ニュースを見ながら「怒りを感じることがある」度合いは、政治と政治ニュースに関心があるほど高かったが、政治的志向とはほとんど関係がなかった。具体的な比率を見ても、保守も、革新も、政治ニュースを見ながら怒りを感じることがあるという人が非常に多く、どちらも八〇％を超えていた（李、二〇二〇b）。

ディスポジション理論で予測しているような、登場人物に対する好悪の感情に基づいた「適切な結末」への願望は、どれくらい存在しているのであろうか。それを確認するために設けた二つの項目に対しても少なくない回答者が肯定的回答をしていた。「国内政治に関するニュースを見ながら、特定の政治家や公職者がうまくいくことを願うことがある」という項目に対しては三七・五％が、それとは逆に「特定の政治家や公職者がうまくいかないことを願うことがある」という項目に対しては四三・五％が、そのような願望を抱いていたのである。

また、「特定の政治家や公職者がうまくいくことを願う」ほど「政治ニュースは面白い」と感じる傾向が見られた（$r=.218, p<.01$）が、「うまくいかないことを願う」度合いは、政治ニュースを面白いと思う度合いとは関係がなかった。

興味深いことに、このような政治ニュースの「消費」に関連する経験や行動は、回答者の政治的志向とはあまり関連していない。政治ニュースを面白いと思う度合いや緊張感を味わえる度合いは、回答者が保守なのか革新なのかとはほぼ無相関に近かった。クロス集計で確認してみると、保守も革新も、ほぼ同じ比率の人々が、政治ニュースを面白いと思い（保守三五・四％、革新三三・六％）、緊張感を味わえる（保守二八・四％、革新二八・一％）と回答していた。

以上の結果を総合すると、韓国における政治ニュースは、ある程度、エンタテインメント・コンテンツの楽しみ方に似たような形で「消費」されていると言えるかもしれない。二〇二〇年の調査データからは、保守であれ革新であれ、好感を持って支持したり応援している特定の政治家や公職者に「幸せな結末」が訪れることを願いながら、彼らが苦境に陥りやしないかとスリルやサスペンスを感じつつ、政治ニュースを楽しんでいる様子が見て取れる。このような政治ニュースの楽しみ方は、政治や政治ニュースへの関心が高く、政治状況に詳しいと思っている人々において特に強く表れていた。

このような政治ニュースの消費は、メディアシニシズムとはどのような関係を持っているのであろうか。理論上、メディアシニシズムは、政治ニュースへの「嫌悪」を助長する可能性があり、したがって、政治ニュースを「楽しむ」という行動には結びつかないと予想される。しかし一方で、メディアのパフォーマンスを低く評価し、軽蔑しながらも、政治状況への関心や関与が強い場合には、特定の政治家や公職者へのディスポジションを形成し、政治の物語に巻き込まれていく可能性もあるかもしれない。李（二〇二〇b）は、このような推論に基づき、メディアシニシズムの高低と政治ニュースの消費パターンを基準にクラスター分析を行っているが、その結果からは、ほぼ予想に沿う形で、「メディアシニシズムが最も高く、政治ニュースの楽しみを強く否定する人々」（高シニカル批判群）が全体の二〇・一%を占める一方で、「メディアシニシズムが平均より少し高く、政治ニュースを最も楽しんでいる人々」（中シニカル消費群）も二九・七%に上っていることが明らかにされた。

7　メディアシニシズムと選択的接触

党派性の強さおよび敵対的メディア認知との関連で注目される一つの行動傾向は、選択的接触（selective exposure）である。検索や個人化が容易なオンラインメディアが政治情報源としての存在感を急速に増している中、自分の政治的志向と一致する情報への偏った接触により、異なる意見に対する理解や寛容が低下し、社会の分断が進むのではないかと危惧されている（Sunstein, 2007; Stroud, 2010; Stroud & Muddiman, 2013）。

図 4-5　3 つの政治情報源に対する選択的接触度の分布（n=1168）

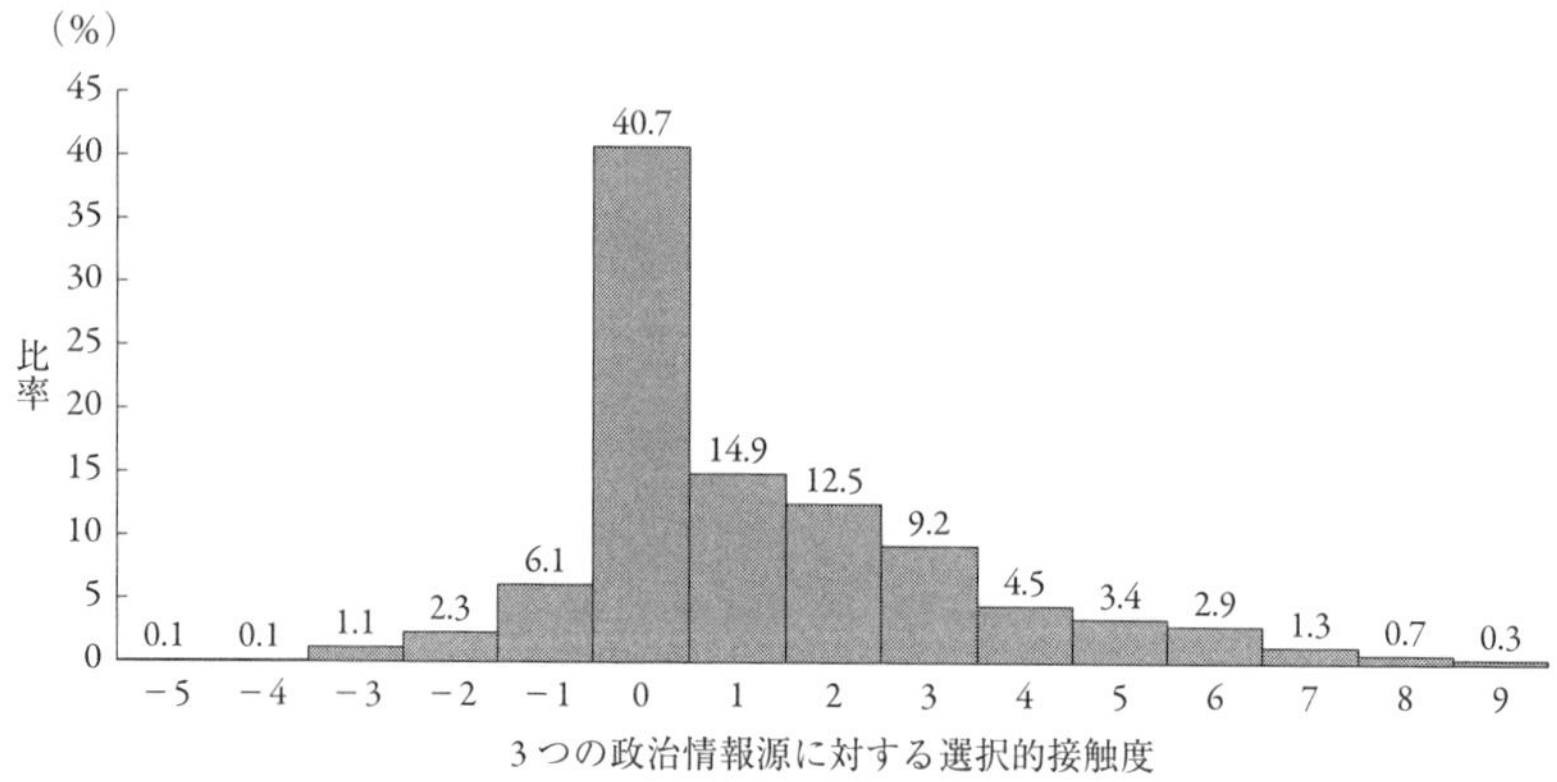

党派性や敵対的メディア認知は、選択的接触を強める可能性がある。自陣営に対する批判的で攻撃的な論調は認知的不協和をもたらし、不快感を増大させる可能性があるからである。しかし一方で、党派性と敵対的メディア認知が、選択的接触を弱めることも考えられる。相手陣営の主張や戦略を把握しておくことは、「戦い」にとって大事だからである。

メディアシニシズムと選択的接触の関係はどうなるのであろうか。両変数が直接的に関連しているよりも、メディアシニシズムが党派性や敵対的メディア認知と選択的接触の間に介在し、その関係の強さを調整するようなモデレーターの働きをするのかもしれない。メディアシニシズムが弱い場合には、メディアの能力や道徳性に対する評価が高まるため、党派性や敵対的メディア認知と選択的接触の関連が強まることが予想される。

その関連を詳しく分析する前に、まず、選択的接触そのものが実際どれくらい行われているかを簡単に確認しておこう。図4-5は、新聞と放送チャンネルのニュース、そしてYouTubeやポッドキャストのチャンネルを対象に、自分の政治的志向と一致するものを見る度合いと対立するものを見る度合いの差を得点化し、その分布をプロットしたものである[11]。

総合的な意味で、選択的接触をしない人（選択的接触度0の人）は全体の四〇・七%と半分弱であった。選択的接触度一以上の人は、全体のちょうど半分くらいで、四九・七%を占めている。むしろ対立するメディアへ

図４-６　メディアシニシズム関連主要変数間の関係

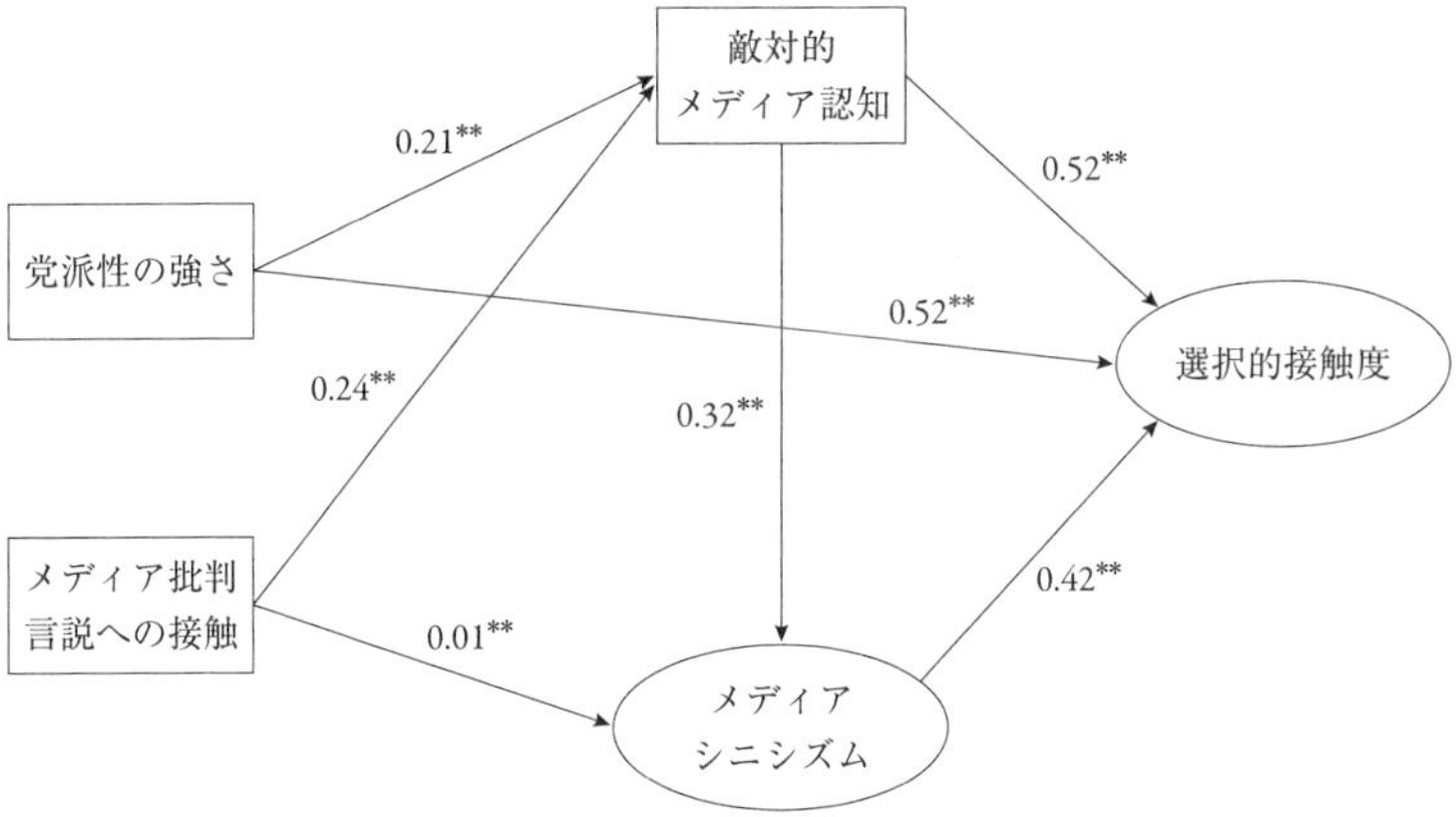

注：パス係数は非標準化係数、$^{**}p<.001$

の接触が多い「逆選択的接触」をしている人は九・七％で全体の一割くらいであった。ちなみにメディア別では、新聞で三五・五％、放送チャンネルのニュースで三九・〇％、ＹｏｕＴｕｂｅやポッドキャストのチャンネルで二七・八％の人々が選択的接触度一以上であった。逆選択的接触をしている人は、新聞八・一％、放送ニュース五・四％、ＹｏｕＴｕｂｅやポッドキャストのチャンネル六・四％と少なかった[12]。

また、相関分析の結果、予想通り、党派性が強くなればなるほど選択的接触度も高くなる関係性が確認された（$r=.302, p<.01$）。さらに、これも予想通りであったが、敵対的メディア認知と選択的接触度との間に、有意な正の相関が見られた（$r=.316, p<.01$）。

しかし、媒介調整分析の結果、メディアシニシズムは、それが強くなればなるほど、党派性の強さと選択的接触度の関連をむしろ強める働きをしていた[13]。これは先述した推論とは逆の方向性である。メディアシニシズムが高まれば、報道メディア全般に対する信頼や評価が低くなるため、党派性が強くてもメディアの全般的な利用が低下するため、選択的接触が妨げられ、実現されにくくなるだろうと見込んでいたのであるが、結果は異なっていたのである。

図４-６は[14]、本章で取り上げた主要変数間の理論的関連性をパス分析によって検討した結果であるが、このモデルでは、メディアシニシ

ズムが選択的接触度に対して直接的効果を持つものとして仮定してみた。メディアシニシズムが強まると、報道メディア全般に対する信頼や、能力および道徳性に対する評価が低下し、結局どのメディアに対しても質の高い情報や意見を期待できなくなるため、自陣営のメディアに対する選択的接触を強めたほうが、少なくとも心理的便益は大きくなるという判断もありうると考えたからである。

また、第4節での分析では、メディア批判言説への接触が、敵対的メディア認知のメディアシニシズムへの拡大を助長する要因として働くことを想定していたが、このモデルでは、直接的に敵対的メディア認知とメディアシニシズムの両方を高める効果を持つものとして布置してみた。ネット上や対人的場面で接触するメディア批判が、敵対するメディアに向けられたものである場合には敵対的メディア認知を高める可能性があるのに対し、自陣営のメディアに向けられたものである場合には、メディアシニシズムを深める可能性があると考えたからである。

このモデルで想定している関係を、命題の形にすれば、（一）党派性の強さは、直接的に、選択的接触度を高める、（二）党派性の強さは、敵対的メディア認知を高めることで、間接的に、メディアシニシズムと選択的接触度を高める、（三）メディア批判言説への接触は、敵対的メディア認知を高めることで、間接的に、選択的接触度を高める、（四）メディア批判言説への接触は、メディアシニシズムを高めることで、間接的に、選択的接触度を高める、ということになる。これらの命題は、図4-5の分析結果を見る限り、二〇二〇年一月に韓国の首都圏で収集したデータにおいては、よく当てはまっている、すなわち、そのような関係が実際に存在している可能性が高いことが実証されたのである。

おわりに

本章では、韓国社会におけるメディアシニシズムの問題について、筆者が行った二回の調査に基づき、その実態およびそれをもたらしている要因、そしてそれが韓国社会の政治コミュニケーションに与えている影響などを分析した。簡単にその結果をまとめると、韓国社会の報道従事者および報道機関に対しては、その報道実践や道徳性に対する低い評価に依拠した軽蔑の眼差しが向けられている。その始まりは、行き過ぎた取材ぶりや浅はかなイエロージャーナリズムに対するからかいのようなものだったかもしれないが、二〇一六年の前大統領弾劾訴追から二〇一七年の政権交代に至る過程で尖鋭化した保守と革新の激しい対立を背景に、政治性を顕にしたメディアに対する政治的に極性化した市民の敵対視へと変わってきたように思われる。このような見立てから本章では、市民の党派性の強さと敵対的メディア認知の視点から、韓国社会に広まっているメディアシニシズムの深まりを説明しようと試みた。さらに、オンラインメディアの普及により、メディアに対する批判の表明や閲覧が社会的規模で容易になったことも、敵対的メディア認知とメディアシニシズムの両方を促進させた要因であることが明らかにされた。

メディアシニシズムは、政治情報源としての主流メディアの利用を低下させ、代案的メディアの利用を促進する可能性があるが、調査の結果、主流メディアの利用はいまだ健在であった。基本的な政治情報の入手においては、既存のメディアに依存せざるをえない状況が続いていることが主な理由として考えられる。政治ニュースが、一つの「面白いコンテンツ」として消費されていることも主流メディアの利用を支えているのかもしれない。メディアシニシズムが中程度の人々が、政治ニュースを最も「楽しんで」見ていることも分かった。また、客観的な指標で見ても、主観的な指標で見ても、一定の選択的接触が行われていることが実証された。そして、メディアシニシズムは、選択的接触を強化する方向で作用していた。

民主政の維持には、健全で円滑な政治コミュニケーションが必須である。報道メディアの役割や実践に対する公正な評価、尊重、信頼が、そのような政治コミュニケーションの基盤になることは言うまでもない。そういう点で、近年起きている市民の政治的極性化やそれに伴うメディアシニシズムの高まり、真実や事実に対する相対主義的態度の拡散は、重大な関心を払うべき課題となっている。このような課題に、メディア・オーディエンスの社会心理学や政治心理学の視点からアプローチすることは、メディアの利用行動および政治コミュニケーションの諸側面についての理解を深められる豊かな機会を提供してくれるであろう。

注

（1）二〇一九年の一年間だけで二六八万二千件余りの言及があった。そして、チョ・グック前法相が国会で記者会見を行った二〇一九年九月三日は、一日だけで九万五千件を超えるギレギへの言及があったという（ジョン、二〇二〇）。

（2）尺度の具体的なワーディングについては李（2019）を参照されたい。

（3）例えば Poletti & Brants（2010）は、メディアシニシズムの概念を政治報道のスタイルとして捉え、不信（mistrust）、否定的トーン（negative tone）、アイロニーまたは皮肉（irony or sarcasm）、スキャンダル志向性（scandal orientation）という四つの次元からなる概念として定義し、イタリアの新聞における政治報道スタイルの変遷を分析している。

（4）このような説明のほかに、順態度的メディアへの選択的接触によって「メディア一般」の評価に関する否定的手がかりへの注意が増すという Barnidge et al.（20[illegible]）らの説明も参考になるが、ある個人が好んで接触しているメディアから、「メディア一般」に対する否定的手がかりが果たしてどのくらい得られるのかは疑問である。彼らは、選択的接触によって党派的内集団アイデンティティが強まり、自分の順態度的メディアと「メディア一般」との対比をより強く感じるようになるという推論も行っているが、この説明は本節で紹介した同化・対比効果のメカニズムと一部において関連している。

（5）彼らの「メディア懐疑主義」という概念は、報道の公正さ、正確さ、十分さに対する低い評価から生じる不信感（untrust）として操作化されている。

（6）二〇一九年の調査では一九項目の尺度を用いたが、二〇二〇年の調査では、言論制度について尋ねた項目を含め、尺度の信頼性を下げる六項目を除外し、一三項目を用いたため、ここでは両調査に共通する項目についてのみ報告する。

（7）紙幅の関係で割愛するが、このような傾向は二〇一九年のデータでも、ほとんど同じであった。男女差は一三項目のどれにおいても有意ではなかったし、年齢層による違いも二〇二〇年の状況と酷似している。政治的志向による違いは、二〇二〇年よりもさらに小さかった。

（8）二〇一九年のデータでも結果はほぼ同じであったため、ここではより最新の結果のみを報告する。なお、この分析に投入した変数は、次のように得点化した。党派性の強さ：七段階で測定した政治的志向を、真ん中の「中道」を一にし、保守と革新の強さに応じて二から四までに振り直した。メディアシニシズム：逆転項目を反転させた上で、一三項目の尺度得点の平均値で合成した（α＝.901）。敵対的メディア認知とメディア批判言説への接触は、単項目による測定であるため、尺度得点をそのまま用いた。

（9）二〇二〇年の調査では、項目数の関係で具体的な情報源利用については調べていない。

（10）政治情報源の利用数は、テレビ、新聞、ポッドキャストおよびYouTubeなどの主な選択肢を並べ、「政治に関する情報を得るために一週間に一回以上利用するもの」をすべて回答してもらう形で測定し、その合計数を分析に用いた。選択肢として挙げた具体的なメディアについては李（二〇二〇ａ）を参照されたい。新聞とポッドキャストおよびＹｏｕＴｕｂｅのチャンネルに対しては、調査の時点で、保守系とされている情報源と革新系とされている情報源を別々にカウントし、それぞれの合計数も分析に用いた。政治的志向は、革新であるほど点数が高くなるようにし、五件法で測定した。

（11）選択的接触度は、自分の政治的志向に一致するものへの接触と対立するものへの接触の差として操作化できる。今回の調査では、「あなたは自分の政治的志向性と「一致する―対立する」ものをどれくらい見ていますか？」という二つの質問を三つのメディアに対して四件法で回答してもらい、メディアごとに「一致するものへの接触度―対立するものへの接触度」を計算し、三つのメディアにおけるその得点を合計して算出した。例えば、三つのメディアすべてに対して、一致するメディアはよく見る（四点）けれど、対立するメディアは全く見ない（一点）場合に、選択的接触度は三点×三の九点になる。逆に一致するメディアは全く見ない（一点）のに、対立するメディアをよく見ている（四点）場合には、マイナス九点になる、という具合である。

（12）選択的接触は、メディアに対してだけでなく、対人コミュニケーションにおいても生じていた。そして、党派性の強さは、対人コミュニケーションにおける選択的接触にも明確な影響を与えていた。対人コミュニケーションにおける選択的接触は、人々の既存態度をより強める集団極性化（group polarization）現象をもたらすとされる（Sunstein, 2009; Strandberg et al., 2019）。対人コミュニケーションにおける選択的接触の実態については、李（二〇二〇ｂ）を参照されたい。

（13）例えば、党派性の強さと選択的接触度との関連性（標準回帰係数）は、メディアシニシズムが－1SD→平均→＋1SD へと高くなるにつれて、.181→.217→.254へと増加した。同じく、敵対的メディア認知と選択的接触度との関連性は、.174→.192→.211へと増加した。

（14）モデルの適合度を示す指標は次の通りである。$\chi^2 = 14.995$, $df = 2$, $p < .001$, CFI = .982, RMSEA = .075, SRMR = .025, GFI = .995, AGFI = .962

引用・参照文献

Arpan, L. M., & Raney, A. A.（2003）. An experimental investigation of news source and the hostile media effect. *Journalism & Mass Communication Quarterly, 80*（2）, 265–281.

Barnidge, M., Gunther, A. C., Kim, J., Hong, Y., Perryman, M., Tay, S. K., & Knisely, S.（2020）. Politically motivated selective exposure and perceived media bias. *Communication Research, 47*（1）, 82–103.

Cappella, J. N., & Jamieson, K. H.（1996）. News frames, political cynicism, and media cynicism. *The Annals of the American Academy of Political and Social Science, 546*（1）, 71–84.

Cappella, J. N., & Jamieson, K. H.（1997）. *Spiral of Cynicism: The press and the public good.* Oxford University Press on Demand.

Cappella, J. N.（2002）. Cynicism and social trust in the new media environment. *Journal of Communication, 52*（1）, 229–241.

Dekker, H., & Meijerink, E.（2012）. Political cynicism: Conceptualization, operationalization, and explanation. *Politics, Culture and Socialization, 3*（1–2）, 33–48.

Cappella, J. N.（2002）. Cynicism and social trust in the new media environment. *Journal of Communication, 52*（1）, 229–241.

李光鎬（二〇一九）．敵対的メディア認知とメディアシニシズム：韓国社会におけるその実態の把握．メディア・コミュニケーション，六九，八五－九五．

李光鎬（二〇二〇ａ）．メディアシニシズムと政治情報源の利用：韓国社会における政治的極性化を背景に．メディア・コミュニケーション，七〇，一九－二七．

李光鎬（二〇二〇ｂ）．韓国におけるメディアシニシズムと政治ニュースの「消費」，選択的接触．法学研究，九三（一二），三六六－三四三．

李光鎬（二〇二一）．メディアシニシズムの要因と結果：敵対的メディア認知および「ポスト真実主義的態度」との関連．メディア・

コミュニケーション』七一，一〇三–一一六．
이상기［イ・サンギ］，이정민［イ・ジョンミン］（二〇二〇）．기자다움에 대한 반문 : 기레기［記者らしさに対する反問：ギレギ］，地域とコミュニケーション，二四（三），二二四–一四八．
Festinger, L.（1957）. *A theory of cognitive dissonance*. Evanston, IL: Row, Peterson.
Giner-Sorolla, R., & Chaiken, S.（1994）. The causes of hostile media judgments. *Journal of Experimental Social Psychology, 30*（2）, 165–180.
Gunther, A. C., & Schmitt, K.（2004）. Mapping boundaries of the hostile media effect. *Journal of Communication, 54*（1）, 55–70.
Gunther, A. C., Miller, N., & Liebhart, J. L.（2009）. Assimilation and contrast in a test of the hostile media effect. *Communication Research, 36*（6）, 747–764.
Hansen, G. J., & Kim, H.（2011）. Is the media biased against me? A meta-analysis of the hostile media effect research. *Communication Research Reports, 28*（2）, 169–179.
Iyengar, S., & Hahn, K. S.（2009）. Red media, blue media: Evidence of ideological selectivity in media use. *Journal of communication, 59*（1）, 19–39.
Johnson, B. K., Neo, R. L., Heijnen, M. E., Smits, L., & van Veen, C.（2020）. Issues, involvement, and influence: Effects of selective exposure and sharing on polarization and participation. *Computers in Human Behavior, 104*, 106–155.
Jones, J. P.（2010）. *Entertaining politics: Satiric television and political engagement*. Rowman & Littlefield Publishers.
장예지［ジャン・イェジ］（二〇二一）．"기레기"는 죄가없다…대법，"기레기"댓글에 "모독죄아냐"［〝ギレギ〟に罪はない…最高裁，〝ギレギ〟コメントに〝侮辱罪でない〟］，ハンギョレ新聞インターネット版，二〇二一年三月二五日（https://www.hani.co.kr/arti/society/society_general/988176.html 二〇二一年四月二〇日閲覧）
정연수［ジョン・ヨンス］（二〇二〇）．〝기레기〟의 역사…〝김현수〟부터〝조국〟까지［〝ギレギ〟の歴史…〝キム・ヒョンス〟から〝チョ・グック〟まで］，빅터뉴스［ビクターニュース］，二〇二〇年一月一五日付け．（http://www.bigtanews.co.kr/news/articleView.html?idxno=5235 二〇二一年八月三日閲覧）
韓国言論振興財団（二〇一九）．二〇一九언론수용자조사（言論受容者調査）．
韓国言論振興財団（二〇一九）．二〇一九한국의 언론인 : 제一四회 언론인 조사（韓国の言論人：第一四回言論人調査）．
韓国言論振興財団（二〇二〇）．二〇二〇언론수용자조사통계표（言論受容者調査統計表）．
Kaspar, K., Zimmermann, D., & Wilbers, A. K.（2016）. Thrilling News Revisited: The Role of Suspense for the Enjoyment of News Stories. *Frontiers in psychology*, 7, Article 1913.

Knobloch-Westerwick, S., & Meng, J. (2009). Looking the other way: Selective exposure to attitude-consistent and counterattitudinal political information. *Communication Research, 36* (3), 426–448.

Lee, J. (2021). Political Polarization and Selective Sharing in Korea: Exploring the Role of Presumed Media Influence and Hostile Media Perception, *Journal of Law, Politics and Sociology, 94* (1), in print.

正木誠子（2020）「テレビ番組に対する批判的な行動意図の生起とその規定因に関する検討」マス・コミュニケーション研究，97, 143–161.

Omar, B., & Ahrari, S. (2020). Mainstream and Nonmainstream Media in Malaysia: Does Lack of Credibility Lead to Displacement?. *Newspaper Research Journal*, 0739532920919825.

Pennycook, G., & Rand, D. G. (2019). Lazy, not biased: Susceptibility to partisan fake news is better explained by lack of reasoning than by motivated reasoning. *Cognition, 188*, 39–50.

Perloff, R. M. (2015). A three-decade retrospective on the hostile media effect. *Mass Communication and Society, 18* (6), 701–729.

Poletti, M., & Brants, K. (2010). Between partisanship and cynicism: Italian journalism in a state of flux. *Journalism, 11* (3), 329–346.

Raney, A. A. (2004). Expanding disposition theory: Reconsidering character liking, moral evaluations, and enjoyment. *Communication theory, 14* (4), 348–369.

Raney, A. A. (2013). The psychology of disposition-based theories of media enjoyment. In *Psychology of Entertainment* (pp. 155–168). Routledge.

Schwarz, N., & Bless, H. (1992). Scandals and the public's trust in politicians: Assimilation and contrast effects. *Personality and Social Psychology Bulletin, 18* (5), 574–579.

清水裕士（二〇一六）「フリーの統計分析ソフトＨＡＤ：機能の紹介と統計学習・教育，研究実践における利用方法の提案」メディア・情報・コミュニケーション研究，一，五九－七三.

Sindermann, C., Cooper, A., & Montag, C. (2020). A short review on susceptibility to falling for fake political news. *Current Opinion in Psychology, 36*, 44–48.

Strandberg, K., Himmelroos, S., & Grönlund, K. (2019). Do discussions in like-minded groups necessarily lead to more extreme opinions? Deliberative democracy and group polarization. *International Political Science Review, 40* (1), 41–57.

Stroud, N. J. (2010). Polarization and partisan selective exposure. *Journal of communication, 60* (3), 556–576.

Stroud, N. J., & Muddiman, A. (2013). Selective exposure, tolerance, and satirical news. *International Journal of Public Opinion Research, 25* (3), 271–290.

Sunstein, C. R. (2007), *Republic.com 2.0,* Princeton University Press.

Sunstein, C. R. (2009). *Going to extremes: How like minds unite and divide.* Oxford University Press.

Tsfati, Y., & Cohen, J. (2005). Democratic consequences of hostile media perceptions: The case of Gaza settlers. *Harvard International Journal of Press/Politics, 10* (4), 28–51.

Tsfati, Y., & Peri, Y. (2006). Mainstream media skepticism and exposure to sectorial and extranational news media: The case of Israel. *Mass Communication & Society, 9* (2), 165–187.

Vallone, R. P., Ross, L., & Lepper, M. R. (1985). The hostile media phenomenon: biased perception and perceptions of media bias in coverage of the Beirut massacre. *Journal of personality and social psychology, 49* (3), 577.

Zillmann, D., Bryant, J., & Sapolsky, B. S. (1989). Enjoyment from sports spectatorship. *Sports, games, and play: Social and psychological viewpoints, 2,* 241–278.

Zillmann, D. (1995). Mechanisms of emotional involvement with drama. *Poetics, 23* (1–2), 33–51.

Zillmann, D., Taylor, K., & Lewis, K. (1998). News as nonfiction theater: How dispositions toward the public cast of characters affect reactions. *Journal of Broadcasting & Electronic Media, 42* (2), 153–169.

第5章　韓国における政治情報の選択的接触と共有

李　津娥

はじめに

近年のメディア環境の変化は、政治情報チャンネルを拡大し、人々の多様な政治的意見へのアクセスを活性化できると期待された。しかし、インターネットの検索エンジンやソーシャルメディアのアルゴリズムによるパーソナライゼーション、自分の政治的立場や志向に近い情報に接触するため、ニュースフィードを設定したり、変更するカスタマイゼーション（Sundar & Marathe, 2010）により、マスメディア時代以上に情報への選択的接触が生じやすく、既存の態度を強化する情報行動が頻繁に行われていると指摘されている（e.g., Stroud, 2010; Prior, 2013）。アメリカのピュー研究所の調査報告からも政治的保守と革新の政治情報チャンネルへの選択的接触と極性化が浮き彫りになっている（Pew Research Center, 2014）。こうした政治情報への選択的接触は、政治的寛容性を低下させ（Knobloch-Westerwick, 2012）、政治的極性化と対立を助長する可能性がある（e.g., Stroud, 2010：李、二〇一四）。

韓国においても、二〇一六年当時の朴槿恵大統領弾劾訴追をめぐる政治状況を背景に、保守と革新の対立が激化し、党派的オンラインメディアが拡大したことで、政治情報への接触と獲得が極性化する様相を見せている。ロイタージャーナリズム研究所のデジタルニュース・レポートによると、韓国におけるニュース信頼度は一貫して低い水準である（Reuters Institute, 2018, 2019, 2020）。実際に利用している個別ニュースメディアに対する信頼度は高いほうであったものの、二〇二〇年の調査では、ニュース全体に対する信頼度は二一％で、調査対象の四〇か国の中で最下位であった（Reuters Institute, 2020）。ニュースの共有については、ソーシャルメディアやメッセージ、メールなどでニュースを共有する人は回答者の二六％で、ソーシャルメディアやウェブサイトでコメントする人はそれより低い一六％であった。ニュース共有が四割を超える国もあり、高い水準ではないが、ニュース共有が一〇％、ニュースへのコメントが六％の日本に比べると高いほうであった（Reuters Institute, 2019）。また、ニュース関連のコンテンツの視聴を目的としたＹｏｕＴｕｂｅ利用が年々増加しており、二〇二〇年の調査では四五％を占めていた（Reuters Institute, 2020）。ＹｏｕＴｕｂｅの主流メディアのニュース動画のみならず、政治専門チャンネルやポッドキャストのコンテンツを利用している人も少なくない。二〇一九年の調査では回答者の五三％が前月に少なくとも一度はポッドキャストを聴いていたと回答した（Reuters Institute, 2019）。ポッドキャストの多くは、ＹｏｕＴｕｂｅの政治専門チャンネルでも放送されている。保守政党執権時から、革新系の有識者たちが当時の李明博政権を風刺するために制作した「ナヌンコムスダ」[1]（放送期間は二〇一一年四月から二〇一二年一二月）という政治情報ポッドキャストが、保守政権への不信感を強めていた革新系の支持層から人気を集めていた（Song, 2012）。その後、朴槿恵氏の弾劾を訴えた市民らによる「ろうそく集会」が原動力となり、二〇一七年五月に革新政権が誕生すると、今度は、文在寅政権と主流メディアへの不満を募らせていた保守系の中高年層をターゲットとした保守系ＹｏｕＴｕｂｅ政治専門チャンネルが急増した[2]。一方、革新系の政治情報チャンネルは、保守系政治専門チャンネルに後れを取っていたが、保守系に対抗する革新系の有識者やジャーナリストによる開設が相次いだ。

本章では、近年の政治状況とオンラインメディアの拡大を踏まえ、韓国における政治情報行動の特徴について検討する。とりわけ、保守と革新の対立をもたらした一連の政治状況や政治スキャンダルによって、どのような政治情報行動が行われていたかを、オンライン政治情報のカスタマイズ志向に注目し、検討する。さらに、デジタル環境におけるニュース消費過程の特徴としてニュース共有に注目し、オンライン政治情報はどのように共有され、どのような要因がその過程に影響しているかについても分析を行う。

1　オンライン政治情報利用の特徴

韓国のＹｏｕＴｕｂｅの政治専門チャンネル利用者は、どのような動機で政治チャンネルを利用しているか、また、政治専門チャンネルの利用はどのような影響をもたらしているか。Park, Kim, & Joung（2020）は、韓国のＹｏｕＴｕｂｅ政治専門チャンネルの利用者を対象とした調査から、政治専門チャンネルの利用動機として、「政治風刺の娯楽性」、「精神的安定」、「メディアの利便性」、「情報追求」の四つを見出している。

まず、政治風刺の娯楽性は、既存メディアと異なる進行方式、内容の娯楽性といった利用の動機と関連しており、「司会者の個性と特徴的な話し方が面白い」、「政治の戯画化、即興劇、モノマネ、パロディーなどが面白い」などの項目から構成されていた。二つ目の精神的安定の次元には、「他のリスナーとの連帯感を感じる」、「政治と政治家を身近に感じる」、「政治権力に対する漠然とした恐怖を克服できる」、「生活の活力源になる」などの項目が含まれていた。Parkらは、ＹｏｕＴｕｂｅの政治専門チャンネルが市民の政治参加と議論の機会を提供し、新しい関係形成の場を提供することで心理的安定感を与える役割を果たしていると解釈している。

三つ目のメディアの利便性は、「スマートフォン、デスクトップ、ノートパソコンなど様々な機器から簡単に視聴できる」、「視聴時間や場所の制限がない」、「番組視聴に特に費用がかからない」などの項目から構成され、時間的、空間的制約がなく、自由に利用できる非同時性による利用動機であった。最後に、情報追求の動機は、「重要な政治問題が分かる」、「政治問題に関する専門的で具体的な情報を得ることができる」、「政治的争点に関する説得力のある議論と見解に接することができる」、「政治家に関する具体的な情報を得ることができる」などの項目から構成されている。Parkらは、情報追求の動機について、YouTubeの政治情報チャンネルは、既存メディアの固定されたフレームによる政治報道や議題設定とは対照的に、チャンネルの運営者が各自の観点で番組を制作し、結果的に多様な議論の場を提供しているため、利用者にとって政治に対する新しい情報と見解が得られるという側面が反映された動機であると分析している。

さらに、政治専門チャンネルの利用動機と政治知識との関連性を検討した結果、「メディアの利便性」と「情報追求」の動機が政治知識の習得と関連しており、政治知識は政治への関心と政治的有効性感覚を高めていること、さらに政治への関心は政治的有効性感覚を高め、政治参加を促進する可能性が示された。

Parkらの研究では、政治志向によるYouTube政治専門チャンネルの利用の違いについては検討していないが、Kim, Kim, & Huh（2019）は、社会的信頼と対立認識に注目し、政治志向がニュースメディアの利用に及ぼす影響を分析している。まず、政治志向による社会的信頼の違いは見られなかったが、保守、革新、中道ともに、概ね、韓国社会の対立を強く認識していた。とりわけ革新が中道より、韓国社会における対立の認識が強かった。また、社会的信頼が高いほど、地上波放送やオンラインなどのニュースチャンネルと関係なくニュース全体の利用が増加していた。社会的対立の認識と地上波放送チャンネルのニュース利用の間には関連性がなかったが、社会的対立の認識が高いほど、「ＪＴＢＣ」[3]、「テレビ朝鮮」、「チャンネルＡ」など、党派性を帯びたメディアを利用する傾向が見られた。また、革新ほど、ＪＴＢＣのニュースを視聴し、ポータルサイト、チャットアプリのKakaoTalkでニュースを見る傾向があった。予想通り、革新ほど、「テレビ朝鮮」、「チャンネルＡ」などの保守系のメディア利用は少なかった。年齢層別に見ると、ニュース利用者の年齢が高くなるほど、ＪＴＢＣ以外の地上波三社（ＫＢＳ、ＭＢＣ、ＳＢＳ）のニュースを視聴する傾向があった。

同様に、韓国における保守、中道、革新のメディア利用と政治意識の違いを検討した筆者の研究でも、政治志向と年齢がニュース利用と関連していることが示されている（Lee, 2020）。研究では、二〇一九年一月に実施したＷｅｂ調査[4]に基づいて、次のことを明らかにしている。まず、マスメディアのニュース利用に関しては、保守ほど、テレビと新聞により接しており、革新ほど、オンラインメディアのニュースと政治ニュースに対するコメントを見る傾向があった。この結果は、保守と革新の年齢層の違いからも起因していると考えられる。ＹｏｕＴｕｂｅ政治専門チャンネルとポッドキャストの利用については、調査時点で放送されていたチャンネル名と番組名を挙げ、週に一回以上視聴しているＹｏｕＴｕｂｅチャンネルとポッドキャストについて回答してもらった。その結果、保守層は、「神の一手」、「ＴＶホンカコラ」などの保守系のチャンネル、革新層は「リューシミンのアリレオ」、「キムウンジョンのニュースファクトリ」などの革新系のチャンネルの利用率が高く、保守と革新の極性化が浮き彫りになった。

２　政治志向と情報への選択的接触――認知的特性と情報のカスタマイズ志向

これまで政治心理学の分野を中心に政治志向による認知的特性の違いについても研究関心が寄せられている（e.g., Tetlock, 1981; Kruglanski & Webster, 1996; Mooney, 2012）。政治志向を基盤とした認知的特性として、認知的完結欲求（need for cognitive closure）、統合的複雑性（integrative complexity）（Mooney, 2012）を中心とした研究が展開されてきた。また、前述したように、オンライン情報は、ニュースフィードの設定などのカスタマイズ行為により、個人の政治的志向や意見に基づいた最適化が図られることも少なくない。ここでは、政治志向を基盤とした認知的特性とオンライン政治情報のカスタマイズ志向（Auxier & Vitak, 2019）に注目し、情報への選択的接触について検討した研究について論じる。

まず、認知的完結欲求とは「さらなる情報処理を必要とせず、確実性と明瞭さを求める欲求」（Kruglanski & Webster, 1996, p. 280）である。Mooney（2012）は、認知的完結欲求を「特定の問題や、全般的に曖昧さや不確実性を不快に感じ、確固たる信念に帰することを望む状態」（p. 68）と定義し、認知的完結欲求の高い人は、「疑問や不確実性を一掃する断片的情報を「摑み」、新しい情報を受け入れ、考慮することを拒み、「反応しない」」（p. 68）傾向があるとする。保守的な政治志向を持つ人の社会的認知の特徴を一二か国の八八研究事例のメタ分析により検討したJost, Glaser, Kruglanski, & Sulloway（2003）は、保守ほど、経験に対する開放性、不確実性に対する寛容度が低いことを確認している。このことから、保守的政治志向を持つ人は、認知的完結欲求が高い傾向にあると考えられる（Mooney, 2012）。

さらに、保守と革新の統合的複雑性（integrative complexity）における違いも指摘されている。統合的複雑性は、「特定の争点を多様な視点から捉えようとする傾向で、こうした視点をより微妙な違いが含まれる視点に統合する（すなわち、共通点と相互関連性を評価する）傾向」（Mooney, 2012, p. 69）と定義される。政治家の演説やインタビューを用いたTetlockの一連の研究（e.g., Tetlock, 1981）、Jostらの研究（2003）から、革新的な人が保守的な人より高い統合的複雑性を示す傾向が明らかにされている。

Auxier & Vitak（2019）は、ソーシャルメディアやニュースアプリなどを通じて多くのコンテンツが提供、共有されており、ニュース利用者が情報過多を経験することが多いことに注目し、ソーシャルメディアの友達や報道機関のアカウント、ニュースアプリの登録やフォロー、解除など、タイムラインやフィードに表示される情報をカスタマイズする行為について分析を行った。その研究では、情報過多から自分のニュースエコシステムを調整する行為に注目し、社会でいま起きている出来事に対して感じる不安、党派性がソーシャルメディアとニュースプラットフォームのカスタマイズ志向にどのように関連しているかを検討している。

まず、カスタマイズ志向に関連する要因について分析した結果から、若年層ほど、教育水準が低いほど、情報過多を経験するほど、保守ほど、自分の見解と一致する情報に接するため、オンライン情報をカスタマイズし、エコーチェンバー化していた。カスタマイズ志向を、「エコーチェンバー構築」と「多様性追求」に分類し、党派性との関連性を検討した結果、多様性追求においては党派性による違いは見られなかった。また、社会で起きている出来事に対して感じる不安の程度が強いほど、自分のニュース環境の調整を行うという予想は支持されなかった。総じて、Auxier & Vitak（2019）は、「エコーチェンバー構築」と「多様性追求」のいずれのカスタマイズもニュース利用者にニュースフィードや情報源に対する統制感を与えており、実際の情報量に変化がなくても、こうした統制感により情報過多の感覚が生じにくい可能性を指摘する。

以上の研究を踏まえ、政治志向を基盤とした認知的特性とオンライン政治情報のカスタマイズ志向について、韓国の有権者を対象とした調査に基づいて分析を行った。調査は、韓国社会における政治的極性化を背景に、ソーシャルメディアやオンライン情報のカスタマイズ志向と情報への選択的接触の要因を検討することを目的に、二〇二〇年二月一三日から一九日にかけてインターネット調査会社のモニター会員を対象に韓国の首都圏在住者を対象に行われた。前年度は、前法務部長官への捜査をめぐる保守陣営と革新陣営の対立が深まり、ソーシャルメディア上の対人関係の断絶などの市民の分断が注目された時期で、政治志向を基盤とした情報への選択的接触に関する調査に適した時期であると判断される。分析では、二〇代から六〇代の回答者一一六八人のうち、SNSを利用している七六三人を対象とした。男性は四一五人（五四・四％）、女性は三四八人（四五・六％）、平均年齢は四二・七歳であった（*SD* = 13.1）。

表 5-1　政治志向別に見た性別と年代の割合

（　）内は %

	保守	中道	革新	
性別				
男	97（65.5）	156（52.5）	162（50.9）	
女	51（34.5）	141（47.5）	156（49.1）	$\chi^2 = 9.357$　$df = 2$　$p < .01$
年齢				
20 代	28（18.9）	70（23.6）	71（22.3）	
30 代	19（12.8）	65（21.9）	75（23.6）	
40 代	31（20.9）	61（20.5）	75（23.6）	
50 代	29（19.6）	60（20.2）	62（19.5）	
60 代	41（27.7）	41（13.8）	35（11.0）	$\chi^2 = 26.696$　$df = 8$　$p < .01$
合計	148（100.0）	297（100.0）	318（100.0）	

表 5-2　政治志向別に見た諸変数の平均値と標準偏差

	保守 (a)	中道 (b)	革新 (c)	F ($df = 2{,}760$)	多重比較 (Bonferroni)
政治関心	3.82（.93）	3.42（.99）	3.93（.79）	25.479*	a>b, c>b
政治知識	3.66（.91）	3.33（.95）	3.77（.81）	19.727*	a>b, c>b
政治ニュースへの関心	3.86（.93）	3.48（1.02）	3.88（.79）	17.217*	a>b, c>b
政治的無力感	3.25（.94）	3.13（.93）	2.80（.91）	15.576*	a>c, b>c

*$p < .001$

政治志向は、自身の政治志向について七段階で評価してもらった。得点が高いほど革新であることを示す。政治志向別に性別と年代の割合を検討したところ、中高年ほど、また男性ほど、保守的政治志向を持っていた（表5－1）。政治志向別に、政治関心、政治知識、政治ニュースへの関心、政治的無力感を分析した結果を表5－2に示す。まず、党派性が強いほど、政治的関心、政治知識、政治ニュースへの関心が高かった。また、保守が革新より政治的無力感が強かった。これは、調査時点の執権与党が革新政党であることが反映された結果であろう。

認知的特性として取り上げた二つの要因、すなわち、認知的完結欲求、統合的複雑性は、それぞれの定義に基づき、五件法で測定した。まず、認知的完結欲求を測定した二項目のα係数が低かったため、個別尺度と政治志向との関連性を検討することにした。その結果、「グループ内で意見がまとまってきた問題に、異なる意見を出す人が出てくると嫌な気分になる」、「自分の意見をはっきりさせる前に他の意見を参考にしようとしないほうだ」（Roets & Van Hiel, 2011）の二項目のいずれも政治志向との間に有意な相関が見られなかった。次に、統合的複雑性は、「ある問題について考えるとき、できるだけその問題と関連した様々な意見を考慮しようとするほうだ」の一項目で測定した。革新ほど、統合的複雑性が高い傾向があったが、かなり弱い相関であった（$r = .108, p < .001$）。

次に、オンライン情報のカスタマイズ志向は、Auxier & Vitak（2019）のカスタマイズ尺度（customization scale）一〇項目を用いて五件法で測定した（具体的な尺度は表5-3を参照）。表5-3に示したように、五件法で測定された各項目の得点はいずれも中点の三点を下回っていたが、「私のＳＮＳのタイムラインやフィードに表示される情報は問題の様々な側面が理解できるようにしてくれる」（$M = 2.94, SD = .94$）、「私は広い視点から情報や意見を伝えるＳＮＳのアカウントをフォローするほうだ」（$M = 2.90, 1.06$）という、自分は多様な視点を追求しているという認識を表す項目と、「私が使うＳＮＳやニュースアプリで見る情報は私の政治的志向と一致するほうだ」（$M = 2.88, SD = .97$）、「私のＳＮＳのタイムラインやフィードに表示される情報は私の政治的志向と一致するほうだ」（$M = 2.85, SD = .95$）という、政治志向に一致する情報に接触しているという認識を表す項目において比較的得点が高かった。「私の政治的志向と違うＳＮＳの投稿が表示されないようにするため、ＳＮＳでフォローするアカウントや友達をたまに整理するほうだ」（$M = 2.57, SD = 1.11$）などの政治志向を理由としたＳＮＳのアカウントの友達の意図的な整理、あるいは、「私はＳＮＳで私と政治的志向が違う人たちのアカウントをフォローするほうだ」（$M = 2.43, SD = .97$）など、相手陣営の情報への積極的接触に関する項目の得点はそれより低かった。

次に、カスタマイズ尺度一〇項目に対する因子分析（主因子法、プロマクス回転）を行った。因子構造の検討から三因子解が適切であると判断した。第一因子は、「ＳＮＳで私の政治的志向と違う投稿を見たら、フォローを解除したり、友達を削除するほうだ」、「ＳＮＳで私の政治的志向と違う投稿を見たら、それを投稿したアカウントや友達が表

表 5-3　オンライン情報のカスタマイズ志向に関する因子分析の結果

	M (SD)	相手陣営回避 (α＝.930)	自陣営と多様な視点接触 (α＝.829)	相手陣営接触 (α＝.878)
SNSで私の政治的志向と違う投稿を見たら、フォローを解除したり、友達を削除するほうだ	2.48 (1.12)	.950	−.010	−.035
SNSで私の政治的志向と違う投稿を見たら、それを投稿したアカウントや友達が表示されないようするほうだ	2.54 (1.13)	.919	.012	−.027
私の政治的志向と似ているニュースを見るため、SNSのアカウントや友達を意図的に整理するほうだ	2.35 (1.06)	.817	−.009	.113
私の政治的志向と違うSNSの投稿が表示されないようにするため、SNSでフォローするアカウントや友達をたまに整理するほうだ	2.57 (1.11)	.791	.033	.031
私が使うSNSやニュースアプリで見る情報は私の政治的志向と一致するほうだ	2.88 (.97)	.025	.877	−.123
私のSNSのタイムラインやフィードに表示される情報は私の政治的志向と一致するほうだ	2.85 (.95)	.159	.780	−.130
私のSNSのタイムラインやフィードに表示される情報は問題の様々な側面が理解できるようにしてくれる	2.94 (.94)	−.097	.682	.204
私は広い視点から情報や意見を伝えるSNSのアカウントをフォローするほうだ	2.90 (1.06)	−.058	.538	.304
私はSNSで私と政治的志向が違う人たちのアカウントをフォローするほうだ	2.43 (.97)	−.011	.031	.874
私はSNSで私と政治的に意見が違う報道機関もフォローするほうだ	2.35 (1.00)	.080	−.054	.872

示されないようするほうだ」、「私の政治的志向と似ているニュースを見るため、ＳＮＳのアカウントや友達を意図的に整理するほうだ」などの項目で因子負荷量が高く、「相手陣営の情報の回避」と解釈できる。第二因子は、「私が使うＳＮＳやニュースアプリで見る情報は私の政治的志向と一致するほうだ」、「私のＳＮＳのタイムラインやフィードに表示される情報は問題の様々な側面が理解できるようにしてくれる」などの項目と強く関連しており、自身の政治志向と一致する情報とともに、多様な視点の情報にも接触しようとする傾向であった

ことから、「自陣営および多様な視点の情報への接触」と名付けた。第三因子は、「私はSNSで私と政治的志向が違う人たちのアカウントをフォローするほうだ」、「私はSNSで私と政治的に意見が違う報道機関もフォローするほうだ」の因子負荷量が高く、自身の政治志向と一致しない人たちやアカウントの情報も接触しようとする「相手陣営の情報への接触」と解釈された。

第一因子の相手陣営の情報の回避は、Auxier & Vitak（2019）が示したエコーチェンバーの構築、第二因子の自陣営および多様な視点の情報への接触、第三因子の相手陣営の情報への接触は、Auxier & Vitak（2019）が示した多様性の追求に対応するもので、その内容から、相手陣営の情報への接触がより積極的な多様性の追求と解釈できる。以後の分析のため、カスタマイズ志向の各因子項目の単純平均値を算出した（α係数は表5－3を参照）。

次に、カスタマイズ志向に影響する要因として、政治的関心、政治的無力感、認知欲求を測定した。政治的関心は「政治状況に関心がある」の一項目（五件法）、政治的無力感は「私は政府がやることに影響を及ぼすことができない」（明るい選挙推進協会、二〇〇八）、「国民の力で国の政治を左右するのは難しい」（山田、一九九〇）、「国民の意見を政治に反映させるのは難しい」（山田、一九九〇、二項目とも否定表現に修正）の三項目を五件法で測定し、三項目の単純平均値を算出した（α＝.783）。認知欲求は、「単純な問題より複雑な問題が好きだ」、「多くのことを考える必要がある問題に対して責任を持ちたい」、「考えるのは楽しくない」（逆転項目）、「別に考えなくてもいい問題より、自分の思考力を試す問題のほうがいい」（表現を修正）、「ある問題について新しい解決方法を考え出すのが楽しい」、「あまり考えなくてもいい少し重要な問題より、知的で、難しくて、重要な問題がもっと良い」の六項目（Lins de Holanda Coelho, HP Hanel, & J. Wolf, 2020）を五件法で測定し、六項目の単純平均値を算出した（α＝.805）。

政治志向、政治知識、カスタマイズ志向の相関を表5－4に示す。革新ほど、ソーシャルメディアやニュースアプリの情報が自身の政治志向と一致し、多様な視点が得られると認識する傾向があったが、かなり弱い相関であった

表 5-4　政治志向・政治知識とカスタマイズ志向との相関分析の結果

	政治志向	政治知識
相手陣営回避	.027	.159*
自陣営と多様な視点接触	.152*	.346*
相手陣営接触	−.019	.145*

*$p<.001$

表 5-5　オンライン情報のカスタマイズ志向を目的変数とした重回帰分析の結果

	エコーチェンバー構築	多様性追求	
	相手陣営回避	自陣営と多様な視点接触	相手陣営接触
性別 [a]	.003	−.035	.151***
年齢	.073*	.009	−.014
政治的関心	.087*	.214***	.015
政治的無力感	.014	−.064†	.084*
認知欲求	.065†	.178***	.144***
政治志向 [b]	.029	.112***	.009
調整済み R^2	.016**	.117***	.049***

†$p<.1$　*$p<.05$　**$p<.01$　***$p<.001$
[a] 男性＝1，女性＝0　[b] 得点が高いほど革新的政治志向を示す

（$r=.152, p<.001$）。一方で、政治志向と、政治志向を理由とした友達削除や意図的な整理、あるいは相手陣営の情報への積極的接触との有意な相関はなかった。また、政治知識度が高いほど、ソーシャルメディアやニュースアプリの情報が自身の政治志向と一致し、多様な視点が得られると認識していた（$r=.346, p<.001$）。また、政治知識度が高いほど、相手陣営の情報にも接触する傾向があったが、かなり弱い相関であった（$r=.145, p<.001$）。

次に、前述した三つのカスタマイズ志向を目的変数とし、政治的関心、政治的無力感、認知欲求、政治志向を説明変数とする重回帰分析を行った（表 5-5）[5]。分析の結果、年齢が高いほど（$\beta=.073, p<.05$）、政治的関心が高いほど（$\beta=.087, p<.05$）と、エコーチェンバー構築、すなわち相手陣営の情報を回避するためのカスタマイズを行っていた。さらに、革新ほど（$\beta=.112, p<.01$）、政治的関心が高いほど（$\beta=.214, p<.001$）、認知欲求が高いほど（$\beta=.178, p<.001$）、自陣営と一致す

る情報とともに多様な視点の情報に接触していると認識していた。相手陣営の情報に対しては、男性ほど（$\beta = .151, p < .001$）、認知欲求が高いほど（$\beta = .144, p < .001$）、接触していた。

全体的に見て、オンライン上で自分の政治志向と一致しないアカウントや友達の削除など、積極的に情報をカスタマイズし、政治志向と対立する情報への接触を回避する傾向は強くなかったが、年齢層別、政治志向別にカスタマイズ志向の違いが見られた。まず、年齢が高いほど、政治志向と対立する情報への接触を回避し、エコーチェンバー化することが示された。また、革新ほど、オンライン上で自身の政治志向と一致する情報に接触しつつ、より広い視点から多様な情報に接触していると認識していた。

3　オンライン上の政治情報の共有(6)

現在のデジタルメディア環境において、人々は、ニュースを読んだり、共有したり、推薦したりするというニュースの消費過程において自由に選択することができる。そのため、デジタル化された政治情報環境を包括的に検討するためには、政治情報の利用の分析だけでは不十分で、ニュースを共有するという行為についての理解が不可欠である。Su, Liu, & McLeod（2019）は、誰もが情報を発信できる時代においても、政治エリートやマスメディアが、依然としてニュースのゲートキーパーとしての影響力を発揮していると指摘する。一方で、ニュースがオーディエンスの注目を高め、影響を与える過程は大きく変化しており、ソーシャルメディアのユーザーが問題の可視性と見解を拡大していく過程について理解することが重要であると指摘する。ソーシャルメディア上の政治情報の共有は、市民が政治ニュースや政治に関わり、政治的意見や見解を表明する機会であり（Weeks, Lane, Kim, Lee, & Kwak, 2017）、オンライン情報環境を再形成する「政治的関与」の過程である（Su, Liu, & McLeod, 2019）。

ニュースの消費者が政治情報を共有する動機については必ずしも十分な検討が行われていないが（Hasell & Weeks, 2016）、政治志向や党派性との関連性については一定の知見が得られている。まず、Hasell & Weeks（2016）は、二〇一二年アメリカ大統領選挙時に、自分の政治態度と一致するオンラインニュースの利用が、相手陣営の候補者に対するネガティブな感情をもたらし、このような感情的反応がソーシャルメディア上の情報共有の要因となっていることを明らかにした。また、Weeks, Lane, Kim, Lee, & Kwak（2017）は、自分の政治態度と対立するメディアに偶発的に接触することで、党派性の強い人たちが自分たちの政治態度と一致する政治コンテンツを積極的に利用するようになり、それによって政治情報の共有行動が生じることを見出している。次に、前述したSuらの研究では、ニュースに対する認識が、ニュース利用者のニュース情報発信とどのように関わっているかについて、Ｗｅｂ実験に基づいて検討している。実験では、特定の争点に関するニュースフレームに対する認知は、政治志向によって異なることが示された。そして、特定の争点に関するニュースフレームの信頼性、偏向性、重要性、および影響力に対する認識が、ニュース記事の共有意図と関わっていることを明らかにしている。また、Shin & Thorson（2017）は、アメリカの共和党支持者が民主党支持者より、外集団やファクトチェックを行う主体に対し、より否定的な態度を示し、共和党支持者と民主党支持者においてニュースのファクトチェックに関する選択的情報共有が見られることを明らかにした。いずれの研究も、政治情報の共有過程において、党派性や感情的反応、順態度的、反態度的政治コンテンツへの接触の役割を強調しており、自分の政治態度と一致するメディア、または対立するメディアの影響に対する認知が、ソーシャルメディア上の情報共有と関連している可能性を示している。

次に、党派的オンラインメディアの増加と政治メディアに対する選択的関与を考慮し、政治情報の共有と関連する要因を検討する理論的枠組として、「敵対的メディア認知」（hostile media perception）と「メディア影響の推定」（presumed media influence）に注目したい。「敵対的メディア認知」は、Vallone, Ross, & Lepper（1985）が提唱した概念で、特定の争点に関する報道が、自分の態度、または信念から見て偏っていると認知する傾向である。敵対的メディア認知に影響する要因としては「一部のニュース消費者が表面上、中立的なニュースを自分たちの見方に反して、または他の誰かの見方を支持して、偏っていると評価するプロセス」(Arpan & Raney, 2003, p. 266)、「党派的な人が中立的なニュース報道に対して自分の立場に反して偏っているという認識」(Hansen & Kim, 2011, p. 169) など、既存の態度や関与、市民の党派性などに焦点が当てられてきた (Perloff, 2015)。敵対的なメディア認知に関するレビューを行った Perloff (2015) は、とりわけ既存の態度に焦点を当て、敵対的メディア認知を「特定の問題に対して強い既存の態度を持っている個人が、そのトピックに関する表面的に中立で公平なメディア報道が彼らの立場に反して偏っており、相手陣営の視点を支持していると認識する傾向」(p. 707) と定義している。

Vallone らは、敵対的メディア認知に関する先駆的研究でイスラエルとパレスチナの間の紛争を伝えるニュースを用いた実験を行った。実験では、アラブ支持、イスラエル支持、および中立的グループのニュースに関する認識に大きな違いが見られていた。すなわち、アラブ支持の実験参加者はイスラエルとパレスチナの紛争に関するニュースが彼らの立場に反していると評価していたのに対し、イスラエル支持の実験参加者は同ニュースをアラブ寄りであると認識していたのである。一方で、中立グループは同ニュースをバランスの取れたものと評価していた。この研究をきっかけに、敵対的メディア認知と関連する要因、敵対的メディア認知がもたらす結果などに注目が集まった。

これまでの研究についてレビューを行った Feldman (2017) によると、敵対的メディア認知がもたらす結果としては、ニュースメディアへの評価、世論への影響の認識、ニュース消費者の政治的行動などが検討されてきた。例えば、敵対的メディア認知がニュースメディアへの不信に影響を及ぼしており (Tsfati & Cohen, 2005)、敵対的メディア認知の強い人々は、政治的内容が彼らの立場に反して世論に影響を与える可能性があると認識する傾向 (Gunther & Chia, 2001) がある一方で、メディアや民主主義制度への不信だけでなく、敵対的メディア認知が政治的議論や参加などの政治的行動にも影響している可能性（Rojas, 2010）、市民の政治的議論や参加など、政治への関与を高める可能性も指摘されている（Feldman, 2017）。

次に、メディア影響の推定について検討したい。Gunther & Storey（2003）は、メディアの影響プロセスを理解するためには、オーディエンスに対するメディアの直接的な影響より、間接的な影響に焦点を当てるべきだとする。メディア効果に関するこうした視点は、Davison（1983）に端を発する第三者効果研究に基づいている。Davison（1983）は、人々は、「マス・コミュニケーションが他者の態度や行動に与える影響を過大評価する傾向がある」（p. 3）とし、他の人が自分よりメディアに影響されていると信じる傾向があると主張した。第三者効果は、人々が自己へのメディアの影響を過小評価し、他者へのメディアの影響を過大評価する傾向（認知的効果）、こうした偏った第三者認知が社会的に望ましくないメディア内容の規制を支持するといった態度や行動を促す可能性（行動的効果）に大別される（Perloff, 1999）。第三者効果研究では、しばしば、自己と他者への影響認知の差の大きさ（認知的要素、第三者認知）と、それが人々の態度や意図に及ぼす影響（行動的要素、第三者効果）が考慮される。しかし、Gunther & Storey（2003）は、第三者効果研究で変数として扱われることの多い自己と他者への影響認知の差分より、メディア影響の推定そのものに注目する必要があるとする。すなわち、メディアが他者に影響する可能性があるという推定自体が、態度や行動に影響する可能性があるという指摘である。

また、他者へのメディア影響の推定において、メディアの影響を自己と世間の人々との間で比較することも多いが、社会的距離（Gunther, 1991; Perloff, 1999）に注目し他者を内集団と外集団を区分した検討も行われている（e.g., Lambe & McLeod, 2005; Idid & Wok, 2010）。これまでの研究で、自分と比較グループとの関係が近いと認識するほど、第三者認知が低下することが示されている（Lambe & McLeod, 2005; Idid & Wok, 2010）。とりわけ、社会的に望ましくないメディア・コンテンツに対する第三者認知は、内集団より外集団の方が強い傾向があった（Lambe & McLeod, 2005）。Scharrer

（2002）は、外集団へのネガティブなステレオタイプが、メディア影響の推定に影響を与える可能性を指摘する。

政治情報と関連して、他の人々が政治的内容により影響を受けやすいという認識が、政治に対する否定的な態度を助長する可能性（Cappella & Jamieson, 1977）、争点に対する主観的知識や関与度が高い場合、また信頼性が低く偏向的な内容が第三者効果を増加させる傾向が指摘されている（Peter, 2008; Lee, 2009）。政治的コンテンツ、特に政治広告に対する第三者認知の高い人は、否定的な政治的態度を示す可能性が高いことも見出されている（Lee, 2009, July；李、二〇一一）。また、このような政治情報へのネガティブな態度と政治シニシズムは、政治的有効性感覚を低減させることが報告されている（e.g., Pinkleton, Austin, & Fortman, 1998）。

以上を踏まえ、韓国における社会的、政治的立場や距離などにより、他者を順態度的集団（内集団）と反態度的集団（外集団）に区分して、各集団へのメディア影響の推定がニュース共有に及ぼす影響について検討を行った。また、韓国社会において、政治志向を基盤とした敵対的メディア認知と、それがメディア不信とメディアシニシズムにもたらす影響が明らかにされている（李、二〇一九）。前述したように、韓国においてニュース全体に対する信頼度が低い状況を踏まえると、メディアに対する敵対的な態度が、政治情報の共有と拡散に関連している可能性が考えられるため、この点についても検討を行った。

調査データは、二〇一九年一月二五日から三一日の間に実施されたWeb調査の一部である。回答者の四九・九％が男性（n＝五三六）、五〇・一％が女性（n＝五三九）であり、平均年齢は四四・五歳（SD＝13.4）であった。政治志向は、自身の政治志向について五段階で評価してもらった。得点が高いほど、革新であることを示す。敵対的認知は、敵対的に感じるメディアが全くないから多いまでの四件法で測定した。メディア影響の推定は、表5－6に示すように、政治志向から見て、内集団、外集団、中道が、それぞれ、保守系メディア、革新系メディアの影響をどれくらい受けているかを五件法で判断してもらった。政治情報の共有に関しては、「保守系（または革新系）のメディアの情報

表5-6　政治志向から見た内集団、外集団、中道に対するメディア影響の推定の平均値と標準偏差

	保守系メディア	革新系メディア	t（df）
保守			
自己	3.16（1.04）	2.36（.97）	$t(194)=7.073^{*}$
保守野党支持者（内集団）	3.64（1.03）	2.56（1.00）	$t(194)=10.079^{*}$
革新与党支持者（外集団）	2.47（1.14）	3.84（1.12）	$t(194)=-10.666^{*}$
中道	2.80（.88）	3.33（.93）	$t(194)=-5.556^{*}$
革新			
自己	2.24（1.03）	3.45（.80）	$t(384)=-19.001^{*}$
革新与党支持者（内集団）	2.82（.99）	3.40（.85）	$t(384)=-9.534^{*}$
保守野党支持者（外集団）	3.68（1.13）	2.78（.96）	$t(384)=11.642^{*}$
中道	3.05（.89）	3.31（.79）	$t(384)=-4.794^{*}$

$^{*}p<.001$

出典：Lee（2020）, p.28

を家族や知人にSNS（フェイスブック、ツイッターなど）やKakaoTalkで共有するほうだ」という項目を用いて五件法で測定した。

まず、メディア影響の推定に関する結果を表5-6に示す。保守層は革新系メディアの革新執権与党支持者への影響（$M=3.84, SD=1.12$）を、革新層は保守系メディアの保守野党支持者への影響（$M=3.68, SD=1.13$）を最も強く認知していた。また、保守、革新とも、革新系メディアが政治的中道に及ぼす影響をかなり意識していた（保守：$M=3.33, SD=.93$、革新：$M=3.31, SD=.79$）。

次に、性別、年齢、政治知識、同じ政治志向を持っている人とのソーシャルメディア上の交流、敵対的メディア認知、順態度的メディアおよび反態度的メディアの影響の推定を説明変数とし、ソーシャルメディア上の順態度的政治情報の共有を目的変数とする重回帰分析を行った（表5-7）[7]。

分析の結果、順態度的メディアの自陣営への影響認知は、情報共有と有意な関連性が見られなかった。それに対し、保守と革新ともに、順態度的メディアの政治的中道への影響認知が高くなるほど、順態度的政治情報を共有していた（保守：$\beta=.223, p<.01$、革新：$\beta=.178, p<.01$）。さらに、革新において、革新系メディアの保守へ

表5-7　順態度的政治情報の共有を目的変数とした重回帰分析の結果

	保守	革新
性別[a]	.076	.027
年齢	−.010	.156**
政治知識	.186 *	.105 *
交流[b]	.132†	.095†
敵対的メディア認知	−.005	.073
メディア影響の推定		
<u>順態度的メディアの</u>		
順態度的政党の支持者への影響	−.103	.040
反態度的政党の支持者への影響	.089	.212***
中道への影響	.223**	.178**
<u>反態度的メディアの</u>		
順態度的政党の支持者への影響	.120	.067
反態度的政党の支持者への影響	−.010	−.208***
中道への影響	−.046	.096†
調整済み R^2	.109**	.189***

†p<.1　*p<.05　**p<.01　***p<.001
[a] 男性＝1、女性＝0
[b] ソーシャルメディア上で同じ政治志向を持っている人との交流
出典：Lee（2021）, p.333

の影響認知が高くなるほど、SNS上で革新系メディアの政治情報を共有していた（β＝.212, p＜.001）。このような政治情報の共有は、中道や反態度的政党の支持者への「促進的共有」（promotive sharing）と解釈できる。一方で、革新においては保守系メディアの政治的中道への影響認知が高くなるほど、革新系メディアの政治情報を共有する傾向があった（β＝.096, p＝.093）。このような政治情報の共有は、「防御的共有」（defensive sharing）と見なすことができる。一方で、革新は、保守系メディアの保守への影響認知が高くなるほど、革新系メディアの政治情報の共有していなかった（β＝−.208, p＜.001）。その理由としては、調査時点の革新政権で高い政治的有効性感覚を持っている革新の人たちは、保守の人たちを説得する必要がないと見ていると考えられる。

　敵対的メディア認知に関しては、保守と革新ともに、敵対的メディア認知が高くなるほど、順態度的政治情報の共有度が高くなると予想したが、有意な関連性は見られなかった。次に、政治知識については、保守と革新ともに、政治知識度が高いほど、順態度的政治情報を共有しており（保守：$\beta = .186, p < .05$、革新：$\beta = .105, p < .05$）、ソーシャルメディア上で同じ考えを持つ人と交流しているほど、順態度的政治情報を共有する傾向が示された（保守：$\beta = .132, p = .060$、革新：$\beta = .095, p = .053$）。この傾向は、沈黙の螺旋理論の考え方と一致するものである（Noelle-Neumann, 1974）。すなわち、ソーシャルメディア上の相互作用から、自分が多数派だと認識した情報を積極的に表明する傾向を示すものである。

以上の分析から、政治情報の共有と関連して、促進的および防御的という、異なるタイプの政治情報の共有が明らかにされた。いずれも、中道に対する順態度的、反態度的メディアの影響推定が、オンラインの政治情報の共有と関連していることを示す結果であった。保守と革新ともに、中道に対する順態度的メディアの影響を認知した場合、それぞれ順態度的政治情報を共有し、「促進」する傾向が見られた。それに対し、革新の人たちは、中道に対する反態度的メディアの影響を認知した場合、順態度的、すなわち革新系の政治情報を共有することで「防御」しようとする傾向が見られた。

おわりに

以上、韓国の政治状況とメディア環境の変化を踏まえ、政治志向を基盤とした政治情報の選択的接触と共有について論じてきた。政治情報への接触行動と関連して、韓国社会において、ニュース全体に対する信頼とニュースへの接触行動はかなり特徴的な様相を見せている。すなわち、ニュース全体に対する信頼度はかなり低いものの、個別ニュースメディアの信頼性はかなり高い水準であった。その背後に、近年、韓国社会において、政治志向や政治的対立、既存のメディアに対する不信が深化していることが考えられる。また、ＹｏｕＴｕｂｅの政治専門チャンネルの拡大を背景に、保守層と革新層が政治情報源として利用しているオンラインメディアの極性化が浮き彫りになった。

次に、情報への選択的接触の要因については、政治志向による認知的特性の違い、オンライン情報をカスタマイズし、ニュースエコシステムを調整する行為に注目し、検討を行った。保守と革新の間で認知的完結欲求、統合的複雑性といった認知的な特性の顕著な違いは見られなかった。全体的に見て、ソーシャルメディアやオンライン上で、自分の政治志向と一致しないアカウントや友達の削除といった、情報を積極的にカスタマイズし、自分の政治志向と異なる情報への接触を回避する傾向もそれほど強くなかった。しかしながら、年齢が高いほど、自分の政治志向と異なる情報への接触を回避する傾向があり、エコーチェンバー化する可能性が示された。また、革新的政治志向の人は、ソーシャルメディアなどオンライン上で自分の政治志向と一致する情報に接触しつつ、より広い視点から多様な情報に接触しようとするカスタマイズを行う傾向があった。

ＳＮＳとインターネットは、ニュースや政治情報のチャンネルだけでなく、政治的コンテンツを共有し広めることで政治的意見や立場を表現するチャンネルをも拡大させた（Weeks & Holbert, 2013; Kümpel, Karnowski, & Keyling, 2015）。政治情報の共有に関する研究では、政治情報の共有過程において、党派性や感情的反応、順態度的、反態度的政治コンテンツへの接触の役割が注目されてきた。本章では、韓国社会における党派的オンラインメディアの増加と政治メディアに対する選択的関与を考慮し、政治情報の共有に関する理論的枠組として、「敵対的メディア認知」と「メディア影響の推定」に注目し、自分の政治態度と一致するメディア、または対立するメディアの影響に関する推定が、ソーシャルメディア上の情報共有にどのように関連しているかを検討した。

総じて、分析結果は、党派的メディアの影響の推定と、オンライン上の情報共有プロセスとの間の関連性を示すものであった。具体的には、政治的中道への順態度的、反態度的メディアの影響の推定が、政治的情報の共有のプロセスにおいて重要な役割を果たしていた。とりわけ、保守と革新の政治的中道への態度が政治情報の共有や政治的説得過程において重要な要因であることが示された。コミュニケーションの二段階流れモデルの観点から考えると、政治情報の選択的共有行動は、党派的ニュースの共有を通して、広範なオーディエンスに対し間接的な影響力を持つ可能性がある（Hasell & Weeks, 2016）。こうしたプロセスをより厳密に解明していくために、今後は、政治的ニュースやメッセージを題材とした実験的アプローチにより、党派的メディアの影響の推定や感情的反応など、党派性の強い人々の心理的プロセスを詳細に分析する必要があるだろう。

韓国社会におけるオンラインを中心とする党派的メディアの増加、選択的接触による極性化は、多様な政治的意見への接触を制限し、政治的寛容性を低減させる可能性がある。一方で、前述したように、党派性が強いほど、政治的関心、政治知識、政治ニュースへの関心が高い傾向も確認されている。「ドラマよりニュースのほうが面白い」といった人々の反応にも、ダイナミックに展開される韓国の政治状況と政治ニュースへの関心の高さが表れている（李、二〇二〇）。そして、党派性やデジタルメディア環境を基盤とした「選択的機会の増加」と、主要メディアの利用を通した「共有された経験」（Stroud, 2010, p. 571）によって、市民の政治参加が促進される可能性が指摘されている。韓国社会においても、党派性に基づく選択的接触による極性化が、市民の政治的対立や社会の分断をもたらす側面がある一方で、政治的立場や志向の違いが顕在化することで、政治ニュースや政治への市民の関心が高まり、政治情報への接触機会が拡大され、政治参加が促進されるという解釈も可能ではないだろうか。

注

（1）番組名は「私はせこいやつだ」という意味で、当時の人気歌番組の「私は歌手だ」という番組名から由来したものである。

（2）保守系の集会に参加する人たちが国旗を持っている場合が多いことから「太極旗部隊」と称され、扇動的内容の放送を行うユーチューバーも現れた。

（3）　ＪＴＢＣは、二〇一一年に開局し、衛星放送、ケーブルテレビ向けに放送を行っているテレビ放送局である。ろうそく運動の発端となったスキャンダルを報じ、革新系の人々を中心に支持を得てきた。ロイタージャーナリズム研究所（2018, 2019）の報告でも、ＫＢＳやＭＢＣなどの地上波放送のニュースを抑えて、ＪＴＢＣニュースへの接触度と信頼度が最も高かった。

（4）　調査の詳細は、本章の「3．オンライン上の政治情報の共有」を参照されたい。

（5）　説明変数間の多重共線性を確認するためＶＩＦを算出し、多重共線性の問題はないことを確認した。

（6）　本節は、次の筆者の論文に修正、加筆を行ったものである。Lee, J.（2020）. How partisan media influences political attitudes of polarized audience: The role of presumed media influence. *Keio Communication Review*, 42, 17–33.

（7）　説明変数間の多重共線性を確認するためＶＩＦを算出し、多重共線性の問題はないことを確認した。

引用・参照文献

明るい選挙推進協会（二〇〇八）.「第21回参議院議員通常選挙の実態」Retrieved from　http://www.akaruisenkyo.or.jp/066search/index.html

Arpan, L. M., & Raney, A. A.（2003）. An experimental investigation of news source and the hostile media effect. *Journalism & Mass Communication Quarterly*, 80（2）, 265–281.

Auxier, B. E., & Vitak, J.（2019）. Factors motivating customization and echo chamber creation within digital news environments. *Social Media + Society*, 5（2）, 1–13.

Cappella, J. N., & Jamieson, K. H.（1997）. *Spiral of cynicism: The press and the public good*. New York, NY: Oxford University.

Davison, W. P.（1983）. The third-person effect in communication. *Public Opinion Quarterly*, 47（1）, 1–15.

Feldman, R.（2017）. The Hostile media effect. In Kenski, K., & Jamieson, K. H.（eds.）*The Oxford Handbook of Political Communication*. Retrieved from https://www.oxfordhandbooks.com/view/10.1093/oxfordhb/9780199793471.001.0001/oxfordhb-9780199793471-e-011

Gunther, A. C.（1991）. What we think others think: Causes and consequences in the third person effect. *Communication Research*, 18（3）, 355–372.

Gunther, A. C., & Chia, S. C. Y.（2001）. Predicting pluralistic ignorance: The hostile media perception and its consequences. *Journalism & Mass Communication Quarterly*, 78（4）, 688–701.

Gunther, A. C., & Storey, J. D.（2003）. The influence of presumed influence. *Journal of Communication*, 53（2）, 199–215.

Hansen, G. J., & Kim, H. (2011). Is the media biased against me? A meta-analysis of the hostile media effect research. *Communication Research Reports*, 28 (2), 169–179.

Hasell, A., & Weeks, B. E. (2016). Partisan provocation: The role of partisan news use and emotional responses in political information sharing in social media. *Human Communication Research*, 42 (4), 641–661.

Idid, S. A., & Wok, S. (2010). *Testing the third-person effects theory on political campaign in Malaysia*. Paper prepared for International Communication and Media Conference (ICOME'10) Communication and Society: Challenges and Engagement. Retrieved from http://irep.iium.edu.my/626/.

Jost, J. T., Glaser, J., Kruglanski, A. W., & Sulloway, F. J. (2003). Political conservatism as motivated social cognition, *Psychological Bulletin*, 129 (3), 339–375.

Kim, H.-J. Kim, Y. I., & Huh, E. (2019). The effect of social trust and conflict perception on news use. *The Journal of the Korea Contents Association*, 19, 150–161. (in Korean) Retrieved from https://www.koreascience.or.kr/article/JAKO201914456457225.pdf

Knobloch-Westerwick, S. (2012). Selective exposure and reinforcement of attitudes and partisanship before a presidential election. *Journal of Communication*, 62 (4), 628–642.

Kruglanski, A. W., & Webster, D. M. (1996). Motivated closing of the mind: "Seizing" and "freezing." *Psychological Review*, 103 (2), 263–283.

Kümpel, A.S., Karnowski, V., & Keyling, T. (2015). News sharing in social media: A review of current research on news sharing users, content, and networks. *Social Media + Society*, 1 (2), 1–15.

Lambe, J. L., & McLeod, D. M. (2005). Understanding third-person perception processes: Predicting perceived impact on self and others for multiple expressive contexts. *Journal of Communication*, 55 (2), 277–291.

Lee, J. (2009). *Third-person effects of political news and advertising*. Paper presented at the 52th Annual Conference of International Association for Media and Communication Research, Political communication research section: Political communication awareness and democracy in South-East Asia, Mexico City, Mexico.

李津娥（二〇一一）．『政治広告の研究—アピール戦略と受容過程—』東京女子大学学会研究叢書二四，新曜社．

李津娥（二〇一四）．多様化するメディア環境における政治広告，日本マス・コミュニケーション学会『マス・コミュニケーション研究』八五号，二三一–三九．

Lee, J. (2020). How partisan media influences political attitudes of polarized audience: The role of presumed media influence. *Keio Communication Review*, 42, 17–33.

Lee, J.（2021）. Political polarization and selective sharing in Korea: Exploring the role of presumed media influence and hostile media perception, *Journal of Law, Politics, and Sociology*, 93（12）, 95（325）112（342）.

李光鎬（二〇一九）．敵対的メディア認知とメディアシニシズム―韓国社会におけるその実態の把握―，慶應義塾大学メディア・コミュニケーション研究所『メディア・コミュニケーション』六九号，八五－九五．

李光鎬（二〇二〇）．韓国におけるメディアシニシズムと政治ニュースの「消費」，選択的接触，慶應義塾大学法学部『法学研究』九三巻一二号，三六六（七一）－三四三（九四）．

Lee, Y., & Chun, S.（2013）. The persuasive effects of political ideology-congruent fear appeal in political advertising. *The Korean Journal of Advertising*, 24（7）, 38–65.（in Korean）

Lins de Holanda Coelho, G., HP Hanel, P., & J. Wolf, L.（2020）. The very efficient assessment of need for cognition: Developing a six-item version. *Assessment*, 27（8）, 1870–1885.

Mooney, C.（2012）. *The Republican brain: The science of why they deny science-and reality*. Hoboken, New Jersey: John Wiley & Sons.

Noelle-Neumann, E.（1974）. The spiral of silence: A theory of public opinion. *Journal of Communication*, 24（2）, 43–51.

Park, S.-H., Kim, S.-H., & Joung, S. H.（2020）. Effects of Politics Channels of YouTube on Political Socialization. *The Journal of the Korea Contents Association*, 20（9）, 224–237.（in Korean）

Perloff, R. M.（1999）. The third-person effect: A critical review and synthesis. *Media Psychology*, 1（4）, 353–378.

Perloff, R. M.（2015）. A three-decade retrospective on the hostile media effect. *Mass Communication and Society*, 18（6）, 701–729.

Peter, J.（2008）. Third-person effect. In L. L. Kaid, & C. Holtz-Bacha（Eds.）, *Encyclopedia of Political Communication*, Vol.2（pp. 789–790）, Thousand Oaks, CA: Sage Publications.

Pew Research Center（2014）. Political polarization and media habits: From Fox News to Facebook, how liberals and conservatives keep up with politics. Retrieved from http://www.pewresearch.org/wp-content/uploads/sites/8/2014/10/Political-Polarization-and-Media-Habits-FINAL-REPORT-7-27-15.pdf

Pinkleton, B. E., Austine, E. W., & Fortman, K. K. J.（1998）. Relations of media use and political disaffection to political efficacy and voting behavior. *Journal of Broadcasting and Electronic Media*, 42（1）, 34–49.

Prior, M.（2013）. Media and political polarization. *Annual Review of Political Science*, 16, 101–127.

Reuters Institute for the Study of Journalism (2018). *Digital news reports 2018.* Retrieved from http://digitalnewsreport.org

Reuters Institute for the Study of Journalism (2019). *Digital news reports 2019.* Retrieved from http://digitalnewsreport.org

Reuters Institute for the Study of Journalism (2020). *Digital news reports 2020.* Retrieved from http://digitalnewsreport.org

Roets, A., & Van Hiel, A. (2011). Item selection and validation of a brief, 15-item version of the Need for Closure Scale. *Personality and Individual Differences,* 50 (1), 90–94.

Rojas, H (2010). "Corrective" actions in the public sphere: How perceptions of media and media effects shape political behaviors. *International Journal of Public Opinion Research,* 22 (3), 343–363.

Scharrer, E. (2002). Third-person perception and television violence: The role of out-group stereotyping in perceptions of susceptibility to effects. *Communication Research,* 29 (6), 681–704.

Schmitt, K. M., Gunther, A. C., & Liebhart, J. L. (2004). Why partisans see mass media as biased. *Communication Research,* 31 (6), 623–641.

Shin, J., & Thorson, K. (2017). Partisan selective sharing: The biased diffusion of fact-checking messages on social media. *Journal of Communication,* 67 (2), 233–255.

Song, I. D. (2012). The effects of 'Naneun Ggomsuda' on college students' political knowledge, political self-efficacy, and political participation -A comparison with TV, newspapers, and the Internet. *Journal of Political Communication,* 27, 101–147. (in Korean)

Stroud, N. J. (2010). Polarization and partisan selective exposure. *Journal of Communication,* 60 (3), 556–576.

Su, M.-H., Liu, J., & McLeod, D. M. (2019). Pathways to news sharing: Issue frame perceptions and the likelihood of sharing. *Computers in Human Behavior,* 91, 201–221.

Sundar, S. S., & Marathe, S. S. (2010). Personalization versus customization: The importance of agency, privacy, and power usage. *Human Communication Research,* 36 (3), 298–322.

Tetlock, P. E. (1981). Personality and isolationism: Content analysis of senatorial speeches. *Journal of Personality and Social Psychology,* 41 (4), 737–743.

Tsfati, Y., & Cohen, J. (2005). Democratic consequences of hostile media perceptions: The case of Gaza settlers. *Harvard International Journal of Press/Politics,* 10 (4), 28–51.

Vallone, R. P., Ross, L., & Lepper, M. R. (1985). The hostile media phenomenon: Biased perception and perceptions of media bias in coverage of the Beirut massacre. *Journal of Personality and Social Psychology,* 49 (3), 577–585.

Weeks, B.E., & Holbert, R.L. (2013). Predicting dissemination of news content in social media: A focus on reception, friending, and partisanship. *Journalism & Mass Communication Quarterly*, 90 (2), 212–232.

Weeks, B. E. Kim, D. H, Hahn, L. B., Diehl, T. H., & Kwak, N. (2019). Hostile media perceptions in the age of social media: Following politicians, emotions, and perceptions of media bias. *Journal of Broadcasting & Electronic Media*, 63 (3), 374–392.

Weeks, B. E., Lane, D. S., Kim, D. H., Lee, S. S., & Kwak, N. (2017). Incidental exposure, selective exposure, and political information sharing: Integrating on-line exposure patterns and expression on social media. *Journal of Computer-Mediated Communication*, 22 (6), 363–379.

山田一成(一九九〇)．現代大学生における政治的疎外意識の構造．『社会心理学研究』五巻一号，五〇－六〇．

第6章　大衆団体法とイスラム化の葛藤
――二一世紀インドネシアにおける新しい大衆像

山本　信人

そのことの善し悪しは別として、今日のヨーロッパ社会において最も重要な一つの事実がある。それは、大衆が完全な社会的権力の座に登ったという事実である。大衆というものは、その本質上、自分自身の存在を指導することもできなければ、また指導すべきでもなく、ましては社会を支配統治するなど及びもつかないことである。したがってこの事実は、ヨーロッパが今日、民族や文化が遭遇しうる最大の危機に直面していることを意味しているわけである。こうした危機は、歴史上すでに幾度か襲来しており、その様相も、それがもたらす結果も、またその名称も周知のところである。つまり、大衆の反逆がそれである（オルテガ『大衆の反逆』一九九五：一一）。

はじめに

インドネシアにはオルマス（ormas）という言葉がある。これはインドネシア語のオルガニサシ・マサ（organisasi massa）[1]あるいはオルガニサシ・マシャラカット（organisasi masyarakat）の略語である。字義通りに訳すと、前者は「大衆団体」、後者は「コミュニティ組織」ないしは「社会組織」となる。オルマスのなかには市民団体あるいは非政府組織（NGO）も含まれる[2]。

一九八〇年代からインドネシア政府は大衆団体法を策定し、大衆団体を登録制にして監視や規制の対象としてきた。当時から大衆団体法の制定に関しては各種社会団体が危機感を抱き、不満を表明していた。にもかかわらず大衆団体法は二〇二一年時点でも存在している。この記述には説明が必要となる。というのも、一九八〇年代は権威主義的統治をしていたスハルト政権期であったが、一九九八年五月に同政権は崩壊しインドネシアは民主化の道をたどってきたからである[3]。ところが大衆団体法に関しては、民主化から一〇年以上経ち民主主義の定着過程にあった二〇一三年と二〇一七年に改正が実施され、それによって政府の権限は強化された。しかも改正の内容は社会団体に批判されながらも、政治的な民主主義とは逆行するかのような改正がおこなわれてきた。

一九九九年以降のインドネシアでの民主化の流れはイスラムの保守化も活性化させた。なかには過激な主張を展開し、暴力を辞さない姿勢をみせる団体も登場した。イスラム団体も大衆団体法の対象であり、論理的には、そうした団体に対して大衆団体法による規制が入ることになるが、事は簡単に進まない。世俗国家でありながら、人口の九割近いイスラム教徒を抱えるインドネシアでは、イスラムの弾圧はタブーに近い。しかもデジタル空間という新しい「場」を媒介にして、急進的な主張を支持する都市中間層のイスラム教徒が急増しているという現実もある。そのために一部の過激なイスラム団体ですら、容易に規制の対象とすることはできないという社会的な事情がある。

大衆団体法をめぐる政治はインドネシア政府の統治のあり方の変化を反映させるだけではなく、民主化後のインドネシアにおけるメディア政治の新しい局面をも反映させている。二一世紀に入ってからの情報技術の発達によってメディア環境は劇的に変化した。このことが政府、政治政党のみならず、制度的な政治過程の外に位置する社会勢力、社会運動体の行動にも影響をあたえている。それは新しい政治的コミュニケーションと動員の機会がつくられたことを意味するからである。政治的コミュニケーションは政治的なアイデンティティやイメージを作るために、政治・社会状況の変容を映しだすことにもなる（McNair 2018）。

では民主化あるいは民主主義の定着という流れのなかで、なぜインドネシア政府は大衆団体への監視と規制を強化することになったのか。そもそも大衆団体法とはどのような政治的な意味を秘めていたのか。時の政権はなぜ特定のタイミングで大衆団体法を改正したのか。改正の前後でどのような政治的アイデンティティやイメージが表れていたのか。

こうした問いを考えることで、本章では、二一世紀インドネシアにおける統治と社会の変容、そこに現れるメディア政治の新しい形について分析する。

1　オルマスの顕在化

民主主義が定着する過程で、特に二〇一〇年代以降、オルマスはインドネシア社会のなかで顕在化してきた。オルマスが顕在化するとは奇妙な表現である。市民団体やＮＧＯの活動が民主社会の一部となるため、それをもって顕在化すると表現することは表現矛盾になる。ところがインドネシアの場合、一部のオルマスの過激な言動や暴力的な行為が目立ち、マスメディアで報道され、あるいはソーシャルメディアで映像が拡散するという状況が生まれた。ではなぜオルマスが顕在化したのか。

1－1　オルマスとは

インドネシアには、二〇一九年時点で登録されていたオルマス（大衆組織）が四二万三八一団体ある。二年前の二〇一七年は三四万四〇三九団体であったので、一年あまりのあいだに七万六〇〇〇以上の団体が登録されたことになる。オルマスは監督省庁ごとに登録されるので、三つの種類に分けられる。内務省関連では二万五八一二団体、内訳は内務省登録が一六八八団体、州政府登録が八一七〇団体、地方・市政府の登録が一万六九五四団体となっている。つぎに法務人権省は法人登録されており、そこには三九万三四九七団体ある。内訳は協会としての登録が一六万三四一三団体、財団登録が三万八四団体である。最後に外務省登録であるが、これは外国籍の団体であり、七二団体となっている（Analisa 2019）。いうまでもなく、これらのオルマスにはＮＧＯや人権団体などのいわゆる市民団体だけではなく、宗教団体や政治団体なども含まれる。

このように四二万超の多種多様なオルマスが登録されているのであるが、オルマスに対する社会・国民の関心が高まったのは二〇一〇年代であった。二〇一〇年代になるとオルマスは頻繁にメディアに登場するようになったからである。メディア上に現れるオルマスは前記のオルマスがすべて含まれるわけではなく、イスラム保守派であり急進派である特定のオルマスのことを指す。結果として二〇一〇年代以降のオルマスは、排他的な主張を繰り広げるイスラム主義団体を指して使われるようになった。そのために現在では、インドネシア国民がオルマスという言葉を見聞すると、そうした排他的で過激な主張や行動を辞さない団体のことを想像する。

これらメディアに露出するオルマスは、宗教を旨とする社会団体でありながらも特定の政治的・宗教的な主張を有するが、特定の政治政党の下部組織ではない。ところが二〇一〇年代以降、インドネシアで五年に一度実施される大統領選挙、総選挙、地方首長選挙が、オルマスに格好の活動の場をあたえるようになった。オルマスは選挙をめぐり自分の敵対する候補者を措定し、徹底的なネガティブ・キャンペーンを張るが、逆に支持する候補者の集会には総動員をかける。自らが措定した敵対する候補者に対するネガティブ・キャンペーンは、具体的な反対集会だけではなく、ソーシャルメディアを利用したメディア戦略によって展開されるという特徴もある。マスメディアがオルマスに関する報道をする場合は、支持者を動員した反対集会で気勢を上げるオルマスの姿が大半である。そこで目につくのはネガティブ・キャンペーンのスローガンである。「共産主義者」、「中国人（外国人）」というレッテルを対立候補につけることは、二〇一〇年代の選挙運動時にしばしばみられた光景である。

1−2　選挙政治

二〇一〇年代のインドネシアでは、民主化が始まって一〇年を経たこともあり、民主主義の新しい展開として選挙政治に注目が集まってきた。概ねインドネシアの選挙政治の傾向としては、独特の恩顧主義がはびこり民主主義が投げ売りにされているような状況（Aspinall and Berenschot 2019）、その結果として「分断の政治」が横行するようになった（本名 二〇一九）という見方が強い。

このような選挙政治にオルマスが積極的に関与していた。しかもそこで暗躍しているとみなされたオルマスとは「イスラム防衛戦線」（Front Pembela Islam、以下ＦＰＩ）やインドネシア解放党（Hizbut Tahrir Indonesia、以下ＨＴＩ）であった。こうしたオルマスの選挙政治への関与は、社会的な分断を促す要素（Warburton 2020; Nuraniyah 2020）あるいは「社会運動という組織化されない手段による政治動員」とする見方（川中 二〇一九：二）、イスラム的なポピュリズムとして分析する研究や（Hadiz 2016）、ソーシャルメディアを媒介にした偽情報（disinformation）が分断をもたらしているとする見方（Saraswati 2021）として研究者から提示されている。たしかに二〇一〇年代のインドネシアにおける各種選挙では、候補者のパーソナリティが重視され、選挙活動ではネガティブ・キャンペーンが横行し、集票マシーンとしての政党の機能が衰退していることからも、社会的な分断や亀裂が深まっているようにもみえる（Tomsa and Setijadi 2018; Fossati, Muhtadi and Warburton 2019）。

ところがインドネシアの場合は、アメリカやタイのように社会的な分断と選挙政治とが連動しているわけではない（吉田 二〇二〇：Sinpeng 2021）。アメリカやタイは社会的な分断が存在していて、それをポピュリスト的な手法で選挙政治が利用し集票マシーンとしての政党が機能することで、選挙によって社会的な分断や亀裂が一層深まった。それに対してインドネシアの場合は、選挙政治での候補者のパーソナリティは強調されるものの、選挙では政党の重要性が低下してきていた。その間隙を縫うように、集票機能の主たる担い手としてオルマスが暗躍するようになった。

1－3　オルマスへの視角

とするならば、オルマスの政治性を理解するためには、オルマスの動員力の要因を分析する必要がある。すなわち、オルマスはそれぞれ確固たる信念を有し、そのうえで社会的な分断や亀裂という言説を政治利用しているという視角が重要となる。

しかもオルマスだけをみていても、オルマスの政治的社会的な影響力を計り知ることはできない。そこには主流メディアやソーシャルメディア、デジタルメディアなどのメディアが介在するからである。すなわち、オルマスは自らの動員力を駆使した社会運動を展開することでメディアの脚光を浴び、メディアを通して一定のイメージがつくられるというメカニズムも存在するのである。メディアを通してオルマスに関する「現実」がつくられる。ポイントはオルマスに関する複数の「現実」と認識がインドネシアに広まったということである。

運動を展開するオルマスはそのことを十分に理解している。そのために運動では団体のシンボル、横断幕やスローガンを目にみえる形で掲げ、それらが映像を通して「拡散」する・されることで戦術的な重要性が生まれる。そうすると、選挙政治だけに焦点を当てることではオルマスの政治性はみえてこない。それはむしろＦＰＩやＨＴＩなどのオルマスの争点化戦略に関わる。選挙に関しては対立候補を攻撃するために、対立候補を「共産主義者」や「中国人」あるいは「中国」の影響下にあるというように争点化する。

選挙運動時以外にもオルマスは社会問題を争点化する。典型的なのは、ＬＧＢＴの排除（Human Rights Watch 2016）、ＨＩＶ施設の襲撃（Knight 2019）、パプア人の排除（Yamamoto 2022）である。そこにあるのは単なる排除の論理だけではない。オルマスにはイスラムとしての正当性を主張し、自ら敵を措定し、それに対してメディア戦略を立て自己主張を展開するという特性がある。そのイメージが受け手にとってはオルマスの現実として受容される。それは情報の受け手にとってみると、オルマスの宣伝や運動に共感するか否かは別にして、自分のイメージしたオルマスと合致するものとなるのである。

以上のようにオルマスを整理してみると、オルマスの政治的社会的な影響力は選挙政治によって勢いづけられたことがわかる。同時にひとたび影響力を誇示できると、それがメディアによって再生産されるというメカニズムをオルマスは巧妙に利用している。その結果オルマスという亡霊が社会と国民の頭のなかに彷徨うことになる。

とはいえ本章では、急進的なオルマスそのものに焦点を当てることはしない。ＦＰＩやＨＴＩに関する良質の研究はすでに多数ある（Mietzner 2018; Barton 2020; Osman 2018）。その代わり本章では、オルマスの監視、規制、排除の根拠となる大衆団体法の変遷に焦点を当てる。オルマスに対する政権の態度は政権にとってのオルマスの「現実」であり、それによって時の政権がいかなる社会認識を有しているのか、どのようにして社会秩序を構築しようとしているのかを知ることができるからである。この作業によって、ＦＰＩやＨＴＩあるいはこうした急進的な団体を政治的に利用してきた政治家や政治政党の掲げるような排他的なナショナリズムではなく、むしろ政府が実践するナショナリズムの一面を明らかにすることになる。

インドネシアは一九六六年から一九九八年まで、三二年間にわたりスハルト大統領による権威主義的統治が敷かれていた。スハルト政権は「新体制」と自己規定をし、それまでのスカルノ政権の政治を否定する形で、新しい政治を展開した。その新しい政治とはマサ（大衆）の統制の政治であった。本節ではこの過程を簡単に振り返っていこう。

2　マサ（大衆）の統制

2‐1　浮遊する大衆

一九六五年九月三〇日、共産党によるクーデタ未遂事件が発生した（政府公式見解による）。このクーデタに素早く対応して鎮圧したのがスハルト陸軍少将であった。クーデタ直後からスハルトは実権を掌握し、クーデタから一年半後の一九六七年三月大統領に就任した。

クーデタを鎮圧すると、スハルトは政治政党のガス抜きにとりかかった。第一には共産党の解体であった。共産党幹部は処刑され、インドネシア各地で党員やシンパなど共産党関係者の集団虐殺が多発した。スハルトからの強い要請のもと一九六六年七月五日には暫定国民協議会決定一九六六年二五号が採決されたことで、共産党とマルクス・レーニン主義が非合法化された（MPRS 1966）。これが一連の虐殺行為を正当化する根拠ともなった。第二に政権与党を担う職能集団たるゴルカルを創設した。ゴルカルは官僚、軍人をはじめとして社会団体を組織化し、政権「与党」としてスハルト体制の下支えをした。スハルト体制下で実施された六回の総選挙すべてでゴルカルは絶対多数を保持した。第三には具体的には多数存在していた政党の「整理」である。結果として一九七三年には、民族派の民主党とイスラム派の開発統一党に「集約」された。開発統一党はイスラム系四政党の合同体であり、非イスラム系の五政党が民主党に統合された。

スハルトによる政党の「整理」は何を意味していたか。これは単に政党を整理し、従来の政治エリートのガス抜きをするだけではなかった。第二の大切な目的は、有権者たるマサ（大衆）の再定義であった。この任を担ったのは、一九七〇年代当時、スハルト大統領の右腕として辣腕を振るっていたアリ・ムルトポであった。陸軍出身のかれは、一九六七年に設立された国家情報調整庁（ＢＡＫＩＮ）副長官に任命されると、インドネシアにおける諜報機関の近代化に貢献した。政治政党の「整理」はムルトポの仕事であった。かれは政党の整理をするにあたって、「浮遊する大衆」（massa mengambang）という新しい概念を生みだした。(4)

ムルトポはマサ（大衆）操作の設計士であった。マサ（大衆）に関するかれの認識はスハルト時代の政治を象徴していた。ムルトポは「人民はサーカスのライオンのようで、胃がいっぱいなら何でも注文したいと思うが、胃が空腹なら彼らは自分のハンドラーを食べることを躊躇しない」（Siregar 2018: 143）と明言して。ここでライオンに譬えられている「人民」とは「マサ（大衆）」と同義に考えてよい。胃袋をつかむことで、つまり経済開発を推進することで、人民＝大衆が権力に異議を唱えないようなシステムをつくるということである。

そして「浮遊する大衆」にはスハルト体制にとっての特別な意味合いが賦与された。スハルト体制とは開発と安定を目的とした権威主義体制であったが、そこでは選挙による国民からの正当性の賦与が手続き的には重視されていた。選挙という手続きでの国民からの負託を得るために、「浮遊する大衆」は生みだされた。すなわち、五年に一度実施される総選挙で自らの政治的趣向を表現することが許された「浮遊する」有権者をいかに統制し、動員するのか。かれらの政治的な位置づけとは、選挙では重要な役割を有するのに対し、選挙がない期間には特別な政治的役割はなく、やることといったらひたすら経済発展のために全身全霊を捧げる存在というものであった。そのために、政治政党は村落部での選挙活動が認められていなかったのだが、ゴルカルだけは特別に全国各地に張りめぐらされていた地方行政機関や国軍のネットワークを活用して集票することが黙認されていた（Crouch 1978: 271–272）。

このようにスハルト時代の「浮遊する大衆」は、日常的には動員されていないのだが、選挙という非日常時においてのみ政治的に動員される対象として位置づけられていた。スハルト政権下のマサ（大衆）工作は結果としてスハルトが望む国民をつくりだしたのである。

2－2　一九八五年大衆団体法

一九六八年に成立したスハルト政権は、権威主義的体制として知られているが、意外にも大衆団体を規定する法律の成立は遅かった。前述のように、ムルトポは「浮遊する大衆」という概念を導入したが、それ自体は公式な文書であったわけではなく、法制化されたものでもなかった。

スハルト大統領は一九六八年の大統領就任以来、建国五原則であるパンチャシラを政党や団体の組織原則とすることを考えていた。これには国是としてのパンチャシラをイデオロギー化して、対抗イデオロギーとなりうる共産主義や急進的なイスラム主義を抑制するという意図があった。九月三〇日事件で共産党は非合法化され、共産主義勢力は実質上排除されていた。他方で、イスラム勢力を開発統一党として一纏めにしたものの、政治的に排除するまでには至らなかった。そのために一九七〇年代を通してイスラム系政党の反対があったために法制化はかなわなかった。

しかし一九八〇年代初頭に情勢が変化した。イスラム団体内での世代交代が進み、パンチャシラを各種団体規則に設定する道が開けたのである。それを受けて早くも一九八二年八月一六日の独立記念演説で、スハルト大統領はパンチャシラ唯一原則化に言及した。そして一九八四年六月にはすべての大衆団体がパンチャシラを唯一原則とする大衆法案が上程された。

一九八五年四月二二日、国会内では大衆団体法に関する特別委員会が始まった。大衆団体の定義はインドネシア市民が自主的に設立した団体を包括する内容となっていた。除外された組織は、ボーイスカウト、公務員組織、一般企業だけであった。パンチャシラ唯一原則化に対してはイスラム団体を背景にしたイスラム系の開発統一党からの猛反発があったが、最終的にはイスラム団体も大衆団体法を受け入れることに同意した形になった。その肝はパンチャシラを唯一の原則とするのではなく、イスラム唯一信仰の次の項目に入れるという妥協点を勝ち取った事実であった（Weatherbee 1985; Nugroho 2013）。

大衆団体法案は一九八五年五月に国会で成立、六月一七日にはスハルト大統領が法案に署名。こうして大衆団体法（一九八五年法第八号）は成立した。大衆団体法は市民団体や学生組織にも適用されたが、基本的には内務省の管轄となった。そのため各種団体や組織に対して法的な手続きを経ずに、政府、すなわち内務省が団体に対して活動停止や解散を命ずる権限を有することになった（一九八六年法第一八号）。したがって人権擁護団体などからは、一九八五年大衆団体法は各種団体を政府が監視し統制するための法律として認識されていた（Nugroho 2013）。

いずれにしても、一九八五年大衆団体法の成立によって、各種団体は内務省に登録する義務が発生した。各団体の規約にはパンチャシラが掲げられ、政府がイデオロギー統制をするという意図も明確になった。しかも内務省が団体の活動停止や解散権をもつことで、各団体の行動に対する抑止力が働く仕掛けにもなっていた。そのために一九八五年大衆団体法は、権威主義的統治といわれたスハルト政権の社会統制を象徴する法律であった（Syam 2009）。権威主義的な統治で「浮遊する大衆」を操るだけではなく、大衆が浮遊しないように各種団体に結びつけ、同時に各種団体にも監視の目を光らせるということである。

3　民主化とイスラム化

一九九八年五月、三二年間続いたスハルト政権は崩壊した。そこからインドネシアは民主化の道を歩み始めた。社会的な側面で顕著だったのは、都市中間層を消費者としたイスラム宗教市場が活性化したことである（見市 二〇一四）。では、民主化したあとのインドネシアでは政治政党、宗教団体、社会団体などはどのような位置づけになったのか。この問いを突き詰めていくと、当時のインドネシア政府が抱えることになった二律背反の状況がみえてくる。インドネシアでは、民主化とイスラム化という二つの異なる政治・社会的な文脈が同時並行的に進行する状況が生まれていたのである。

3−1　民主化の波

不思議なことに、一九八五年の大衆団体法はスハルト体制が崩壊したあとも継続して機能していた。より正確に表現すると、民主化直後に一九八五年大衆団体法自体を見直す機運はでてこなかった。実態として大衆団体の活動に対して、一九八五年大衆団体法が適用されることはなかった。しかも民主化と自由化を反映して、政治政党が乱立する事態が起こった。各種市民団体、人権や華人関連のNGOも雨後の筍のように設立された(5)。

そのような状況下で法改正がまったくおこなわれていなかったかというと、そうではなかった。とりわけ一九九九年六月七日に総選挙が実施され、九月に選挙結果および議席数が確定すると、国会は根本的な法改正に着手していたのである。それは市民社会の活動を保障し、その活動領域を広げる取り組みであった。

まず、法整備上で取り組んだことは憲法改定であった。一九九九年から二〇〇二年までのあいだに四次にわたる憲法改正が試みられた。そこでの最大の関心は市民の自由と政治的権利の保障であった。二〇〇〇年八月の第二次修正では、世界人権宣言を反映した一連の人権状況が挿入された（ICNL 2021）。結果として「基本的人権」の項目である二八条で、結社の自由、表現の自由が保障されることになった（第二八E条第三項）。

また二〇〇五年一〇月二八日、インドネシアは「市民的および政治的権利に関する国際規約」（ＩＣＣＰＲ）を批准し、国内法も整備した（二〇〇五年法第一二号）。一連の法改正により、市民団体やＮＧＯには政策作成過程に関与する新しい役割が賦与されたのである。その一方で二〇〇八年には、大衆団体が海外の組織・団体からの寄附を受けることを禁ずる内務省規定が成立した（内務省二〇〇八年第三八号規定）（Nugroho 2013）。この点は後々重要なポイントとなる。

憲法の基本的人権に関する内容と記述が修正されたとしても、現実には民主化後のインドネシアにおける大衆団体の乱立は、必ずしも民主的な社会をつくりだすことに貢献したわけではなかった。民主主義的な社会という理想と、民主化の自由な雰囲気のなかでの現実のあいだには乖離が生じてしまった。

3－2　イスラムの「保守回帰」

民主化の波は政治的、社会的な自由という雰囲気を醸しだした。政治政党が乱立しただけではなく、イスラム的なインドネシア社会の改革を求めるイスラム勢力の「保守回帰」（Van Bruinessen 2013）という現象も誘発した。この保守回帰とは、世俗国家として多宗教の共存を謳っているインドネシアにおいて、イスラム法の施行など宗教的な規範を厳格に適用し、イスラム共同体の一体性をインドネシアで高めることを要求するイスラム教徒が増加している現象を指している。保守回帰の流れのなかで、イスラム教を擁護する、保全するという名目で暴力的な行為をおこなう団体も成立するようになった。背景には、スハルト退陣後に暫定大統領となっていたハビビ大統領が急進派イスラム団体を巻き込んで政権を維持しようとしていた政治的事情もあった（Hasan 2006: 93–128）。

注目すべきは、一九九八年にFPIとHTIという二つの急進的で強硬なイスラム団体が設立された事実である。FPIは一九九八年八月に西ジャワのバンテン州南タンゲラン県にてムハンマド・リジク・シハブの手によって設立された。イスラム道徳の実践と保護を唱え、イスラムの教えに背く行動に対しては暴力的な行為も辞さない。またオンラインでの布教活動にも積極的である。一方HTIは、一九五三年にパレスチナの解放を目的にし、レバント地域でカリフ的イスラム国家の建設をめざすヒズブ・タフリール（Hizb ut-Tahrir）を母体としている。一九九八年にHTIは正式にHTのグローバル運動の支部となった。二〇〇〇年以降は政府登録の団体となり、二〇一〇年代には会員数は七〇万から数百万にも達するともいわれていた（Osman 2018）。

また奇しくも二〇〇〇年には二つの過激なイスラム集団が創設された。「インドネシア・ムジャヒディン評議会」（Majelis Mujahideen Indonesia）と「ラスカル・ジハード」（Laskar Jihad）である。インドネシア・ムジャヒディン評議会は、ジェマ・イスラミヤ（Jemaah Islamiyah）創設者のアブ・バカル・バシールが創設したイスラム系過激組織である（Barton 2005）。ラスカル・ジハードは、サラフィー主義集団の集合体フォーラム・コミュニカシ・アフル・スンナ・ワルジャマー（Forum Komunikasi Ahlus Sunnah wal-Jamaa'ah、預言者ムハマンドの慣行と共同体の合意に従う人びとの交流フォーラム）を母体としたイスラム民兵集団だった。

3－3　社会的暴力

民主化あるいは自由の気運が高まるなか、インドネシアでは社会的な暴力が各地で勃発した。一九九八年五月に、三二年間続いたスハルト体制が崩壊すると、たがが外れたようにマサ（大衆）は暴れだした。スハルト退陣後に激化した東ジャワでの「魔女狩り」（witch hunt）の研究で、シーゲルは暴力の主体を「暴徒」（mob）と表現した。スハルト時代にもマサ（大衆）には「暴徒」（mob）という意味合いが存在した（Siegel 2001: 33）。ということは「浮遊する大衆」として権力によって制御されていたはずのライオンたるマサ（大衆）が解き放たれてしまったと解釈することができる。

スハルト退陣後のインドネシアは、二〇〇一年ごろまでの三年ほどのあいだ各地で暴力が発生した。イスラム系民兵集団は、スハルト時代から存在していた民兵集団（preman、プレマン）と共闘する形で暗躍した（Wilson 2015）。なかには、ジャカルタ、スラカルタのように国軍が仕掛けて社会秩序を混乱に陥れることもあった。また市民が正義を果たすとして犯罪者などを襲撃することもあった。中スラウェシ州ポソやマルクなどでは、キリスト教徒とイスラム教徒が衝突する宗教紛争が起こった。いわゆる宗教紛争では、ラスカル・ジハードが民兵を送り込むこともあった。カリマンタンでは土着のダヤク族とジャワからの移民とのあいだの暴力が発生した（民族紛争）。宗教紛争や民族紛争では組織化された部分もあった。こうした地方での暴力や紛争は地方における政治的な利権の再編とも関係していた（山本 二〇〇一；山本 二〇〇五；Bertrand 2003; Bertrand 2006; Van Klinken 2009）。

こうして暴徒と化したマサ（大衆）をどのように統御するのかは、民主化後のインドネシア政権にとって大きな課題として浮上したはずであった。ところが政府や国会はすぐには動かなかった。別の政治的文脈が展開していたからである。二〇〇一年後半以降の国会では反テロ法の制定をめぐる駆け引きがあった。本章では詳述しないが、反テロ法は二〇〇三年に成立し（Santoso 2013）、二〇〇四年からはオーストラリアとアメリカからの支援を受けて、警察に対テロ特殊部隊が創設された。それ以降インドネシアは国内テロの抑制と排除の道をたどっていくことになった。

本章との関連で大切なのは、反テロ法が形成される過程で、ナフダトゥール・ウラマやムハマディヤというインドネシアの二大イスラム団体が懸念の声をあげた事実である。テロ組織はイスラム組織にあらず、テロ行為はイスラムの教えに背いているということを強調した。逆に反テロ法を制定するということは、インドネシア政府はアメリカの対テロ戦争に同調してしまう、インドネシアにおける大多数の穏健派イスラム教徒をテロリストあるいはイスラム

「原理主義者」に見立て逮捕する口実になる、そしてインドネシアの民主主義を揺るがす危険性を秘めていると議論した（Jakarta Post 2002a; Jakarta Post 2002b）。爾来、穏健派の主流イスラム団体は、テロ行為があるたびに、イスラム教の教えに背く行為であり、テロ実行者はイスラム教徒にあらずという主張を繰り返すことになった。

以上のように、二〇〇〇年代のインドネシアでは、一方で民主化の雰囲気が社会を覆っていたが、同時に政府にとってみるとテロとの戦いが主要課題の一つとして浮上していた時代でもあった。政治的自由を尊重するのか、社会の秩序を強化し維持するのか。この二つの異なるベクトルのなかで政府が重きを置いたのは社会の秩序の強化であった。その裏で徐々に進行していたのは、スハルト時代とは異なる政治・経済エリートによる寡頭政治の再構築の連鎖であった。それは闘争民主党や民主主義者党など与党政治家による汚職の連鎖でもあった（本名 二〇一三：Ford and Pepinsky 2014）。寡頭政治は、新自由主義なる政治プロジェクトを採用し遂行することで、国民経済の発展を掲げながら政治的経済的権益の寡占とエリート間での分配を図る。[6] その基盤は投資を呼び込む社会秩序の安定だったのである。

4　大衆団体の統制強化へ

さて、二〇〇〇年代のイスラムの保守回帰は、イスラムの異端排除の動きに連動するものでもあった。それはインドネシア・ウラマー評議会（Majelis Ulama Indonesia、以下ＭＵＩ）の社会的な影響力の拡大とも関連していた。[7]

ＭＵＩは一九七五年に宗教省のもとに設立され、ナフダトゥール・ウラマやムハマディヤという二大イスラム団体と少数派のスンニ派イスラム教師が構成員となっている。ＭＵＩはイスラム教（イスラーム）においてイスラム法学に基づいて発令される勧告、布告、見解、裁断であるファトワ（fatwa）を発する権限を有する。

一九九八年の民主化後、ＭＵＩは宗教省から独立した。それからというものＭＵＩは保守的なファトワを多発するようになった。二〇〇五年には、世俗主義、多文化主義、宗教的リベラリズムはイスラムと相容れないとするファトワをだしている（Ichwan 2013: 70）[8]。またMUIは、二〇〇五年七月にアハマディア、二〇一二年にはシーア派に対して「異端」の烙印を押した。「異端」というファトワは民主化後のインドネシアでの宗教的な少数派に対する迫害や暴力を誘発する契機ともなっていた（Formichi 2014）。

4－1　二〇一三年大衆団体法

二〇〇〇年代に増加してきた社会における暴力を危惧した国会は、二〇一〇年八月、大衆団体に関連した暴力行為への対応を協議する委員会を設けた。委員会は政治・法・人権調整大臣、内務大臣、警察長官、検察長官、情報長官で構成された。委員会の中心的な議題は一九八五年大衆団体法の改正であった（Nugroho 2013）。

二〇一一年二月の国会では二つの宗教的な暴力、すなわち西ジャワ州におけるイスラム教少数派アハマディアに対する暴力行為（Alnizar 2019）と、中ジャワ州でのキリスト教会襲撃事案が中心的な課題になった。スシロ・バンバン・ユドヨノ大統領は、一九八五年大衆団体法を根拠に、暴力行為を働いた団体の解散を指示した。結果として団体解散にはいたらなかった。しかしこれは従来の慣行を逸脱した行為であったために、国会では大衆団体法と大統領権限をめぐる論争の的になった（Nugroho 2013）。

結果的に、大衆団体法の改正は二〇一一年と二〇一二年の国会での優先的な立法課題となった。国会での二年以上にわたる論争を経て、大衆団体法は二〇一三年に改正された。二〇一三年七月二二日、インドネシア国会は新しい大衆団体法、別名NGO法を成立させた（二〇一三年法第一七号、Lembaran Negara Republik Indonesia 2013）。

二〇一三年大衆団体法では、大衆団体を「共通の利益と目的をもって設立され、パンチャシラという国家イデオロギーに基づいて国家の統一を支持する自発的なグループ」と定義した（第一章第一項）。新しい法律によって、ローカルな組織に権限があたえられた。同時に、非政府組織への支援という形で海外からの介入あるいは外国人の会員登録を阻止する目的のあることが明確になった（第八章第四三項から第五二項）。

また本法により政府は、ナフダトゥール・ウラマとムハマディヤという二大イスラム教団体を除いて[9]、国内のすべての大衆団体を監視する権限を有することになった。二〇一三年時点で、国務省に登録されていた大衆団体は六万五五七七団体、法務人権省の登録では四万八八六六団体、社会問題省は二万五四〇六団体、外務省には一〇八団体が登録されていた。しかしガマワン・ファウジ内務大臣によると、未登録の団体はこの他に多数存在していたという（Aritonang 2013）。そのため新大衆団体法によって、国内の大衆団体を登録させ監視の目を行き届かせたいという政府の思惑は明確であった。

ではポスト・スハルト期において、二〇一三年大衆団体法がインドネシアの民主主義の質を高める、市民社会の向上のために寄与するものであったかというと、疑問符をつけざるをえない。この点は二〇一三年大衆団体法の第八章第四三項（二）に記載されている禁止事項と関連する。そこには八つの禁止事項がある。①法令の規定に反する行為、②インドネシア共和国の安全性と完全性を乱す行為、③諜報活動、④政治活動、⑤外交関係を妨害する活動、⑥組織の目標と異なる活動、⑦国民からの資金調達、⑧政府機関・関連機関の施設とインフラの使用。

このように、同法は政府の監視力を保障し、市民社会あるいはNGOをはじめとする市民団体に対する統制が強化されるという可能性が内在化されていた。大衆団体の資金運用についても報告が義務づけられた。しかも国家に対する脅威とみなされる団体を解散させる権限が含まれていた[10]。こうしたことから国際的人権団体であるヒューマン・ライツ・ウォッチは、同法をNGO（規制）法として警戒心を高めていた（Human Rights Watch 2013）。

4-2 急進的なイスラム団体の躍動

二〇一三年に大衆団体法が改正されてからわずか四年後の二〇一七年、インドネシア政府は大衆団体法代行政令を発した。この間、二〇一四年には大統領選挙があり、ジョコウィ政権が誕生していた。

この選挙ではジョコウィとプラボウォ・スビアントの両陣営が激しくぶつかった。投票結果はジョコウィ五三％、プラボウォ四七％と接戦であった。プラボウォの選挙戦略は、排外的ナショナリズム、反政治主義、積極的スハルト回帰主義であった。その背景としてプラボウォは、西洋の影響を受けた「いきすぎた民主主義」と外国企業による経済的略奪が国家を弱体化させているとし、救国のための排外的保護主義を唱えていた（本名 二〇一五）。このプロボウォの主張はＦＰＩやＨＴＩなどの急進的なイスラム団体から熱烈な支持を受けた。

二〇一六年には、翌年二月のジャカルタ特別州知事選を見据えて、ＦＰＩとＨＴＩはバスキ・チャハヤ・プルナマ（通称アホック）知事への攻撃の手を強めた。アホック知事は、二〇一四年にジョコウィ前知事が大統領に就任したのを受けて、副知事から知事に昇格していた。かれは二〇一七年のジャカルタ特別州知事選への出馬を表明していた。二〇一六年九月二七日の演説で「ユダヤ教徒とキリスト教徒を仲間としてはならない」とするイスラム教の聖典「コーラン」の一節（第五章第五一節）に触れて、アホックは「コーランの一節に惑わされているから、あなたたちは私に投票できない」と述べた。これが「コーラン、イスラム教徒を侮辱した」として強い批判と反発を招いた。

一一月四日には、金曜礼拝を終えたイスラム教徒が大統領官邸へ向けて大規模なデモ行進を企てた。そこにはＦＰＩとＨＴＩの会員ももちろん含まれていた。白装束に身を固めたデモ隊は一五万人以上に膨れあがった。同日夜にはデモ隊の一部が暴徒化し、警察部隊と対峙する事態に陥った。一か月後の一二月二日、今度は独立記念塔「モナス」の広場で、一〇万人を超えるイスラム教徒が全国各地から結集する反アホック集会が開催された（二一二集会）[11]。アホック落としを契機にＦＰＩやＨＴＩが中心となった二一二集会は、イスラム的なポピュリズムの象徴とされている。

5　二〇一七年大衆団体法代行政令

ジョコウィ大統領は手続きを重んじる。そのためにアクションを起こすときには、その前に何かが起こっていることがほとんどである。前述のように、二〇一六年後半から一七年にかけての事態を重くみたジョコウィ政権は、ついに大衆団体法の改正に着手するにいたる。二〇一七年七月一〇日、ジョコウィ大統領は「大衆団体法改正に関する法律代行政令」（Perppu No. 2/2017, Lembaran Negara Republik Indonesia. 2017、以下二〇一七年大衆団体法代行政令）に署名し、同日執行となった。法律代行政令とは、大統領が内閣を通じて発令し、国民協議会の承認なしに公布施行される緊急政令である。大統領が署名すると、国民協議会の承認を経て法律となる。国民協議会は国民議会と地方代表議会からなる立法府であるが、法律代行政令の場合は国民協議会の承認がなくても施行することができる。

5－1　『コンパス』の報道

法律代行政令の三日後、インドネシアの全国紙『コンパス』（*Kompas*）は、「大衆団体法改正に関する法律代行政令の内容に関する論争――勇気に基づくものなのかそれとも近道の証拠となるのか？」と題する記事を掲載した（Kompas 2017b）。『コンパス』は一九六五年六月二八日に創刊された日刊紙で、リベラル紙あるいは中道寄りのリベラル紙とされている。現在でも紙媒体は五〇万部ほどの流通を誇る一方で、一九九五年からオンラインでの配信も開始し、二二五万人を超える購読者がいるとされる（Kompas 2014）[12]。

この『コンパス』の記事がでる前日の七月一二日、ウィラント政治・法務・治安調整相は、大臣声明を発表していた。これは今回の法律代行政令に関する不安を払拭し、国民の理解を求める目的であった。ポイントは、①従来の大衆団体法では十分ではない、②法的な問題を迅速に解決するのが必要な状況が生じている、③大衆団体の自由を規制するものでもない、④イスラム大衆組織の信用を傷つける意図はない、とまとめることができる（Humas Kemenko Polhukam RI 2017）。

この声明の翌日、『コンパス』は大衆団体法改正に関する法律代行政令に対する疑義を投げかけたことになる。明らかに『コンパス』の記事の書きだしはウィラント政治・法務・治安調整相の声明に呼応している。記事の構成は、政府の見解、それに対する賛成反対の両論を併記する形をとっている。

では、『コンパス』は何をどのように問題視したのか。まず、ウィラント政治・法務・治安調整相の記者会見での応答、すなわち今回の法律代行政令の正当性に触れている。曰く、「イスラム大衆組織の存在を傷つける意図はない」という一文から始まっている。それに続けて、「当該法律代行政令は大衆組織を制限したり、結社の自由を妨げたりすることを意図したものではないことを強調」と記している。

そのあとは当該法律代行政令に対する賛成と反対の見解を掲載している。賛成はイスラム団体からの声である。インドネシアで二大イスラム団体であるムハマディヤの前中央委員会会長ブヤ・シャフィ・マーリフの見解を掲載。ジョコウィ大統領が勇気をもって法改正をしたと称えている。これに対して反対の見解は、人権擁護弁護士から表明されている。行方不明者と暴力の犠牲者のための委員会（Kontras）のコーディネーターであるヤティ・アンドリアーニは、政府がパンチャシラから逸脱した大衆団体を解散させるための近道をとったことを後悔する、と力説する。このように『コンパス』は、賛成派の議論を「勇気」ある行為、反対派の立場を「近道」なる判断として表現した（Kompas 2017b）。

表面的には、法律代行政令に関して賛成と反対の両論を併記することで、『コンパス』は中立の立場をとっている。しかし反対派が主張するような大衆団体への圧力を『コンパス』は強調したわけではなかった。むしろ論調としては、ジョコウィ政権の決断を擁護しているといえる。

5－2 パンチャシラ・イデオロギーの強化

とはいえ『コンパス』の記事では、今回の法律代行政令で重要なポイントに直接言及することを避けている。それはイデオロギーに関する事柄である。ウィラント政治・法務・治安調整相名で発表された公式文書（Humas Kemenko Polhukam RI 2017）では、イデオロギーに関する記述が二か所ある。

まず第四項では、二〇一三年大衆団体法は、規範、禁止、制裁という実質的な面および法的手続きをともなう対応という側面から、パンチャシラと一九四五年憲法に反するイデオロギーの拡散を防ぐには有効な手段ではない、と明記している。しかも第六項では、パンチャシラと矛盾する教えと行動の概念が、無神論、マルクス主義、レーニン主義の教えに限定されていることを指摘。そのうえで、インドネシアの歴史を振り返ると、他の教えもパンチャシラに取って代わり、対立する可能性があることを証明している、としている。

これら二つの項目での記述からは、パンチャシラに反する主義主張を掲げる大衆団体の活動が政府と社会にとっての脅威であるという位置づけがわかる。すでに述べたように、一九六六年七月五日には暫定国民協議会決定一九六六年二五号では共産主義が否定された。爾来インドネシアでは、無神論、無宗教であることはマルクス主義、レーニン主義、共産主義を信奉する者とされてきた。そのため無宗教者＝共産主義者というフレームがつくられた。ところが二〇一七年大衆団体法代行政令では、共産主義だけではなくそれ以外の主義主張を掲げる団体が存在すること、その団体の言動が脅威であるという認識が明確になったことになる。

ここで思い出したいのは、二〇一三年大衆団体法を改正し二〇一七年大衆団体法代行政令を成立させたことを擁護したイスラム団体指導者の言葉である。前述のブヤ・シャフィ・マーリフは、七月一二日に『コンパス』記者からの質問に応え、大衆団体法の改正の重要性を説いていた。パンチャシラを脅かす勢力に政府が断固として対峙することには問題がないとした。同時にかれは、パンチャシラ・イデオロギーの発展のための大統領作業部会（Unit Kerja Presiden Pembinaan Ideologi Pancasila、ＵＫＰ－ＲＩＰ）での議論を受けての決定であることを示唆した（Kompas 2017a）。パンチャシラ・イデオロギーの発展のための大統領作業部会は、二〇一七年五月一九日にジョコウィ大統領が署名した大統領令二〇一七年第五四号によって創設が決定した。六月七日に大統領宮廷にて一〇名のメンバーの就任式が執りおこなわれた。後知恵的に考えると、大衆団体法改正に関する法律代行政令を成立させるための理論固めを、一か月ほどの期間でこの作業部会がおこなったということになる。

ではなぜ二〇一七年の時点で、ジョコウィ大統領はパンチャシラ・イデオロギーに関する理論武装をして、それに反する大衆団体への監視と介入の正当性を獲得しようとしたのだろうか。そのヒントは禁止事項を定めた二〇一七年政府法令第二号第五九項（三）にある。そこでは四つの行為が禁止事項としてあげられている。①民族、宗教、人種または階級に対して敵意を示す行為、②インドネシアで遵守されている宗教の虐待、冒瀆、または冒瀆を犯すこと、③暴力行為、平和と公序良俗の乱れ、または公共施設と社会施設の破壊、④法定規則の規定にしたがい、法執行機関の義務および権限である活動を実施することである。

特長は①と②に定めた民族、宗教、人種、階級に基づく敵意、公定宗教[13]への虐待と冒瀆の禁止である。インドネシア政治史的には、これらはスハルト時代につくられた概念であるＳＡＲＡに匹敵する。ＳＡＲＡとは「suku（民族）」、「agama（宗教）」、「ras（人種）」、「antargolongan（階層）」の頭文字をとった言葉である。四つが絡む問題は、社会紛争を誘発しかねない敏感で微妙な問題であり、国民統合を揺るがす危険性があるとされてきた。二〇一七年大衆団体法代行政令で改めて政府はＳＡＲＡの動向が社会秩序を脅かすとして再定義したことになる。

同時に注目すべきは、大衆団体の解散に関する手続きである。二〇一七年大衆団体法代行政令では、三名の大臣が「政府に対する脅威」または「反パンチャシラ」であると決定すると、大衆団体を直ちに解散させることが可能となった。そのため該当する大衆団体は、解散後に法廷にて解散決定に異議申し立てを唱えることになる。

このように権威主義体制下で生まれた大衆団体法が再生されることで、ジョコウィ政権の権威主義的な姿勢が改めて強調された。そしてジョコウィ政権は、二〇一七年大衆団体法代行政令を施行することで、保守的かつ急進的なイスラム団体の解散に着手した。法務人権省は二〇一七年七月にHTI、二〇二〇年一二月にはFPIに対して解散命令を発令した。いずれの場合も、解散命令の根拠は、民主主義と多元主義を謳うパンチャシラに反するというものである。多様性のなかの統一という国是を堅持する姿勢が明確に打ちだされた。この政府の対応は、極端に保守的なイスラム思想と言動に対する否であり、それらを社会から排除するという強い意志の表れである。そのため社会の秩序に脅威となると認定されたHTIやFPIは権力によって排除される対象として正当化される。その根底には、インドネシア国家の統一と国民の統合を貫き、社会の秩序を固持するというナショナリズムがある。

6　浮遊しながら結集する情報消費者

ところで、こうした政府の遂行するナショナリズムに基づく大衆団体への監視と規制は奏功しているのだろうか。たしかに大衆団体法は団体に対する規制にはなっているが、そこには大きな取りこぼしがあるように思える。法律はあくまでも団体に対するものであり、国民一人ひとりを対象としたものではない。しかも二一世紀になって新たに「浮遊する大衆」が形成されてきたが、かれらを必ずしも取り込めていない。奇しくも新たな「浮遊する大衆」の姿は、急激な産業化や大量消費社会の波に洗われ、自分の行動に責任を負わず自らの欲望や権利のみを主張するとした、オルテガの大衆論に合致する（オルテガ　一九九五）。

新しい浮遊する大衆は、ソーシャルメディアやデジタルメディア上の情報に日常的に接し、それを信じ、日常生活と信仰生活を実践している。政府がパンチャシラ・イデオロギーのもとにかれらをインドネシア国民として包摂できているかというと、懐疑的にならざるをえない。それほどまでにデジタル空間という新しい「場」での国民像と国民が認識する「現実」は多元化し、多様化し、複雑化している。

二〇一〇年代になると、コミュニケーションツールとしてのスマートフォンと各種プラットフォームは、日常生活の一部になった。インドネシア国民の大半は大衆消費財と化した情報に接することが常態となった（Jurriëns and Tapsell 2017）。浮遊する新しい大衆は浮遊する情報消費者でもある。人びとは自ら選択して情報を消費している。[14]

コミュニケーションの現代化はイスラム教の宣教や伝道の形式を変えた。一九九七年にスハルト大統領がテレビを介したイスラム宣教を承認してからというもの、いわゆるテレビでのイスラム伝道師（イスラム・テレバンジェリスト）が登場するようになった（Muzakki 2012: 45）。それから十数年の月日が経った二〇一〇年代になると、イスラム伝道師の主戦場はソーシャルメディアに移った（Seto 2019）。いまでは大半の都市中間層のイスラム教徒はソーシャルメディアでイスラムの実践をしている（Slama 2018）。ソーシャルメディアを介したコーランの読書会、慈善活動の展開の方法などが活発にやりとりされているほどである（Husein and Slama 2018）。ソーシャルメディアがイスラム教徒の集う新たな「場」となったのである。

なかでも人気を博している伝道師がいる。フェリックス・ショウである。[15] 名前から推察がつくようにかれは華人系であるが、かれの支持者のあいだではウスタッド・フェリックス（以下フェリックス）で知られている。かれは一九八四年に南スマトラ州都パレンバン生まれ。二〇〇二年にカトリック教からイスラム教へ改宗をし、イスラム伝道師となった。

フェリックスは二一世紀的な新しい時代の伝道師である。ソーシャルメディアを活用したオンラインの伝道のみならず、集会での伝道といったオフラインでの活動を合わせて積極的な伝道活動を展開している。かれの言動を追いかける信者には若者が多い。二〇一七年九月の段階で、かれのFacebookのフォロワーは四〇〇万人以上、Twitterは二〇〇万人以上、Instagramは一〇〇万人以上、そしてYouTubeでは二万人以上の登録者がいる。事実上、インドネシアでのソーシャルメディア伝道師としては最も人気のある伝道師の一人である。本章の議論との関連で重要なのは、フェリックスがHTIと密接な関係を構築していた事実である。

二〇一七年七月にHTIが非合法化されたあとも、フェリックスはHTIの思想の伝道を継続している。そこではカリフ制イスラム国家の建設というHTIの掲げていたメッセージが内在されている。前述のように、二〇一七年後半、当時のジャカルタ特別州知事アホックの物言いが神への冒瀆にあたるとされた事案の際にも、フェリックスは即座にTwitterで語りかけた。アホックを華人として位置づけるのではなく、「イスラムの冒瀆者」（*penista agama*）とした。そして同年末にジャカルタで開催された反アホック行動（二一二集会）を「イスラムを守る運動」（*Aksi Bele Islam*）と定義し、参加を呼びかけた。フェリックスはイスラム伝道のなかで政治に対する明確な発言をする。こうしたかれの態度と立場表明も若いイスラム教徒のあいだで人気を集める要素であり、イスラム教徒のあいだの「世論」形成に影響をあたえている[16]。

しかもフェリックスはHTIの枠内にとどまることなく、イスラム指導者のネットワークを広げている。伝統主義的な指導者のみならず、保守的で急進的であるとされるFPIとも親密な関係を構築しているし、保守的なイスラム政党である福祉正義党（Partai Keadilan Sejahtera）とも連携している。しかもフェリックスは特殊ではなく、かれのように「古い」イスラム組織の殻を打ち破る行動的な比較的若いイスラム指導者は増えている。かれらのあいだで共通しているのは、敬虔なイスラム教徒であること、政治に関与すること、人気を博することはすべて関連しているという理解であり、政治・社会の境域で影響力を拡大している点である（Hew 2018）。

こうしてイスラム指導者は政治、社会、宗教的なエリート間のネットワークを構築している。これによってインドネシアでは、政治的なイスラムが再生産される非公式なシステムが構成されている。フェリックスの人気の度合いを考えると、インドネシア政府がフェリックの言動を把握していることは疑いようがない。それでも政府はフェリクスを止めることはできないし、イスラム・ネットワークの再編成の流れを食い止めることもできない。というのも、世俗国家でありながら世界最大のイスラム教徒を抱えるインドネシアでは、このようなイスラム・ネットワークから政府も自由な存在ではないからである。

これは権力そのものが社会との関係によって構成されているからである。ジョコウィ政権はＨＴＩやＦＰＩを国家統合や社会の秩序に対する脅威とみなした。それはジョコウィ政権のみた「現実」である。そして急進的なイスラム団体を非合法化することで、ジョコウィ政権は社会が認知する権力となる。政府の特定の行動を権威主義的それとも民主的と認識するかは、人びとの立場による。このことはフェリックスに群がる人びとの行動にも繋がる。フェリックスの人気は人びとの選択の結果である。人びとは自らの権利と欲望にしたがって、自由意志のもとで情報を消費する。その情報とはイスラム教についての特定の形の語りによって構成されている。いうまでもなく、それが情報を消費する人びとにとってはイスラム教の「現実」となる。このようにインドネシアでは情報をめぐるあるいはイスラム教をめぐる複数の「現実」が共存しせめぎ合う社会となっているのである。

おわりに

二〇二〇年三月以降、インドネシアでは新型コロナウイルス感染症が拡散し始めた。いうまでもなくそれによって人びとの日常生活は一変した。そのなかで政府は新型コロナ対策を公衆衛生の問題として定義した。公衆衛生の観点から国民生活の規範を提示するという道徳的なメディア・キャンペーンを張り、大規模な社会規制（*Pembatasan Sosial*

Berskala Besar、PSBB）を発令した。それでも新型コロナ感染症の勢いはなかなか抑制できず、国民は新しい生活様式の継続を強いられている。

コロナ禍にあって従来からの活動が活発化している領域がある。オンラインを活用した宗教伝道である。これはイスラム教に限らず、キリスト教や仏教などさまざまな宗教におよんでいる。キリスト教は毎週日曜日の礼拝やミサをリアルタイムあるいは録画で配信し、YouTube上には各宗教の録画が乱立するようになった。

皮肉にも、YouTubeで録画がアップされるようになってからというもの、海外在住のインドネシア人信者が宗教的な内容の録画にアクセスすることが日常化した。しかもオンライン化のおかげでインドネシア国内でも、他地域の宗教指導者や宗教施設での説教が「身近」になった。これらに関するデータはないが、少なくとも筆者の友人であるインドネシア人たちから見聞する限り、新型コロナウイルス感染症のおかげで宗教的な生活の質が向上したという声が多くなった[17]。

こうした状況は新しい「空間」づくりだけではなく、新しい「現実」の構成にも寄与する。イスラム教徒にしろキリスト教徒にしろ、オンライン上での情報収集やYouTubeをみることが新しい日常となった。もはや一時期はやったフェイクニュースは過去のものになったかのごとく、筆者の観察するところ宗教関連の言説では偏りが激しくなった気がする。自分の信じるサイトからの情報で自分なりの「現実」をつくり、オンラインで友人たちと語り合うことでその「現実」を再生産・再確認することが日常となったからである。コロナ禍は人びとを内向きにする契機であった。それは人びとが自由に選択した結果でもある[18]。

二〇二〇年はインドネシアの権力と国民が直接あるいは間接に対峙しながら社会が再構成される年であった。ジョコウィ政権は公衆衛生という大義を用いて国民を道徳的に管理しようとした。一方でデジタル空間では、個人が自由意志により情報を選択し消費することに拍車がかかった。そこにはオルテガが指摘したような自己の権利と欲望にしたがって行動する「大衆」がいる。かれらは特定の思考様式や生活様式を共有し、「文化」をつくっている。その文化には権力の介入する余地は限られている。新しい「大衆」の存在する社会の変容は統治の先を進んでいる。

注

（1）インドネシア語の「マサ」（*massa*）はオランダ語・ドイツ語の *Masse*（大衆）に由来する。「マサ」（大衆）概念の歴史的な変遷については（Siegel 2001: 45–46）を参照。

（2）『インドネシア語大辞典』によると（Kamus Besar Bahasa Indonesia）、マサは大衆なのだが、マシャラカットはコミュニティ的な意味合いをもつ。同時に一般的には社会という意味でマシャラカットを使用する。そのためにここでの字義的な訳語には共同体と社会の両方を記載した。そのうえで混乱を避けるために、本章では便宜的に「大衆団体」という用語に統一する。

またインドネシアでは、非政府組織はNGOというよりもLSMと呼ばれることが多い。これはインドネシア語のルンバガ・スワダヤ・マシャラカット（*Lembaga Swadaya Masyarakat*）の略語であり、直訳すると「自立したコミュニティ開発のための組織」という意味になる。そのためオルマスといったとき、NGOであるLSMが含まれない場合とLSMが含まれる場合がある。

（3）民主化については、権威主義体制が崩壊してからという意味では始点は明確である。ところが厄介なことに、どこまでが民主化というプロセスで、何をどのように達成すれば民主主義国家になったといえるのかについては明確な基準がない。むしろ最近の民主化に関する教科書では、民主化に向かっていた国々での権威主義化という悲観論が強くなっている（Haerpfer et. al. 2019）。歴史的観点に立って一九七〇年代からは民主化の第三の波がきていると議論したサミュエル・ハンチントンの『第三の波』（Huntington 1991）でも、民主化の波のあとには非民主化という波がきていることが示唆されている。

本章で扱うインドネシアの場合、二〇〇〇年代は民主化の時代といえたかもしれないが、体制変動から一〇年以上経った二〇一〇年代になるともはや民主化ではなく民主主義の時代と表現したほうが妥当であろう。しかしこのことは欧米的な自由民主主義がインドネシアに根づき始めたということを意味するのではなく、あくまでもインドネシア的な民主主義の制度とシステムが定着し、機能しているという現実を指している。

（4）ムルトポの「浮遊する大衆」概念はその半世紀前にオルテガが唱えた「大衆」概念に合致する。オルテガは大衆のことを、自主的に判断や行動する主体性を喪失し、根無し草のように浮遊する無定形で匿名性をもつ集団とした（オルテガ 一九九五）。

（5）スハルト期に監視・規制の対象であった活字メディアも、スハルト体制崩壊後には全国各地で新規発行が激増した。しかし次第に市場原理によって淘汰され、結局は巨大資本のもとで活字メディア業界は再編成されるにいたった（山本 二〇〇〇）。

（6）寡頭政治化はインドネシアに限定された現象ではない。寡頭政治は民主主義体制のもとで（も）形成されることは先進民主主義諸国の例からも明らかにされている（Gottfried 2019）。ポイントは新自由主義の政策と制度化とシステム化の過程で、政治・経済エリートの「同盟」が再編・強化されるところにある。

（7）ウラマーとはイスラム指導者のこと。

（8）ただしMUIのファトワすべてに法的拘束力があるわけではない。MUIのファトワに法的拘束力が認められているのは、ハラール食品やイスラム金融など限定されている（Lindsey 2012: 117–118）。

（9）この二大イスラム教団体を除いた理由は、植民地時代からの長い伝統がある、社会的な地位を確立しているというものであった。

（10）ただし、政府からの解散命令に対して大衆団体は法廷にて異議申し立てが保障されていた。

（11）「二一二集会」とは最初の集会が開催された日付である一二月二日（2 Desember）からきている。以降当局の規制にもかかわらず毎年二一二集会は開催されている。

（12）二〇一九年のインドネシア政府統計によると、インドネシアの人口は約二・六七億人（外務省）なので、『コンパス』の購読者は人口の一〇%にすぎないということになる。それでも全国に散らばる知識人に『コンパス』の読者が多いことを勘案すると、その報道や論調には一定の影響力があるといえる。

（13）インドネシアでは、イスラム教、プロテスタント、カトリック、ヒンズー教、仏教、儒教というように政府公認の六つの宗教がある。二〇一六年の宗教省統計によると、人口に占める宗教の割合は、イスラム教八七・二一%、キリスト教九・八七%（プロテスタント六・九六%、カトリック二・九一%）、ヒンズー教一・六九%、仏教〇・七二%、儒教〇・〇五%、その他〇・五〇%となっている（外務省）。

（14）二〇一〇年代半ばまでのインドネシアにおけるオンラインコミュニティの展開については（Seto 2017）を参照。

（15）以下フェリックスに関する記述は特に断りのない限り（Hew 2018）に依拠している。

（16）ただし、フェリックスの信奉者がイスラム教の教えとHTI的な思想との相違を明確に理解しているかというと疑問符がつく。

（17）こうした声をZoomでのミーティングで聞くことができるようになったのも、コロナ禍ゆえの副産物である。

（18）他方で、オンラインに費やす時間が長くなることでポジティブな効果もあった。グローバルな動向と結びつくことも容易となったからである。その典型例が、#BlackLivesMatter に呼応した #PapuaLivesMatter であった。これはインドネシアにおけるパプア人差別に反対するパプア人を中心とした運動である。パプア人に対する差別や暴力はソーシャルメディアを介して拡散するだけではなく、データとしても記録されいつでも閲覧可能となった。そのためにパプア人に対する支援の輪は、インドネシア国内だけではなくパプアの動向を注視してきたあるいは初めて知ることになった海外の市民たちへも広がった。コロナ禍ゆえに、組織的な動向ではなく個人が個人として考え、行動する局面も拡大したのである（Yamamoto 2022）。

引用・参照文献（オンライン情報・論文はすべて二〇二一年三月三一日に最終閲覧）

日本語文献

オルテガ、イ・ガセット．一九九五（一九三〇）．『大衆の反逆』ちくま学芸文庫。

外務省．「インドネシア共和国基礎データ」〈https://www.mofa.go.jp/mofaj/area/indonesia/data.html〉。

川中豪．二〇一九．「流動化する東南アジアの選挙政治」『IDEスクエア――世界を見る眼』（二〇一九年七月）、一－一五頁。

本名純．二〇一三．『民主化のパラドックス――インドネシアにみるアジア政治の深層』岩波書店。

本名純．二〇一五．「インドネシアの選挙政治における排他的ナショナリズム――二〇一四年プラボウォの挑戦」『アジア研究』六一（四）：二一－四一頁。

本名純．二〇一九．「二〇一九年インドネシア大統領選挙で何がおきたか――分断と凝集の政治ベクトル」『IDEスクエア――世界を見る眼』（二〇一九年五月）、一－一五頁。

見市建．二〇一四．『新興大国インドネシアの宗教市場と政治』NTT出版。

山本信人．二〇〇〇．「SIUPPの洪水――インドネシアの活字メディアをめぐる制度と秩序」添谷芳秀・山本信人編著『世紀末からの東南アジア――錯綜する政治・経済秩序のゆくえ』慶應義塾大学出版会、一八九－二四五頁。

山本信人．二〇〇一．「インドネシアの政治不安と社会統合――噴出した暴力は国家を分裂に導くのか」末廣昭、山影進編著『アジア政治経済論――アジアの中の日本をめざして』NTT出版、九九－一二五頁。

山本信人．二〇〇五．「中スラウェシ州ポソ県政治の構造的特性――「宗教」暴動・造られた制度・二〇〇四年県議会選挙」『アジア研究』五一（二）：八四－一〇七頁。
吉田徹．二〇二〇．『アフター・リベラル――怒りと憎悪の政治』講談社現代新書。

英語文献

Alnizar, Fariz. 2019. "Pretext for Religious Violence in Indonesia: An Anthropolinguistic Analysis of Fatwas on Ahmadiyya." *Studia Islamika* 26 (3): 417–444.

Aritonang, Margareth S. 2013. "Freedom Under Grave Threat." *The Jakarta Post* (3 July 2013) 〈https://www.thejakartapost.com/news/2013/07/03/freedom-under-grave-threat.html〉.

Aspinall, Edward and Ward Berenschot. 2019. *Democracy for Sale: Elections, Clientelism, and the State in Indonesia*. Ithaca and London: Cornell University Press.

Barton, Greg. 2005. *Indonesia's Struggle: Jemaah Islamiyah and the Soul of Islam*. Sydney: University of New South Wales.

Barton, Greg. 2020. "Contesting Indonesia's Democratic Transition: Laskar Jihad, the Islamic Defenders Front (FPI) and Civil Society." In Andrew Vandenberg and Nazrina Zuryani eds. *Security, Democracy, and Society in Bali: Trouble with Protection*. London: Palgrave Macmillan, pp. 305–331.

Bertrand, Jacques. 2003. *Nationalism and Ethnic Conflict in Indonesia*. Cambridge: Cambridge University Press.

Bertrand, Romain. 2006. "'Behave Like Enraged Lions': Civil Militias, the Army and the Criminalisation of Politics in Indonesia." *Global Crime* 6 (3–4): 325–344.

Buehler, Michael. 2015. *The Politics of Shari'a Law: Islamist Activists and the State in Democratizing Indonesia*. Cambridge: Cambridge University Press.

Crouch, Harold A. 1978. *The Army and Politics in Indonesia*. Ithaca and London: Cornell University Press.

Darmaputera, Eka. 1997. *Pancasila and the Search for Identity and Modernity in Indonesian Society: A Cultural and Ethical Analysis*. Leiden: E.J. Brill.

Ford, Michele and Thomas B. Pepinsky eds. 2014. *Beyond Oligarchy: Wealth, Power, and Contemporary Indonesian Politics*. Ithaca: Cornell Modern Indonesia Project.

Formichi, Chiara. 2014. "Violence, Sectarianism, and the Politics of Religion: Articulations of Anti-Shi'a Discourses in Indonesia." *Indonesia* 98: 1–27.

Fossati, Diego, Burhannudin Muhtadi, and Eve Warburton. 2019. "Follow the Leader: Personalities, Policy and Partisanship in Indonesia." *New Mandala: New Perspectives on Southeast Asia* (15 July 2019).

Gottfried, Shelly. 2019. *Contemporary Oligarchies in Developed Democracies*. London: Palgrave Macmillan.

Hadiz, Vedi R. 2016. *Islamic Populism in Indonesia and the Middle East*. Cambridge: Cambridge University Press.

Haerpfer, Christian, Patrick Benhagen, Christian Welzel, and Ronald F. Inglehart eds. 2019. *Democratization. Second Edition*. Oxford: Oxford University Press.

Hasan, Noorhaidi. 2006. *Laskar Jihad: Islam, Militancy, and the Quest for Identity in Post-New Order Indonesia*. Ithaca: Cornell Southeast Asia Program Publications.

Hew, Wai Weng. 2018. "The Art of *Dakwah*: Social Media, Visual Persuasion and the Islamist Propagation of Felix Siauw." *Indonesia and the Malay World* 46 (134): 61–79.

Human Rights Watch. 2013. "Indonesia: Amend Law on Mass Organizations: New Law Restricts Rights to Association, Expression, and Religion." *Human Rights Watch* (17 July 2013) ⟨https://www.hrw.org/news/2013/07/17/indonesia-amend-law-mass-organizations⟩.

Human Rights Watch. 2016. "'These Political Games Ruin Our Lives': Indonesia's LGBT Community Under Threat." (10 August 2016). ⟨https://www.hrw.org/report/2016/08/10/these-political-games-ruin-our-lives/indonesias-lgbt-community-under-threat⟩.

Huntington, Samuel P. 1991. *The Third Wave: Democratization in the Late Twentieth Century*. Norman: University of Oklahoma Press.

Husein, Fatima and Martin Slama. 2018. "Online Piety and Its Discontent: Revisiting Islamic Anxieties on Indonesian Social Media." *Indonesia and the Malay World* 46 (134): 80–93.

Ichwan, M. N. 2013. "Towards a Puritanical Moderate Islam: The Majelis Ulama Indonesia and the Politics of Religious Orthodoxy." In Van Bruinessen (2013): 60–104.

International Center for Not-For-Profit Law (ICNL). 2021. *Indonesia*. (Last Updated: 6 February 2021). ⟨https://www.icnl.org/resources/civic-freedom-monitor/indonesia⟩.

Jakarta Post. 2002a. "Religious Leaders Want Police to Respect Human Rights." *The Jakarta Post* (13 November 2002).

Jakarta Post. 2002b. "Police Negotiating with 'Pesantren' over Suspects." *The Jakarta Post* (20 November 2002).

Jurriëns, Edwin and Ross Tapsell eds. 2017. *Digital Indonesia: Connectivity and Divergence*. Singapore: ISEA-Yusof Ishak Institute.

Knight, Kyle. 2019. "Vigilante Raid on Indonesian HIV Group: Militant Islamist, Military, and Local Residents Storm Office." *Human Rights Watch* (17 January 2019). ⟨https://www.hrw.org/news/2019/01/17/vigilante-raid-indonesian-hiv-group⟩.

Lindsey, Tim. 2012. *Islam, Law and the State in Southeast Asia. Volume 1. Indonesia*. London and New York: I.B. Tauris.

McNair, Brian. 2018. *An introduction to Political Communication*. 6th edition. London New York: Routledge.

Menchik, Jeremy and Katrina Trost. 2018. "A 'Tolerant' Indonesia?: Indonesian Muslims in Comparative Perspective." In Robert Hefner ed. *Routledge Handbook of Contemporary Indonesia*. London and New York: Routledge, pp. 390–405.

Mietzner, Marcus. 2018. "Fighting Illiberalism with Illiberalism: Islamist Populism and Democratic Deconsolidation in Indonesia." *Pacific Affairs* 91 (2): 261–282.

Munabari, Fahlesa. 2016. *Islamic Activism: The Socio-Political Dynamics of the Indonesian Forum of Islamic Society (FUI)*. Ph.D. dissertation, University of New South Wales.

Muzakki, Akh. 2012. "Islamic Televangelism in Changing Indonesia: Transmission, Authority, and the Politics of Ideas." In Pradip Ninan Thomas and Philip Lee eds. 2012. *Global and Local Televangelism: An Introduction*. Hampshire: Palgrave Macmillan, pp. 45–63.

Nugroho, Eryanto. 2013. "Bill on Societal Organizations (RUU Ormas) and Freedom of Association in Indonesia." *The International Journal of Not-for-Profit Law* 15 (1). ⟨https://www.icnl.org/resources/research/ijnl/bill-on-societal-organizations-ruu-ormas-and-freedom-of-association-in-indonesia⟩.

Nuraniyah, Nava. 2020. "Divided Muslims: Militant Pluralism, Polirisation and Democratic Backsliding." In Power and Warburton (2020): 81–100.

Osman, Mohamed Nawab Mohamed. 2018. *Hizbut Tahrir Indonesia and Political Islam: Identity, Ideology and Religio-Political Mobilization*. London and New York: Routledge.

Power, Thomas and Eve Warburton eds. 2020. *Democracy in Indonesia: From Stagnation to Regression?*. Singapore: ISEAS-Yusok Ishak Institute.

Santoso, Topo. 2013. "Anti-Terrorism Legal Framework in Indonesia: Its Development and Challenges." *Mimbar Hukum* 25 (1): 88–101. ⟨https://media.neliti.com/media/publications/40594-anti-terrorism-legal-framework-in-indone-607b1886.pdf⟩.

Saraswati, Muninggar Sri. 2021. "The Political Campaign Industry and the Rise of Disinformation in Indonesia." In Sinpeng and Tapsell eds. *From Grassroots Activism to Disinformation*. pp. 43–62.

SEAFnet. 2019. *The Rise of Digital Authoritarian: Indonesia Digital Rights Situation Report 2019*. Denpasar: Southeast Asia Freedom of Expression Network. ⟨https://safenet.or.id/wp-content/uploads/2020/10/Indonesia-Digital-Right-Situation-2019.pdf⟩.

Seto, Ario. 2017. *Netizenship, Activism and Online Community Transformation in Indonesia*. London: Palgrave Macmillan.

Seto, Ario. 2019. "Islamist Buzzers: Message Flooding, Offline Outreach, and Astroturfing." *Australian Journal of South-East Asian Studies* 12 (2): 187–208.

Siegel, James T. 2001. "Suharto, Witches." *Indonesia*. 71, pp. 27–78.

Sinpeng, Aim（2021）*Opposing Democracy in the Digital Age: The Yellow Shirts in Thailand*. Ann Arbor: University of Michigan Press.

Slama, Martin. 2018. "Practising Islam through Social Media in Indonesia." *Indonesia and the Malay World* 46（134）: 1–4.

Tomsa, Dirk and Charlotte Setijadi. 2018. "New Forms of Political Activism in Indonesia: Redefining the Nexus between Electoral and Movement Politics." *Asian Survey* 58（3）: 557–581.

Van Bruinessen, Martin ed. 2013. *Contemporary Developments in Indonesian Islam: Explaining the 'Conservative Turn.'* Singapore: Institute of Southeast Asian Studies.

Van Klinken, Gerry. 2009. *Communal Violence and Democratization in Indonesia*. London and New York: Routledge.

Warburton, Eve. 2020. "How Polarised is Indonesia and Why does It Matter?." In Power and Warburton（2020）: 63–80.

Weatherbee, Donald E. 1985. "Indonesia in 1984: Pancasila, Politics, and Power." *Asian Survey* 25（2）: 187–197.

Wilson, Ian. 2015. *The Politics of Protection Rackets in Post-New Order Indonesia: Coercive Capital, Authority and Street Politics*. London and New York: Routledge.

Wilson, Lee and Eryanto Nugroho. 2012. "For the Good of the People?." *Inside Indonesia*（19 April. 2012）〈https://www.insideindonesia.org/for-the-good-of-the-people〉.

Yamamoto, Nobuto. 2022. "Peripheral Insiders: Papuans and Indonesian Nationalism." *Journal of Law, Politics, and Sociology* 95（2）: 1–18.

インドネシア語文献

Analisa. 2019. "Pengertian dan Jumlah Ormas di Indonesia." *Analisa.id*.（31 August 2019）.

Humas Kemenko Polhukam RI. 2017. *Penjelasan Pemerintah Tentang Peraturan Pemerintah Pengganti Undang-Undang Republik Indonesia*（*Perppu*）*Nomor 2 Tahun 2017 tentang Perubahan atas Undang-Undang Nomor 17 tahun 2013 tentang Organisasi Kemasyarakatan*.〈https://polkam.go.id/penjelasan-pemerintah-tentang-peraturan-pemerintah-pengganti-undang-undang-republik-indonesia-perppu-nomor-2-tahun-2017-tentang-perubahan-atas-undang-undang-nomor-17-tahun-2013-tentang-organisasi-k/〉.

Kamus Besar Bahasa Indonesia. "Masyarakat."〈https://kbbi.web.id/masyarakat〉.

Kompas. 2014. *Kompas Media Kit 2014*.（Februari 2014）〈https://kompasinteractivedisplay.files.wordpress.com/2014/02/mediakit-2014-small.pdf〉.

Kompas. 2017a. "Buya Syafii Apresiasi Keberanian Pemerintah Terbitkan Perppu." *Kompas.com*（12 Juli 2017）〈https://nasional.kompas.com/

read/2017/07/12/18435401/buya-syafii-apresiasi-keberanian-pemerintah-terbitkan-perppu-ormas〉.

Kompas. 2017b. “Kontroviersi Isi Perppu Ormas, Bukti Keberanian atau Jalan Pintas?” *Kompas.com* (13 Juli 2017) 〈https://nasional.kompas.com/read/2017/07/13/07414181/kontroversi-isi-perppu-ormas-bukti-keberanian-atau-jalan-pintas-?page=all〉.

Lembaran Negara Republik Indonesia. 2013. *Undang-Undang Republik Indonesia Nomor 17 Tahun 2013 Tentang Organisasi Kemasyarakatan*. No. 116. 〈https://www.dpr.go.id/dokjdih/document/uu/UU_2013_17.pdf〉.

Lembaran Negara Republik Indonesia. 2017. *Peraturan Pemerintah Pengganti Undang-Undang Republik Indonesia Nomor 2 Tahun 2017 Tentang Perubahan Atas Undang-Undang Nomor 17 Tahun 2013 Tentang Organisasi Kemasyarakatan*. No. 138. 〈https://kesbangpol.palangkaraya.go.id/wp-content/uploads/sites/16/2015/12/PERPPU-No-2-Tahun-2017-Tentang-Perubahan-atas-UU-No-17-Tahun-2013-Tentang-Organisasi-Kemasyarakatan.pdf〉.

MPRS. 1966. *No. XXV/MPRS/1966. Ketetapan Majelis Permusyawaratan Rakyat Sementara Republik Indonesia No.:XXV/MPRS/1966 Tentang Pembubaran Partai Komunis Indonesia. Pernyataan Sebagai Organisasi Terlarang Diseluruh Wilayah Negara Republik Indonesia Bagi Partain Komunis Indonesia dan Larangan Setiap Kegiatan Untuk Menyebarkan atau Mengembangkan Faham atau Ajaran Komunis/Marxisme-Leninisme dengan Rahmat Tuhan ygn Maha Esa Majelis Permusyawaratan Rakyat Sementara Republik Indonesia.* 〈https://adminweb.radenfatah.ac.id/assets/tampung/hukum/20161123115009tap_mprs_no_25_1966_ttg_pembubaran-pki.pdf〉.

Siregar, Sarah Nurini ed. 2018. *Sistem Presidensial Indonesia dari Soekarno ke Jokowi* (*Edisi Revisi*). Jakarta: Yayasan Pustaka Obor Indonesia.

Syam, Firdaus. 2009. *Rancangan Analisis dan Evaluasi Hukum tentang Organisasi* Kemasyarakatan (UU No. 8 Tahun 1985). 〈https://www.bphn.go.id/data/documents/organisasi_kemasyarakataan.pdf〉.

第7章　ドイツのヘイトスピーチ対策
――二〇一七年のSNS対策法と二〇二一年改正

鈴木　秀美

はじめに

スマートフォンの普及によって誰でも簡単にソーシャルネットワーキングサービス（以下では、「SNS」という）により情報を発信したり、収集することが可能になった。個人のコミュニケーションとマス・コミュニケーションという区別はかつてのように明確ではなくなりつつある。そうしたなかで、SNSで投稿されるヘイトスピーチによるモラルの粗暴化、いわゆるフェイクニュースによる世論操作、そして「フィルターバブル」による公共圏の断片化などが問題になっている。[1]このような状況は、日本に限らず多くの国に共通しており、各国の対策に加えて、グローバルな取組みも必要になっている。

本章は、こうした問題状況のうちSNSによって投稿されるヘイトスピーチに焦点をあてて、刑法により過激なヘイトスピーチを禁止しているドイツのここ数年の取組みを明らかにしてみたい。というのも、ドイツでは、二〇一七年、世界に先駆けてSNS事業者に違法な投稿の削除を義務づける「SNSにおける法執行を改善するための法律」（以下では、「SNS対策法」[2]という）が制定されたからである。SNS対策法は国際的にも注目を集めている。

なお、SNS対策法は、二〇二一年、「極右主義思想及びヘイトクライムの撲滅のための法律」（以下では、「ヘイトクライム法」[3]という）と「SNS対策法を改正するための法律」（以下では、「SNS対策法改正法」[4]という）によって改正された（以下では、これら二つの法律による改正をまとめて「二〇二一年改正」という）。ヘイトクライム法により、SNS事業者に違法なヘイトスピーチや殺人脅迫などの投稿について、連邦刑事庁に報告するとともに、投稿の内容や発信者のIPアドレスを提供することが義務づけられた。SNS対策法改正法により、利用者のSNS事業者に対する権利が強化されるとともに、権利侵害の場合の発信者情報開示手続が簡素化されるなどした。

以下では、二〇一七年に制定されたSNS対策法の概要を解説したうえで、二〇一八年からの運用状況や、二〇二一年改正で追加された対策を明らかにしてみたい。

1 SNS対策法の概要

1―1 立法の経緯

SNS対策法は、SNS事業者に違法投稿削除義務、その義務を果たすための苦情対応手続整備義務、苦情対応状況についての報告義務（Berichtspflicht）などを課すとともに、これらの義務の不履行に対し秩序違反として過料を科す。連邦司法庁（Bundesamt für Justiz）が過料について決定を下す。SNS対策法は、その主たるターゲットがフェイスブックであるため、報道では「フェイスブック法」と呼ばれることもある。なお、SNS対策法の立法とともに、テレメディア法が改正され、匿名による違法な人格権侵害の場合の発信者情報開示手続が導入された（一四条、一五条）[5]。

このような対策が講じられたのは、過激なヘイトスピーチや名誉毀損など刑法で禁止された表現がSNSで投稿されながら、削除されずにそのまま掲載されていることが問題視されたためである。ドイツでは、一九六一年から過激なヘイトスピーチが刑法の民衆扇動罪（刑法一三〇条一項、二項）として処罰の対象になっている[6]。民衆扇動罪は、特定の集団や住民の一部に対して、公共の平穏を乱すのに適した態様で憎悪をかき立てることを禁止している。また、一九九四年の刑法改正により、いわゆる「アウシュヴィッツの嘘」も禁止の対象となり（刑法一三〇条三項）、二〇〇五年の刑法改正により、ナチスの暴力的支配及び恣意的支配の賛美や矮小化も禁止されている（刑法一三〇条四項）[7]。ドイツの法制度には「ヘイトスピーチ」という概念定義は存在しないが、ドイツにおいてヘイトスピーチを論ずる場合、刑法一三〇条による表現規制がとくに重要になる[8]。

ところが、アメリカや日本の法制度にはこうした表現規制が存在しないこともあってか、アメリカに本社のあるSNS事業者、とりわけフェイスブックの違法な内容の投稿についての取組みは、ドイツ政府からみて満足のいくものではなかった。なかでも問題視されたのが民衆扇動的表現だった。二〇一五年にシリア難民をはじめ大量の難民がドイツに押し寄せたことがきっかけとなり、国内では排外主義運動が高まりをみせ、SNS上で難民及び難民を支援する人々に対する民衆扇動的表現が急増した。連邦政府は当初、SNS事業者の自主的取組みに期待していたが、二〇一六年になるとそれでは不十分であるとの見方が強まった。また、アメリカ大統領選挙の際にいわゆる「フェイクニュース」が問題となったこともあって、何らかの対策を講じる必要があると考えられるに至った。二〇一七年に入ると、九月二四日のドイツ連邦議会選挙も見据えて、早急に対策を講じるべきだという機運が高まった[9]。

SNS対策法は、二〇一七年三月に司法省で参事官草案が作成され、四月には連邦政府案が閣議決定された[10]。連邦議会の審議を速やかに進めるため、五月、連邦政府案と同じ内容の連立与党案[11]が連邦議会に提出され、審議による修正[12]を経て、同年六月末に連邦議会で可決された（同年九月一日公布、同年一〇月一日施行[13]）。なお、経過規定により、SNS事業者の苦情対応手続は、遅くとも二〇一八年一月一日までに導入されなければならないと定められ、この日から本格的な運用が始まった。

二〇一七年のSNS対策法は、適用領域（一条）、報告義務（二条）、違法な内容についての苦情対応（三条）、過料規定（四条）、国内送達受取人（五条）、経過規定（六条）からなっていた。二〇二一年の改正で、三a条〜三f条、四a条が追加された。

1－2 SNS対策法の概要

（1）適用対象となるSNS事業者

SNS対策法が適用されるのは、利用者に任意の内容の情報を他の利用者と交換すること及び公表することを可能にするプラットフォームをインターネットにおいて、収益を得ることを目的に運営しているSNS事業者（テレメディア事業者）である（一条一項一文）。事業者自らが責任を負う、ジャーナリズム的に編集された内容を提供するプラットフォームは、この法律におけるSNSではない（一条一項二文）。また、国内の登録された利用者が二〇〇万人未満のSNS事業者は、二条及び三条の義務を免除される（一条二項）。「登録された」という文言は、連邦議会における修正によって追加された。連立与党案の説明によれば、主たるターゲットは、フェイスブック、ユーチューブ、ツイッターであるが、義務を負うのは多くても一〇社であると想定されていた[14]。なお、連邦議会の審議における修正によって、一条一項に第三文が追加され、SNS対策法が「個人のコミュニケーション」やオンラインゲームや商品販売のみのためのプラットフォームなど「特定の内容の流布のためのプラットフォーム」には適用されないことが明文化された。

（2）削除対象となる「違法な内容」

ＳＮＳ事業者が苦情を受けて削除又はアクセス制限（以下では、「削除又はアクセス制限」をたんに「削除」という）しなければならない「違法な内容」（rechtswidrige Inhalte）は、二〇一七年のＳＮＳ対策法では、刑法八六条、八六ａ条、八九ａ条、九一条、一〇〇ａ条、一一一条、一二六条、一二九条から一二九ｂ条、一三〇条、一三一条、一四〇条、一六六条、一八四ｂ条、一八四ｄ条、一八五条から一八七条、二〇一ａ条、二四一条又は二六九条の「構成要件をみたし、かつ、正当化されない内容」とされた（一条三項）[15]。なお、二〇二一年、ヘイトクライム法による改正でここに一八九条が追加された。また、一八四ｄ条は刑法改正で二〇二一年一月一日に削除された（その規定内容は一八四ｂ条に移された）。これに伴い、ＳＮＳ対策法一条三項からも一八四ｄ条は削除された。

連立与党案では、ＳＮＳ事業者が対応しなければならないのは、これらの刑法の条文の「構成要件をみたす内容」とされていたが、対応を要するのは違法な内容のみであるということを明確にするために、連邦議会における修正により「構成要件をみたし、かつ、正当化されない内容」という文言となった。

二〇一七年のＳＮＳ対策法でＳＮＳ事業者が削除しなければならないとされた「違法な内容」を個々にみると、刑法八六条は違憲な組織のプロパガンダの製作・頒布等を禁止する。八六ａ条は違憲な組織（例えば、ナチス）の標章の頒布・公然使用等を禁止する。八九ａ条は、国家の安全をはなはだしく危険にさらす暴力行為の準備を禁止する。九一条は、八九ａ条の罪を文書によりそそのかすことなどを禁止する。一〇〇ａ条は、国家反逆的な事実の歪曲を禁止する。一一一条は、犯罪の扇動を禁止する。一二六条は、犯罪行為を実行するという脅迫により公共の平穏を乱すことを禁止する。一二九条から一二九ｂ条は、テロ組織の結成等を禁止する。一三〇条は、前述した民衆扇動罪であり、公共の平穏を乱すヘイトスピーチ、「アウシュヴィッツの嘘」、ナチスの暴力的支配及び恣意的支配の賛美や矮小化を禁止する。一三一条は、暴力表現を禁止する。一四〇条は、犯罪行為への報酬の支払い・是認を禁止する。一六六条は、他者の宗教観・世界観に対する誹謗を禁止する。一八四b条は、児童ポルノの所持・頒布等を禁止する。一八四d条は、一八四条から一八四c条に規定されたポルノの放送やインターネットによる公然陳列や青少年への提供を禁止する。一八五条から一八七条は名誉毀損的表現を禁止する（一八五条は侮辱罪、一八六条は悪評の流布罪、一八七条は不実の誹謗罪）。一八九条は死者への追慕の誹謗罪である。二〇一a条は、盗撮等を罰するため、高度に私的な領域を撮影により侵害することを禁止する。二四一条は、脅迫罪の規定である。二六九条は、法律行為の証拠となるデータの改ざんを禁止する。

SNS対策法は、フェイクニュース規制法として国際的に注目を集めた。しかし、SNS事業者が削除しなければならないのは、刑法が従来から犯罪として禁止してきた虚偽情報の発信に限定されている。SNS対策法にフェイクニュース規制法としての側面があるとしても、前述の通り、立法者が問題視していたのは民衆扇動的表現だった。

（3）苦情対応状況についての報告義務

SNS対策法によれば、暦年において違法な内容に関して一〇〇件以上の苦情を受け付けたSNS事業者は、違法な内容についての苦情にどのように対応したかについての報告書を、半年ごとに作成し、公表しなければならない。「一〇〇件以上の苦情を受け付けた」という限定は、連邦議会における修正により追加された。また、連邦与党案では、報告書の公表の頻度は四半期ごととされていたが、連邦議会における修正によって半年ごとでよいことになった。公表は、官報の電子版及び自己のホームページを通じて行われる。報告書は、半年の期間が終了してから一か月以内に公表されなければならない（二条一項一文）。ホームページに掲載される報告書は、簡単に認識でき、直接かつ常にアクセスできるように掲載されなければならない（同項二文）。

二〇一七年のSNS対策法では、SNS事業者が作成する報告書に少なくとも次の九つの項目が記載されなければならないとされた（二条二項）。それは、自己のプラットフォームにおいて可罰的行為を禁止するためにSNS事業者がいかなる努力を行っているかについての一般的な説明（一号）、違法な内容についての苦情を伝達するメカニズムと違法な内容の削除・ブロッキングの判断基準についての説明（二号）、報告の対象となる期間に申し立てられた違法な内容についての苦情の件数（三号）、苦情対応を担当する人員の組織、人数、専門知識の程度、同人員のための研修やサポートについて（四号）、SNS事業者が事業者団体に加盟しているか、その事業者団体に苦情窓口はあるか（五号）、削除などについての判断を準備するために社外の助言を受けた苦情の件数（六号）、報告の対象となる期間に削除に至った苦情の件数、違法性の判断の期限が例外的に一週間を超えた件数、その際、利用者に意見表明を求めた件数、違法性の判断を自主規制機関に委ねた件数（七号）、苦情の申立てから違法な内容の削除に至るまでの時間を、「二四時間以内」「四八時間以内」「一週間以内」「それよりも長期間」に分けて明示すること（八号）、苦情申立人及び苦情対象となった内容を投稿した利用者に、苦情に対する判断について連絡するための措置（九号）である。なお、報告対象となる苦情の件数については、いずれも苦情窓口、利用者、苦情理由ごとの件数を示す必要がある。SNS事業者は、苦情や削除の件数を統計的に示すだけでなく、対応の仕組みや運用の実態を明らかにしなければならない。

なお、二〇二一年のSNS対策法改正法により、報告書に記載すべき項目は九つから一七に拡大された（本文後述、2－3（2）⑤参照）。

（4）苦情対応手続整備義務

ＳＮＳ事業者は、三条一項によれば、「違法な内容についての苦情に対応するため、二項及び三項に従い、実効的かつ透明性のある手続を整備しなければならない」（一文）。さらに、「利用者が違法な内容についての苦情を伝えるため、簡単に認識可能で、直接にアクセス可能で、かつ常に利用可能な手続を利用できるようにしなければならない」（二文）。なお、二〇二一年のＳＮＳ対策法改正法は、苦情対応手続がより利用者フレンドリーになるよう、この規定に「簡単に操作可能」などの文言を追加した（本文後述、2－3（2）④参照）。

苦情対応手続に要求されるのは、①ＳＮＳ事業者が遅滞なく苦情を知覚し、苦情を申し立てられた投稿の内容が違法なものか、削除の必要があるか否かを審査すること、②明らかに違法な内容は苦情が申し立てられてから二四時間以内に削除の措置がとられること（ただし、ＳＮＳ事業者が刑事当局と長期間削除しないと合意している場合は別扱いとなる）、③すべての違法な内容は苦情が申し立てられてから、原則として一週間以内に、削除の措置がとられること、④削除の措置をとった場合、証拠として当該投稿の内容を確保し、そのために一〇週間保存すること、⑤苦情申立人及び利用者にすべての判断について遅滞なく情報提供し、その理由を示すことである。

なお、③の要求について、連立与党案では、違法な内容は例外なく一週間以内に削除することになっていた。しかし、違法性の判断が困難な場合も想定されるとの指摘があり、連邦議会における修正により、すべての違法な内容は、「原則として」遅滞なく削除の措置がとられるが、例外的に一週間を超えて期限を延ばすことができる場合が規定された（三条二項三号）。それは、「内容の違法性が、事実主張の不正確さ又は明らかに他の実際の情況に依存している場合である。この場合、ＳＮＳ事業者は決定を下す前に、利用者に苦情について意見を表明する機会を与えることができる」。

同じく例外とされるのは、ＳＮＳ事業者が、違法性についての判断を、苦情を受け付けてから一週間以内に、認証を受けた「規制された自主規制機関」に委ね、その機関の判断に従う場合である。ここで「規制された自主規制」とは、法規制によりＳＮＳ事業者の自主規制を促す手法である。ドイツでは、青少年メディア保護州際協定一九条が、インターネット上の青少年に有害な表現を規制するためにこの手法を採用しており[16]、ＳＮＳ対策法もこの手法を採用することになった[17]。

連邦議会で加えられた修正により、ある機関がこの法律の意味における規制された自主規制機関として認証されるための要件も追加された（三条六項）。それは、①違法性を審査する者の独立性と専門性が保障されていること、②適切な設備及び一週間以内の迅速な審査が確保されていること、③審査の範囲と手続及び加入しているＳＮＳ事業者の移送義務について規律する手続規定が存在し、決定についての審査の可能性が定められていること、④苦情受付窓口が設けられていること、⑤その機関が複数のＳＮＳ事業者によって運営されており、その他のＳＮＳ事業者に加入の機会が設けられていることである。

規制された自主規制機関としての認証は、四条に規定された行政機関、すなわち連邦司法庁が担当する（三条七項）。認証の要件が事後的に満たされなくなった場合、認証はすべて又は部分的に撤回されうる（三条八項）。連邦司法庁は、あるＳＮＳ事業者が規制された自主規制機関に加入しても、削除義務を果たすことができそうにない場合、そのＳＮＳ事業者が違法性の判断を規制された自主規制機関に委ねることを認めないと決定することもできる（三条九項）。

連邦議会は、自主規制機関を活用することで、違法性の判断はＳＮＳ事業者にとって難しいのではないかという批判を回避しようとした。ＳＮＳ対策法の運用は二〇一八年に始まったが、二〇二〇年一月、インターネット上の有害表現からの青少年保護について自主規制を行ってきた「マルチメディア・サービス事業者自主規制機関」（FSM: Freiwillige Selbstkontrolle Multimedia-Diensteanbieter）がようやく認証を受け、同年三月から加盟事業者のために違法性判断を行うようになった[18]。

ＳＮＳ事業者の苦情対応手続は、すべての苦情及びその救済のために講じられた措置がＥＵ加盟国内において記録されるよう定められなければならない（三条三項）。連立与党案では、「国内」において記録されるとなっていたが、連邦議会で修正されて「ＥＵ加盟国内」において記録されることが必要になった。

苦情対応は、ＳＮＳ事業者の経営者によって毎月、監督されなければならない。申し立てられた苦情への対応の組織的停滞は、遅滞なく解消されなければならない。苦情対応を担当する人員には、ＳＮＳ事業者の経営者によって定期的に、少なくとも半年ごとに、ドイツ語による研修とサポートが提供されなければならない（三条四項）。四条に規定された行政機関（連邦司法庁）の委託を受けた当局はＳＮＳ事業者の苦情対応手続を監督することができる（三条五項）。

（5）過料規定

ＳＮＳ対策法は、ＳＮＳ事業者が前述した報告又は苦情対応の義務を故意又は過失によって果たさなかった場合、秩序違反として過料を科す（四条一項）。

過料は、次の場合に科される。それは、二条一項一文に違反して、報告書が不正確・不十分だったり、適時に公表されなかった場合（四条一項一号）、三条一項一文に違反して、苦情対応手続の利用者に対する説明が不正確・不十分だった場合（二号）、三条一項二文に違反して、利用者が苦情対応手続を利用できなかったり、正しく利用できなかった場合（三号）、三条四項一文に違反して、経営者が苦情対応を監督しなかったり、監督が不十分だった場合（四号）、三条四項二文に違反して、苦情対応の組織的停滞が解消されなかったり、適時に解消されなかった場合（五号）、三条四項三文に違反して、苦情対応を担当する人員の研修又はサポートが行われなかったり、適時に行われなかった場合（六号）、五条に違反して、国内送達受取人又は国内受信担当者が任命されていなかった場合である（七号）。以上の部分は連立与党案に規定されていた。後述の通り、連邦議会によって五条に修正が加えられ、国内刑事当局からの情報提供要請があった場合、ＳＮＳ事業者に四八時間以内に回答する義務が追加された。これに伴い、この義務に違反した場合も過料を科されることになった（八号）。

七号と八号に違反した場合の過料の額は、五〇万ユーロ以下、一号から六号に違反した場合の過料の額は、五〇〇万ユーロ以下である（四条二項）。なお、法人に対して法定の一〇倍の過料を科すと定める秩序違反法三〇条二項三文が適用される（四条三項）。このため、ＳＮＳ対策法に違反した場合の過料の最高額は、五〇〇〇万ユーロ（一ユーロ一三〇円として六五億円）である。

ＳＮＳ対策法に定められた秩序違反は、外国で行われた場合も罰することができる（四条三項）。秩序違反法三六条一項一号の意味での「管轄行政機関」は、連邦司法庁である（四条四項）。この行政機関が、削除されていない内容が違法であるとの判断を下す場合、当該行政機関はまず裁判所にその違法性についての判断を求めなければならない。事件を管轄するのは、過料決定に対する異議について決定する裁判所である。行政機関が裁判所に投稿された内容の違法性についての判断を申し立てる際、その申立てにＳＮＳ事業者の見解を添付しなければならない。裁判所は、この申立てについて、口頭弁論を経ずに決定を下すことができる。この決定について裁判で争うことはできない。この決定は行政機関を拘束する（四条五項）。

（６）国内送達受取人の任命

ＳＮＳ事業者は、過料手続及び民事裁判手続における送達のために送達受取人を任命しなければならない。また、国内刑事当局の情報提供要請に対応する国内受信担当者を任命しなければならない（五条）。国内送達受取人の設置は、SNS上の違法な内容に関連して、SNS事業者に対する過料手続及び民事裁判がドイツで行われる場合、それに対応する責任者をドイツ国内であらかじめ任命しておくことをSNS事業者に義務づけるものである。また、国内受信担当者は、SNS上に投稿された違法な内容について、刑事当局が投稿した利用者の刑事責任を追及する際、SNS事業者にドイツ国内にいわば「郵便受け」を設けておくことを義務づけるものである。連邦議会における修正により、国内刑事当局からの情報提供要請があった場合、SNS事業者に四八時間以内に回答する義務が追加された。

1－3　SNS対策法に対する批判

SNS対策法については、法案審議の段階から、適用対象となるSNS事業者が高額の過料をおそれるあまり、また経費を節約するためにも厳密な判断を放棄し、いわゆるオーバーブロッキング（違法ではない内容の投稿まで安易に削除するようになること）が懸念されていた。また、削除対象となった投稿を行った利用者の権利・利益が十分に配慮されていない、という問題も指摘されていた。[19]連邦議会における修正で、違法性の判断を規制された自主規制機関に委ねることで、削除期間の延長が例外的に認められた。しかし、「明らかに違法」な場合の二四時間以内の消去義務でさえ、SNS事業者の大きな負担になることが危惧された。また、表現の自由への萎縮効果との関係では、SNS対策法が採用した「違法な内容」という概念について、従来の刑法では用いられてこなかった概念であり、その文言と連立与党案の理由付けを手がかりにしても、一義的な解釈は困難だという批判もあった。それゆえ、この概念を手がかりに過料を科すSNS対策法は、罪刑法定主義を定めている基本法一〇三条二項にも違反するとの指摘もあった。[20]

なお、SNS対策法は、SNS事業者が違法な内容を削除しなかったことに対して直接に過料を科してはいない。したがって、萎縮効果をおそれる必要はないという見方もある。[21]しかし、三条四項二文に違反して、「苦情対応の組織的停滞」が解消されなかったと判断された場合には過料が科されることになっており、違法な内容の削除が十分に行われていないことが、苦情対応の組織的停滞という評価を受けるおそれがあるという指摘もあった[22]。

2　二〇二一年改正

2－1　二〇一八年からの運用状況

二〇一八年一月からSNS対策法の運用が始まり、同年七月に第一期（二〇一八年前期）報告書がいくつかのSNS事業者によって公表された。SNS事業者が、連邦司法庁による制裁をおそれて過剰にSNSの投稿を削除するのではないかという懸念について、ニュース週刊誌「デア・シュピーゲル」は、ユーチューブ、ツイッター、フェイスブックの報告書を手がかりに、事前に心配したほどではなかったと報道した[23]。その後もSNS対策法が適用されるSNS事業者は半年ごとに報告書を公表しており、連邦司法省、連邦司法庁や研究者などによる運用の評価も行われてきた[24]。

なお、連邦司法庁は、二〇一九年七月三日、フェイスブックの第一期報告書を時間をかけて検討した結果、フェイスブックがSNS対策法の義務に違反したとの理由で、二〇〇万ユーロ（一ユーロ一三〇円として約二億六〇〇〇万円）の過料を科すと発表した[25]。連邦司法庁のプレスリリースによると、フェイスブックの第一期報告書には、SNS対策法が要求している詳細な情報が記載されていなかった。とくに問題視されたのは、違法情報についての苦情の数が正確にカウントされていないという点だった。連邦司法庁によると、フェイスブック社では通常のコミュニティ規定違反についての苦情窓口とSNS対策法違反についての苦情窓口が設けられたが、SNS対策法違反の苦情窓口がわかりにくかったため、苦情の件数が同時期のユーチューブやツイッターに比べて顕著に少なく、ひいては削除についての報告数も不正確になっており、ＳＮＳ対策法が求める苦情対応手続の透明性にも影響を与えていた。第一期において、フェイスブックの報告書[26]によれば、ＳＮＳ対策法違反についての苦情は一七〇四件、そのうち三六二件が削除かアクセス制限された。これに対し、ユーチューブの報告書[27]によれば、苦情は約二一万五〇〇〇件、約五万八〇〇〇件（約二七％）が削除されるか、ドイツ国内からアクセスできないようにされた。ヘイトスピーチや名誉毀損的表現が多かった。ツイッターの報告書[28]によれば、苦情は約二六万四〇〇〇件、そのうち一〇％程度が削除かアクセス制限された。

フェイスブックが二〇一九年七月の過料決定に対して異議を申し立てたため、それから約二年間、連邦司法庁との間で静かに交渉が続いていたところ、二〇二一年六月、フェイスブックは異議を取り下げ、過料を支払うことにした。同年九月三日、フェイスブックが、二〇一九年七月の過料決定だけでなく、二〇二一年七月に下されたもうひとつの過料決定とあわせて、五〇〇万ユーロ（一ユーロ一三〇円として約六億五〇〇〇万円）の過料を連邦司法庁に納付したとの報道がなされた[29]。二〇二〇年六月一五日付けで連邦司法庁が公表した資料によれば、二〇一八年一月一日から二〇二〇年五月三一日の間に確定した過料決定は一件もなかったので、ＳＮＳ対策法の効果が疑問視される一因になっていた[30]。フェイスブックの過料納付が事実であれば、運用の評価にとって重要な出来事といえる。

なお、二〇二〇年九月九日、ドイツ連邦政府は、ＳＮＳ対策法の施行状況について連邦司法省がまとめた評価報告書を閣議決定した[31]。それによると、①ＳＮＳ対策法によってＳＮＳ事業者の苦情処理が明らかに改善され、②いまのところ、いわゆるオーバーブロッキングが発生したとの手がかりはないとのことだった。また、③さらなる法改正の必要はわずかであることが確認されたが、苦情対応手続をより利用者フレンドリーにすることや、連邦司法庁の権限を拡大することなど取り組むべきこともなおあることが明らかになった。ただし、この評価報告書においては、同年六月に連邦議会で成立し、連邦大統領による認証が待たれていたヘイトクライム法と、同年四月から議会で審議中だったSNS対策法改正法案によってそうした課題は解決されると考えられていた。

2-2　二〇二一年改正の経緯

SNS対策法は、二〇二一年に公布されたヘイトクライム法とSNS対策法改正法という二つの法律により改正された。[32]このうちヘイトクライム法案[33]は、二〇二〇年六月一八日に連邦議会で可決された[34]。同法は、極右主義思想及びヘイトクライムの撲滅のため、刑法、刑事訴訟法、SNS対策法など関連するいくつかの法律を改正するものである。SNS対策法については、民衆扇動的表現、ナチスのハーケンクロイツの使用、殺人脅迫などの刑法違反の投稿の連邦刑事庁への報告義務（Meldepflicht）に加えて、当該投稿の内容や発信者のIPアドレス（ポート番号を含む）を提供する義務をSNS事業者に課すことなどが目指された。

この時期に規制強化が必要だと考えられた背景には、難民支援に前向きな政治家ワルター・リュプケ氏暗殺事件（二〇一九年六月）、二人の通行人が射殺された、ハレ市のユダヤ教シナゴーグ襲撃未遂事件（同年一〇月）、ハーナウ市で九人が死亡した、人種差別思想からの乱射事件（二〇二〇年二月）など、極右主義を背景とする犯罪が続いたという深刻な社会状況があった。

なお、議会で成立した法律は連邦大統領に認証のために送付される[35]。連邦大統領には、形式・実体の両面について法律の合憲性を審査する権限がある。合憲性に疑いがない場合、法律は連邦大統領の署名によって認証され公布される。連邦大統領が署名を拒むことはまれだが、これまでに署名しなかったという前例もある。連邦大統領府の法務担当者がヘイトクライム法の一部の合憲性に疑いをもったため、シュタインマイヤー連邦大統領は、二〇二〇年一〇月五日、連邦政府に対して改善策が講じられるまで署名しないと公式に伝えた[36]。というのも、連邦憲法裁判所が、同年五月二七日、捜査当局の要求による電気通信事業者からの契約者データ（Bestandsdaten）の提供を規定する電気通信法一一三条などを違憲とする決定を下しており[37]、それに照らせば、ヘイトクライム法に含まれる類似の規定にも違憲の疑いがあったからである。

連邦大統領の求めに応じるため、二〇二〇年一二月一五日、連立与党から「契約者データの提供に関する規律を連邦憲法裁判所二〇二〇年五月二七日決定の基準に適合させるための法律案」[38]が連邦議会に提出された。この法律は、連邦議会、連邦参議院、両院調整委員会の審議を経て成立し、二〇二一年三月三〇日に公布された[39]。これにより電気通信法だけでなく、ヘイトクライム法に含まれる関連規定も改正された。これを受けてようやくヘイトクライム法は同年三月三〇日に連邦大統領によって認証され公布された（一部規定を除き、同年四月三日施行[40]）。ヘイトクライム法は、SNS対策法を改正し、SNSによる違法な投稿に対する刑事捜査の強化のため、SNS事業者の連邦刑事庁への報告義務を導入した（三a条）。

これとは別に、SNS対策法改正法も議会審議を経て成立し、二〇二一年六月三日に公布された（一部規定を除き、同年六月二八日施行[41]）。SNS対策法改正法により、利用者のSNS事業者に対する権利が強化され（三b、三c、五条）、権利侵害の場合の発信者情報開示手続が簡素化された。また、違法投稿についての苦情対応手続をより利用者フレンドリーにすべきことが明文化され（三条一項）、SNS事業者の苦情対応の透明性を高めるために苦情対応状況についての報告書に記載すべき事項が拡大された（二条二項）。SNSのうちビデオ共有プラットフォームサービスについての規定（三d、三f条[42]）、連邦司法庁による柔軟な監督権限行使を可能にする規定（四a条）、研究のためのデータへのアクセスを改善する規定（五a条）も新設された。以下では、そのうち違法投稿対策として重要な改正の概要を示す。

2－3　二〇二一年改正の概要

(1) ヘイトクライム法によるSNS対策法改正

ヘイトクライム法によるSNS対策法の主たる改正は、「苦情」の概念定義の新設(一条四項)と、SNS事業者の連邦刑事庁への報告義務の導入(三a条)である。これらの規定の施行日は二〇二二年二月一日とされた。

「苦情」の概念定義がSNS対策法一条四項として新設されたのは、フェイスブックがコミュニティ規定違反とは別にSNS対策法違反の苦情窓口を設けて、コミュニティ規定違反についての苦情を、SNS対策法違反の苦情件数に算入しなかったことに起因している。この改正により、コミュニティ規定違反の苦情もSNS対策法にいう苦情にあたることになった。

また、連邦刑事庁への報告義務(三a条)が導入されたことから、SNS事業者は、苦情の対象となった違法な投稿を削除するだけでなく、その投稿が三a条二項三号に列挙された犯罪(刑法八六条、八六a条、八九a条、九一条、一二六条、一二九条～一二九b条、一三〇条、一三一条、一四〇条、一八四b条、二四一条)の構成要件をみたし、かつ、正当化されないと判断した場合、連邦刑事庁へ報告しなければならない(名誉毀損的表現についての犯罪はドイツでも親告罪であるためここには含まれていない)。その際、SNS事業者は、その投稿の内容と発信者のIPアドレス(ポート番号を含む)を連邦刑事庁へ提供しなければならない。なお、SNS対策法改正法により、SNS事業者の情報提供義務は、その投稿がなされた日時と発信者の氏名にも拡大された(三a条四項)。SNS事業者は、報告対象となった投稿の発信者に、報告から四週間以内に連邦刑事庁への報告について通知しなければならない。ただし、捜査上の理由などにより連邦刑事庁が発信者への通知を控えるよう命じることがある。

この報告義務については、立法の段階から、報告の対象が連邦刑事庁であることや、データ保護法上の問題が指摘されており、二〇二一年七月、フェイスブックとグーグルはそれぞれ、この報告義務がデータ保護法、憲法、EU法に違反するなどとしてケルン行政裁判所に提訴したとのことである(43)。

(2) SNS対策法改正法

①SNS事業者に対する利用者の異議申立制度

苦情の対象となった投稿が違法か否かについて利用者とSNS事業者の間で見解の相違が生じた場合のために、SNS事業者に対する利用者の異議申立制度が導入された。具体的には、投稿削除の場合、その内容は保存され、SNS事業者から苦情申立人と投稿の発信者に投稿削除が伝えられるとともに、異議申立てが可能であることが案内される(三条二項五号)。異議申立制度(三b条)によれば、投稿削除の場合、その投稿の発信者はSNS事業者に削除の必要性について再検討を求めることができる。また、苦情を申し立てた投稿が削除されなかった場合、苦情申立人からSNS事業者に削除の必要性について再検討を求めることができる。

②裁判外の仲裁制度設立のための根拠規定

利用者とSNS事業者の間の紛争を裁判外で解決する民間の仲裁制度を設立するための根拠規定が設けられた(三c条)。連邦司法庁に、仲裁機関を認証する権限が与えられ、認証に必要な要件が明文化された。

③国内送達受取人の権限の明確化

SNS対策法によれば、SNS事業者は、過料手続及び民事裁判手続における送達のために送達受取人を任命しなければならない(五条)。ただし、旧規定では「違法な内容の流布」に起因する手続においてと定められていたため、裁判実務において、送達受取人の権限に、削除された投稿の回復を求める手続も含まれるか否かについて意見対立が生じた。そこで、そのような場合の送達の受け取りも、送達受取人の権限に含まれることが明文化された。

④苦情対応手続をより利用者フレンドリーにするための改正

ＳＮＳ事業者のなかには、フェイスブックのように、苦情対応窓口がわかりにくくなっている場合もみられた。このため、ＳＮＳ事業者の苦情対応手続をより利用者フレンドリーにするため、いくつかの文言が三条一項二文に追加され、次のような規定となった。「事業者は、利用者が違法な内容についての苦情を伝えるため、内容を知覚した場合に簡単に認識可能で、直接にアクセス可能で、簡単に操作可能で、かつ常に利用可能な手続を利用できるようにしなければならない」（傍点部分が、今回の改正により追加された文言である。強調は筆者による。）。

⑤苦情対応の透明性を高めるための報告義務の拡大

ＳＮＳ事業者による苦情対応の透明性を高めるため、苦情対応状況についての報告書に記載すべき項目が九つから一七に増やされた（二条二項）。追加されたのは、違法投稿をＡＩを用いて自動的に認識し削除する手続の説明、苦情によって申し立てられた違法投稿を削除するための判断における審査の流れ（違法とコミュニティ規定違反の審査の相互関係）、新設された利用者の異議申立制度の運用状況、苦情件数や削除件数を過去二期の数字とともに表で示すこと（もし件数に変化が生じた場合はその理由を付記すること）、ＳＮＳ事業者のコミュニティ規定の説明などである。

⑥連邦司法庁の監督権限の明確化

ＳＮＳ対策法は、連邦司法庁にＳＮＳ対策法違反に対して科される過料についての決定権限を与えてきたが、新規定（四ａ条）により、過料決定の前段階も含めＳＮＳ対策法の諸規定の遵守について監督権限を有することが明文化された。連邦司法庁は、ＳＮＳ事業者がＳＮＳ対策法の規定に違反したか、違反していると確認した場合、当該事業者に対して必要な措置を講じる。連邦司法庁は、過料手続に進むことなく、違反行為をやめるよう事業者に義務づけることができる。連邦司法庁に、過料を科すことなく、柔軟に監督権限を行使する権限が与えられたことで、批判されてきたＳＮＳ対策法のＳＮＳ事業者に対する萎縮効果は生じなくなるという指摘もある。[44]

⑦発信者情報開示手続の簡素化

ＳＮＳ対策法が二〇一七年に制定された際、テレメディア法が改正され、匿名による違法な人格権侵害の場合の発信者情報開示手続が導入された。ところが、その後の運用において、裁判所によってＳＮＳ事業者に発信者情報の開示が命じられても、裁判所の決定は発信者情報開示の許可であり、義務ではないとの理由からＳＮＳ事業者はしばしば開示を拒否した。このため、人格権侵害の被害者は、ＳＮＳ事業者の発信者情報開示義務を確認するために裁判でさらに争わなければならなかった。ＳＮＳ対策法改正法により、テレメディア法四条が改正され、発信者情報開示を認めた裁判所が、同時に発信者情報の開示を義務づけることができるようになった。

おわりに

ＳＮＳ対策法は、二〇一八年からＳＮＳ事業者に違法投稿削除義務、その義務を果たすための苦情対応手続整備義務、苦情対応状況の報告義務などを課すとともに、連邦司法庁が秩序違反に過料を科す制度を創設した。二〇二一年、ＳＮＳ対策法は、前年までの運用に対する評価に基づき、ヘイトクライム法とＳＮＳ対策法改正法により改正された。ヘイトクライム法は、ＳＮＳ対策法における「苦情」の概念定義を新設するとともに、民衆扇動的表現などいくつかの違法な内容が投稿された場合における連邦刑事庁への報告義務、投稿内容と発信者のＩＰアドレスの提供義務をＳＮＳ事業者に課した（ＳＮＳ対策法改正法によって、提供すべき情報に発信者の氏名と投稿の日時も追加された）。

ＳＮＳ対策法改正法は、違法投稿対策として、①ＳＮＳ事業者に対する利用者の異議申立制度の導入、②裁判外の仲裁制度の根拠規定の新設、③国内送達受取人の権限の明確化、④苦情対応手続をより利用者フレンドリーにするための改正、⑤苦情対応の透明性を高めるための報告義務の拡大、⑥連邦司法庁の監督権限の明確化、⑦発信者情報開示手続の簡素化などを実現した。

ＳＮＳ対策法については、適用対象となるＳＮＳ事業者が高額の過料をおそれるあまり、厳密な判断を放棄し、苦情の対象となった投稿を必要以上に削除する、いわゆるオーバーブロッキングが懸念されてきた。連邦議会与党と連邦政府は、ＳＮＳ対策法は一定の効果をあげているし、いわゆるオーバーブロッキングが発生した手がかりはないとの評価を前提に、二〇二一年、対策の効果を高めるとともに、利用者のＳＮＳ事業者に対する権利を強化するための改正を断行した。ただし、学説にはＳＮＳ対策法はあまり効果をあげていないし、オーバーブロッキングが発生した手がかりも認められるという評価がある。[45]そこでは、二〇二一年改正によってそのような状況は改善されないと指摘されている。ＳＮＳによる民衆扇動的表現を抑止するためにＳＮＳ対策法が効果を発揮するか否か、ＳＮＳ事業者に課された義務が憲法やＥＵ法に違反するとの批判に耐えることができるか否かについては、引き続き注視する必要がある。

ドイツでは、一方で、ナチス独裁を生んだ歴史への反省から、民衆扇動的表現規制が刑法に採用されており、社会状況の変化にあわせて関連する表現規制が拡大され、ＳＮＳ対策法も制定されるなど積極的なヘイトスピーチ対策が講じられている。他方で、連邦憲法裁判所が自由で民主的な社会にとっての表現の自由の意義を重視しており、過剰な表現規制に対する歯止めとしての役割を果たしている。[46]ドイツの民衆扇動罪やＳＮＳ対策法を他の国が採用するためには、連邦憲法裁判所のような過剰な表現規制に対する実効的な歯止めを備えている必要がある。

なお、二〇二〇年一二月一五日、欧州委員会は、ＳＮＳ対策法とほぼ同じ分野を規律するデジタル・サービス法（ＤＳＡ）の草案を発表した。欧州連合規則としてデジタル・サービス法が成立したら、ＥＵ法は国内法に対して適用において優位するため、ドイツＳＮＳ対策法は適用できなくなる可能性もある。法的安定性を維持するためには、両者の関係を前もって明らかにしておくことが望ましいと指摘されている。[47]

注

（1） *Fehling/Leymann*, Der neue Strukturwandel der Öffentlichkeit: Wie lassen sich die sozialen Medien regulieren?, AfP 2020, 110 ff.

（2） Gesetz zur Verbesserung der Rechtsdurchsetzung in sozialen Netzwerken （Netzwerkdurchsetzungsgesetz – NetzDG） v. 1. 9. 2017, BGBl 2017 I 3352. Vgl. Spindler/Schmitz, Telemediengesetz mit Netzwerkdurchsetzungsgesetz, 2. Aufl. 2018, S. 551 ff. 日本ではこの法律を「ＳＮＳ法」、「ネットワーク執行法」又は「ネットワーク法執行法」ということもある。ＳＮＳ対策法について、鈴木秀美「ＳＮＳ対策法案の概要と問題点」Law &Technology 七六号（二〇一七年）三五頁以下、同「インターネット上のヘイトスピーチと表現の自由――ドイツのＳＮＳ対策法をめぐって」工藤達郎ほか編著『憲法学の創造的展開Ⅰ』戸波江二先生古稀記念論文集（信山社、二〇一七年）五七七頁以下、同「ドイツのＳＮＳ対策法と表現の自由」メディア・コミュニケーション六八号（二〇一八年）一頁以下、實原隆志「ドイツのＳＮＳ法――オーバーブロッキングの危険性について」情報法制研究四号（二〇一八年）四六頁以下、神足祐太郎「ドイツのＳＮＳ法」調査と情報一〇一九号（二〇一八年）一頁以下、金尚均「ドイツのネットワーク法執行法について」部落解放八〇七号（二〇二一年）三九頁以下。

（3） Gesetz zur Bekämpfung des Rechtsextremismus und der Hasskriminalität v. 30. 3. 2021, BGBl 2021 I 441.

（4） Gesetz zur Änderung des Netzwerkdurchsetzungsgesetzes v. 3. 6. 2021, BGBl 2021 I 1436.

（5） 毛利透「ドイツにおける発信者情報開示請求――著作権侵害と人格権侵害それぞれの場合について」立命館法学三九三・三九四号（下巻）（二〇二一年）七八八頁以下参照。

（6） 民衆扇動罪について、櫻庭総『ドイツにおける民衆扇動罪と過去の克服』（福村出版、二〇一二年）、毛利透「ヘイトスピーチの法的規制について」法学論叢一七六巻二・三号（二〇一四年）二一〇頁以下、鈴木秀美「ドイツの民衆扇動罪と表現の自由」日本法学八二巻三号（二〇一六年）三九三頁以下参照。

（7） 刑法によるナチス賛美の禁止の合憲性を認めた憲法判例について、ドイツ憲法判例研究会編『ドイツの憲法判例Ⅳ』（信山社、二〇一八年）一三五頁以下〔土屋武〕参照。

（8） マティアス・イェシュテットほか「表現の自由をめぐる新たな問題」司法研修所論集一三〇号（二〇二〇年）一三二頁〔イェシ

ユテット」の指摘。

（9）　参事官草案について、*Wimmers/Heymann*, Zum Referentenentwurf eines Netzwerkdurchsetzungsgesetzes（NetzDG）– eine kritische Stellungnahme, AfP 2017, 93 ff.; *Dominik Höch*, Nachbessern: ja, verteufeln: nein. Das NetzDG ist besser als sein Ruf, K & R 2017, 289 ff.; *Thorsten Feldmann*, Zum Referentenentwurf eines NetzDG: Eine kiritische Betrachtung, K & R 2017, 292 ff.

（10）　BR-Drs. 315/17 v. 21. 4. 2017; BT-Drs. 18/12727 v. 14. 6. 2017. 連邦司法省のサイト（https://www.bmjv.de/SharedDocs/Gesetzgebungsverfahren/DE/NetzDG.html、最終閲覧二〇一一年一一月一日）には、連邦政府案とともに様々な団体の意見書も掲載されている。

（11）　BT-Drs. 18/12356 v. 16. 5. 2017. 法案について、*Hubert Gersdorf*, Hate Speech in sozialen Netzwerken, Verfassungswidrigkeit des NetzDG-Entwurfs und grundrechtliche Einordnung der Anbieter sozialer Netzwerke, MMR 2017, 439 ff.; *Ladeur/Gostomzyk*, Das Netzwerkdurchsetzungsgesetz und die Logik der Meinungsfreiheit, K&R 2017, 390 ff.; *Nikolaus Guggenberger*, Das Netzwerkdurchsetzungsgesetz – schön gedacht, schlecht gemacht, ZRP 2017, 98 ff.; *Georg Nolte*, Hate-Speech, Fake-News, das "Netzwerkdurchsetzungsgesetz" und Vielfaltsicherung durch Suchmaschinen, ZUM 2017, 552 ff.; *Eike Michael Frenzel*, Aktuelles Gesetzgebungsvorhaben: Verbesserung der Rechtsdurchsetzung in sozialen Netzwerken（NetzDG）, JuS 2017, 414 ff.; *Michael Kubiciel*, Neuartige Sanktionen für soziale Netzwerke? Der Regierungsentwurf zur Verbesserung der Rechtsdurchsetzung in sozialen Netzwerken, juris-PR-StrafR 7/2017 Anm. 1.; *Gerald Spindler*, Der Regierungsentwurf zum Netzwerkdurchsetzungsgesetz – europarechtswidrig?, ZUM 2017, 473 ff.; *Bernd Holznagel*, Das Compliance-System des Entwurfs des Netzwerkdurchsetzungsgesetzes, ZUM 2017, 615 ff.

（12）　BT-Drs. 18/13013 v. 28. 6. 2017.

（13）　BGBl 2017 I 3352.SNS対策法成立後の批判的な分析として、*Nikolas Guggenberger*, Das Netzwerkdurchsetzungsgesetz in der Anwendung, NJW 2017, 2577 ff.; *Marc Liesching*, Was sind "rechtswidrige Inhalte" im Sinne des Netzwerkdurchsetzungsgesetzes?, ZUM 2017, 809 ff.; *Kalscheuer/Hornung*, Das Netzwerkdurchsetzungsgesetz – Ein verfassungswidriger Schnellschuss, NVwZ 2017, 1721 ff.

（14）　BT-Drs. 18/12356 v. 16. 5. 2017, S. 2.

（15）　ドイツ刑法の各論部分の配列および特徴について、金尚均ほか著『ドイツ刑事法入門』（法律文化社、二〇一五年）一〇五頁以下参照。

（16）　Vgl. *Schulz/Held*, JMStV §1, Rn. 21 ff., *Throsten Held*, JMStV §19, Rn. 4, in: Hahn/Vesting, Beck'scher Kommentar zum Rundfunkrecht, 4. Aufl. 2018. 杉原周治「青少年保護のための『規制された自主規制』の構造」ドイツ憲法判例研究会編『憲法の規範力と行政』（信山社、二〇一七年）二五八頁以下、鈴木秀美「メディア融合時代の青少年保護――ドイツの動向」メディア・コミュニケーション六〇号（二〇一一年）二五頁以下参照。日本でも、いわゆる青少年環境整備法がこの手法を採用している。松井茂記ほか編『インターネット法』（有斐閣、二〇一五年）一四〇頁〔鈴木秀美〕参照。

（17） 二〇二一年改正も含め、青少年メディア保護州際協定とＳＮＳ対策法の「規制された自主規制」の比較検討として、實原隆志「ヘイトスピーチ対策としてＳＮＳ事業者に対行政責任を課す場合の法的課題」福岡大学法学論叢六六巻二号（二〇二一年）二四七頁以下参照。

（18） ＦＳＭの二〇二〇年三月三日付プレスリリース（https://www.fsm.de/de/presse-und-events/fsm-als-netzdg-selbstkontrolle、最終閲覧二〇二一年一一月一日）。

（19） *Feldmann*, a.a.O.（Anm. 9）, 295; *Wimmers/Heymann*, a.a.O.（Anm. 9）, 98 ff.; *Guggenberger*, a.a.O.（Anm. 11）, 100; *Nolte*, a.a.O.（Anm. 11）, 555 ff.

（20） *Liesching*, a.a.O（Anm. 13）.

（21） *Kubiciel*, a.a.O.（Anm. 11）.

（22） *Frenzel*, a.a.O.（Anm. 11）, 415 f.

（23） 「デア・シュピーゲル」二〇一八年七月二七日付記事（https://www.spiegel.de/netzwelt/web/netzdg-so-oft-sperren-facebook-youtube-und-twitter-a-1220371.html、最終閲覧二〇二一年一一月一日）。

（24） 研究者による評価として、*Eifert/von Landenberg-Roberg/Theß/Wienfort*, Netzwerkdurchsetzungsgesetz in der Bewährung: Juristische Evaluation und Optimierungspotenzial, 2020; Marc Liesching（Hrsg.）, Das NetzDG in der praktischen Anwendung: Eine Teilevaluation des Netzwerkdurchsetzungsgesetzes, 2021。前者は連邦司法省の委託による評価、後者は研究者チームによる独立した評価である。なお、立法から二〇二〇年秋までの運用の概説として、鈴木秀美「ＳＮＳ法規制を考える――ドイツＳＮＳ対策法」部落解放八〇〇号（二〇二一年）一一一頁以下（二〇二〇年八月二〇日に行った講演の記録）。

（25） 連邦司法庁の二〇一九年七月三日付プレスリリース（https://www.bundesjustizamt.de/DE/Presse/Archiv/2019/2019.html、最終閲覧二〇二一年一一月一日）。

（26） フェイスブックの第一期「透明性レポート（英語版）」（https://about.fb.com/wp-content/uploads/2018/07/facebook_netzdg_july_2018_english-1.pdf、最終閲覧二〇二一年一一月一日）。

（27） グーグル社の第一期「透明性レポート」（https://storage.googleapis.com/transparencyreport/legal/netzdg/G%2B_NetzDG-TR-Bundesanzei ger-2018-06.pdf、最終閲覧二〇二一年一一月一日）。

（28）「Twitterネットワーク執行法報告書二〇一八年一月から六月」（https://cdn.cms-twdigitalassets.com/content/dam/transparency-twitter/data/download-netzdg-report/netzdg-jan-jun-2018.pdf、最終閲覧二〇二一年一一月一日）。

（29）「ターゲスシュピーゲル・バックグラウンド」二〇二一年九月三日付記事（https://background.tagesspiegel.de/digitalisierung/netzdg-verstoesse-facebook-zahlt-fuenf-millionen-euro、最終閲覧二〇二一年一一月一日）。それによると、連邦司法庁は二〇一八年一月から二〇二一年八月末までにＳＮＳ事業者に対して七件の過料決定を下した。そのうち二件がフェイスブックに対するものだったという。

（30）Liesching, a.a.O.（Anm. 24）, S. 24.

（31）連邦司法省の二〇二〇年九月九日付プレスリリース（https://www.bmjv.de/SharedDocs/Artikel/DE/2020/090920_Evaluierungsbericht_NetzDG.html、最終閲覧二〇二一年一一月一日）。評価報告書は、連邦議会資料（BT-Drs. 19/22610 v. 10. 9. 2020）に掲載されている。これについて、神足祐太郎「諸外国におけるインターネット媒介者の『責任』」レファレンス八三九号（二〇二〇年）一五一頁の解説も参照。

（32）二つの改正の概要について、連邦司法省の二〇二一年六月二八日付プレスリリース（https://www.bmjv.de/DE/Themen/FokusThemen/NetzDG/NetzDG_node.html、最終閲覧二〇二一年一一月一日）参照。Vgl. *Matthias Cornils*, Präzisierung, Vervollständigung und Erweiterung: Die Änderungen des Netzwerkdurchsetzungsgesetzes 2021, NJW 2021, 2465 ff.; *Kalbhenn/Hemmert-Halswick*, Der Regierungsentwurf zur Änderung des NetzDG, Vom Compliance-Ansatz zu Designvorgaben, MMR 2020, 518 ff.、神足・前掲注31）一五一頁以下。

（33）BT-Drs. 19/17741 v. 10. 3. 2020.

（34）BT-PlenProt. 19/166 v. 18. 6. 2020, 20741.

（35）立法過程の解説として、ドイツ憲法判例研究会編『ドイツの憲法判例Ⅳ』（信山社、二〇一八年）四四六頁以下〔服部高宏〕参照。

（36）「デア・シュピーゲル」二〇二〇年一〇月一六日付記事（https://www.spiegel.de/netzwelt/netzpolitik/bundesinnenministerium-soll-hate-speech-gesetz-reparieren-a-d5cb6d26-c3e3-4775-ae0f-8f8bb6da83b、最終閲覧二〇二一年一一月一日）。

（37）BVerfGE 155, 119. Vgl. *Kurt Graulich*, Bestandsdatenauskunft II – Doppeltüren-Modell und Verhältnismäßigkeitsgrundsatz, NVwZ-Beilage 2020, 47 ff. この決定の概要と、この決定がヘイトクライム法案審議に与えた影響について、實原隆志「情報的措置を授権する規定の『特定性』と『二重扉』——ドイツの議論」福岡大学法学論叢六五巻四号（二〇二一年）六九八頁以下参照。「契約者データ」とは、電気通信サービスの契約のために事業者が利用者から取得するデータのことである（電気通信法三条三号）。

（38） BT-Drs. 19/25294 v. 15. 12. 2020.

（39） Gesetz zur Anpassung der Regelungen über die Bestandsdatenauskunft an die Vorgaben aus der Entscheidung des Bundesverfassungsgerichts vom 27. Mai 2020 v. 30. 3. 2021, BGBl. 2021 I 448.

（40） BGBl 2021 I 441.

（41） BGBl 2021 I 1436. この法律の連邦政府案は、二〇二〇年四月三日に連邦参議院（Br.-Drs. 169/20）、同年四月二七日に連邦議会（BT-Drs. 19/18792）に提出された。

（42） この規定は、EUオーディオヴィジュアルメディアサービス指令の改正の一部を国内法化するためのものである。

（43） グーグルの提訴について、「デア・シュピーゲル」二〇二一年七月二七日付記事（https://www.spiegel.de/netzwelt/netzpolitik/verwaltungsgericht-koeln-google-klagt-gegen-netzdg-a-5bd4a1f6-11bd-4996-a547-95b9331e8aa6、最終閲覧二〇二一年一一月一日）参照。

（44） *Kalbhenn /Hemmert-Halswick*, a.a.O.（Anm. 32）, 522.

（45） Liesching, a.a.O.（Anm. 24）, S. 359 ff. これに対し、*Kalbhenn/Hemmert-Halswick*, a.a.O.（Anm. 32）, 522 は、二〇二一年の改正に肯定的である。

（46） 鈴木秀美・三宅雄彦編『ガイドブック　ドイツの憲法判例』（信山社、二〇二一年）一三三頁以下〔鈴木秀美〕参照。

（47） *Grünwald/Nüßing*, Vom NetzDG zum DSA: Wachablösung beim Kampf gegen Hate Speech?, Diskussionsstand zu beiden Gesetzesvorhaben und deren Vereinbarkeit, MMR 2021, 283 ff., 287.

引用・参照文献

Matthias Cornils, Präzisierung, Vervollständigung und Erweiterung: Die Änderungen des Netzwerkdurchsetzungsgesetzes 2021, NJW 2021, 2465 ff.

Eifert/von Landenberg-Roberg/Theß/Wienfort, Netzwerkdurchsetzungsgesetz in der Bewährung: Juristische Evaluation und Optimierungspotenzial, 2020.

Fehling/Leymann, Der neue Strukturwandel der Öffentlichkeit: Wie lassen sich die sozialen Medien regulieren?, AfP 2020, 110 ff.

Thorsten Feldmann, Zum Referentenentwurf eines NetzDG: Eine kiritische Betrachtung, K & R 2017, 292 ff.

Eike Michael Frenzel, Aktuelles Gesetzgebungsvorhaben: Verbesserung der Rechtsdurchsetzung in sozialen Netzwerken（NetzDG）, JuS 2017, 414 ff.

Hubert Gersdorf, Hate Speech in sozialen Netzwerken, Verfassungswidrigkeit des NetzDG-Entwurfs und grundrechtliche Einordnung der Anbieter sozialer

Netzwerke, MMR 2017, 439 ff.;

Kurt Graulich, Bestandsdatenauskunft II – Doppeltüren-Modell und Verhältnismäßigkeitsgrundsatz, NVwZ-Beilage 2020, 47 ff.

Grünwald/Nüßing, Vom NetzDG zum DSA: Wachablösung beim Kampf gegen Hate Speech?, Diskussionsstand zu beiden Gesetzesvorhaben und deren Vereinbarkeit, MMR 2021, 283 ff., 287.

Nikolaus Guggenberger, Das Netzwerkdurchsetzungsgesetz – schön gedacht, schlecht gemacht, ZRP 2017, 98 ff.

Hahn/Vesting（Hrsg.）, Beck'scher Kommentar zum Rundfunkrecht, 4. Aufl. 2018.

Dominik Höch, Nachbessern: ja, verteufeln: nein. Das NetzDG ist besser als sein Ruf, K & R 2017, 289 ff.

Bernd Holznagel, Das Compliance-System des Entwurfs des Netzwerkdurchsetzungsgesetzes, ZUM 2017, 615 ff.

Kalbhenn/Hemmert-Halswick, Der Regierungsentwurf zur Änderung des NetzDG, Vom Compliance-Ansatz zu Designvorgaben, MMR 2020, 518 ff.

Michael Kubiciel, Neuartige Sanktionen für soziale Netzwerke? Der Regierungsentwurf zur Verbesserung der Rechtsdurchsetzung in sozialen Netzwerken, juris-PR-StrafR 7/2017 Anm. 1.

Ladeur/Gostomzyk, Das Netzwerkdurchsetzungsgesetz und die Logik der Meinungsfreiheit, K&R 2017, 390 ff.

Marc Liesching（Hrsg.）, Das NetzDG in der praktischen Anwendung: Eine Teilevaluation des Netzwerkdurchsetzungsgesetzes, 2021.

Georg Nolte, Hate-Speech, Fake-News, das "Netzwerkdurchsetzungsgesetz" und Vielfaltsicherung durch Suchmaschinen, ZUM 2017, 552 ff.

Gerald Spindler, Der Regierungsentwurf zum Netzwerkdurchsetzungsgesetz – europarechtswidrig?, ZUM 2017, 473 ff.

Spindler/Schmitz, Telemediengesetz mit Netzwerkdurchsetzungsgesetz, 2. Aufl. 2018, S. 551 ff.

Wimmers/Heymann, Zum Referentenentwurf eines Netzwerkdurchsetzungsgesetzes（NetzDG）– eine kritische Stellungnahme, AfP 2017, 93 ff.

マティアス・イェシュテットほか「表現の自由をめぐる新たな問題」司法研修所論集一三〇号（二〇二〇年）二二六頁以下

金尚均「ドイツのネットワーク法執行法について」部落解放八〇七号（二〇二一年）三九頁以下

金尚均ほか著『ドイツ刑事法入門』（法律文化社、二〇一五年）一〇五頁以下

神足祐太郎「ドイツのＳＮＳ法」調査と情報一〇一九号（二〇一八年）一頁以下

神足祐太郎「諸外国におけるインターネット媒介者の『責任』」レファレンス八三九号（二〇二〇年）一三二頁以下

櫻庭総『ドイツにおける民衆扇動罪と過去の克服』（福村出版、二〇一二年）

實原隆志「ドイツのＳＮＳ法――オーバーブロッキングの危険性について」情報法制研究四号（二〇一八年）四六頁以下

實原隆志「情報的措置を授権する規定の『特定性』と『二重扉』——ドイツの議論」福岡大学法学論叢六五巻四号（二〇二一年）六八九頁以下
實原隆志「ヘイトスピーチ対策としてSNS事業者に対行政責任を課す場合の法的課題」福岡大学法学論叢六六巻二号（二〇二一年）二四七頁以下
杉原周治「青少年保護のための『規制された自主規制』の構造」ドイツ憲法判例研究会編『憲法の規範力と行政』（信山社、二〇一七年）二五八頁以下
鈴木秀美「メディア融合時代の青少年保護——ドイツの動向」メディア・コミュニケーション六〇号（二〇一一年）二五頁以下
鈴木秀美「ドイツの民衆扇動罪と表現の自由」日本法学八二巻三号（二〇一六年）三九三頁以下
鈴木秀美「SNS対策法案の概要と問題点」Law &Technology 七六号（二〇一七年）三五頁以下
鈴木秀美「インターネット上のヘイトスピーチと表現の自由——ドイツのSNS対策法をめぐって」工藤達郎ほか編著『憲法学の創造的展開Ｉ』戸波江二先生古稀記念論文集（信山社、二〇一七年）五七七頁以下
鈴木秀美「ドイツのSNS対策法と表現の自由」メディア・コミュニケーション六八号（二〇一八年）一頁以下
鈴木秀美「SNS法規制を考える——ドイツSNS対策法」部落解放八〇〇号（二〇二一年）一一頁以下
鈴木秀美・三宅雄彦編『ガイドブック　ドイツの憲法判例』（信山社、二〇二一年）
ドイツ憲法判例研究会編『ドイツの憲法判例Ⅳ』（信山社、二〇一八年）
松井茂記ほか編『インターネット法』（有斐閣、二〇一五年）
毛利透「ヘイトスピーチの法的規制について」法学論叢一七六巻二・三号（二〇一四年）二一〇頁以下
毛利透「ドイツにおける発信者情報開示請求——著作権侵害と人格権侵害それぞれの場合について」立命館法学三九三・三九四号（下巻）（二〇二一年）七八八頁以下

＊　本稿は、メディア・コミュニケーション七二号（二〇二二年）に掲載された拙稿「ドイツSNS対策法の二〇二一年改正」に加筆したものである。

な行

は行

ま行

や・ら行

索　引

李　津娥（いー じーな）

慶應義塾大学メディア・コミュニケーション研究所教授。

慶應義塾大学大学院社会学研究科博士課程単位取得退学。博士（社会学）。

専門は、広告研究、メディア心理学。

主要業績に、『政治広告の研究――アピール戦略と受容過程』（新曜社、2011年）、*Routledge Handbook of Political Advertising*（共著、Routledge, 2017）、『メディア・オーディエンスの社会心理学（改訂版）』（共著、新曜社、2021年）など。

山本信人（やまもと のぶと）

慶應義塾大学法学部教授。

コーネル大学大学院政治学研究科博士課程修了。Ph.D.（政治学）。

専門は、東南アジア地域研究、国際関係論。

主要業績に、『東南アジア地域研究入門』（全3巻）（監修・編著、慶應義塾大学出版会、2017年）、*Censorship in Colonial Indonesia, 1901–1942*（Leiden and Boston: Brill, 2019）、『アジア的空間の近代』（編著、慶應義塾大学出版会、2020年）など。

鈴木秀美（すずき ひでみ）

慶應義塾大学メディア・コミュニケーション研究所教授。大阪大学名誉教授。

慶應義塾大学大学院法学研究科博士課程単位取得退学。博士（法学）。

専門は、メディア法、憲法、比較憲法。

主要業績に、『放送の自由（増補第2版）』（信山社、2017年）、『入門メディア・コミュニケーション』（共著、慶應義塾大学出版会、2017年）、『ガイドブック　ドイツの憲法判例』（共編著、信山社、2021年）など。

〈編著者〉

山腰修三（やまこし しゅうぞう）

慶應義塾大学法学部教授。

慶應義塾大学大学院法学研究科後期博士課程単位取得退学。博士（法学）。

専門は、マス・コミュニケーション論、ジャーナリズム論、政治社会学。

主要業績に、『コミュニケーションの政治社会学――メディア言説・ヘゲモニー・民主主義』（ミネルヴァ書房、2012 年）、『戦後日本のメディアと原子力問題――原発報道の政治社会学』（編著、ミネルヴァ書房、2017 年）、ニック・クドリー『メディア・社会・世界――デジタルメディアと社会理論』（監訳、慶應義塾大学出版会、2018 年）、カリン・ウォール＝ヨルゲンセン『メディアと感情の政治学』（共訳、勁草書房、2020 年）など。

〈執筆者〉（目次順）

三谷文栄（みたに ふみえ）

日本大学法学部准教授。

慶應義塾大学大学院法学研究科博士課程単位取得退学。博士（法学）。

専門は、政治コミュニケーション論、マス・コミュニケーション論、政治社会学。

主要業績に、『歴史認識問題とメディアの政治学――戦後日韓関係をめぐるニュースの言説分析』（勁草書房、2021 年）、*Routledge International Handbook on Electoral Debates*（共著、Routledge, 2020）、カリン・ウォール＝ヨルゲンセン『メディアと感情の政治学』（共訳、勁草書房、2020 年）など。

山口　仁（やまぐち ひとし）

日本大学法学部准教授。

慶應義塾大学大学院法学研究科後期博士課程単位取得退学。博士（法学）。

専門は、ジャーナリズム論、マス・コミュニケーション論、政治社会学。

主要業績に、『メディアがつくる現実、メディアをめぐる現実――ジャーナリズムと社会問題の構築』（勁草書房、2018 年）、「政治コミュニケーションと社会的構築主義」『法学研究』93 巻 12 号、185–205 頁（2020 年）など。

李　光鎬（いー ごあんほ）

慶應義塾大学文学部教授。

慶應義塾大学大学院社会学研究科博士課程単位取得退学。博士（社会学）。

専門は、メディア・コミュニケーション研究、普及学、社会心理学。

主要業績に、『テレビニュースの世界像』（共著、勁草書房、2007 年）、『領土としてのメディア――ディアスポラの母国メディア利用』（慶應義塾大学出版会、2016 年）、『メディア・オーディエンスの社会心理学（改訂版）』（共編著、新曜社、2021 年）など。

慶應義塾大学
東アジア研究所叢書
KEIO INSTITUTE OF EAST ASIAN STUDIES
KIEAS

慶應義塾大学東アジア研究所叢書
対立と分断の中のメディア政治
——日本・韓国・インドネシア・ドイツ

2022年4月20日　初版第1刷発行

編著者————山腰修三
発行者————依田俊之
発行所————慶應義塾大学出版会株式会社
〒108-8346　東京都港区三田2-19-30
TEL〔編集部〕03-3451-0931
〔営業部〕03-3451-3584〈ご注文〉
〔　〃　〕03-3451-6926
FAX〔営業部〕03-3451-3122
振替　00190-8-155497
https://www.keio-up.co.jp/
装　丁————渡辺澪子
印刷・製本——株式会社理想社
カバー印刷——株式会社太平印刷社

Printed in Japan　ISBN 978-4-7664-2822-3